KB009029

사랑할수록
지혜로워진다

스피노자와 함께 인생의 새 판 짜기

사랑할수록 지혜로워진다

신승철 지음

사우

여는 글

사랑을 잃어버린 이들을 위하여

"요즘처럼 외롭고 힘든 적이 없었죠. 친구도, 가족도, 다 부질없어요. 믿을 사람은 나 자신뿐이에요."

살면서 이렇게까지 바닥을 친 적이 없었다고, 오랜만에 만난 후배가 그동안 살아온 이야기를 담담하게 털어놓았습니다. 10년 동안 무심하다가 이제야 연락을 한 내가 부끄러워지는 시간이었습니다. 무심했던 시간을 보상이라도 하듯 후배가 하는 이야기를 공감하며 들어주었지요. 이야기가 무르익을수록 우리의 관계망과 배치 속에서 그의 고독한 개인사는 이미 까마득한 옛날 얘기가 된 것만 같았습니다.

어쩌면 그의 이야기는 단지 '개인사'만이 아닌 이 시대의 자화상일지 모릅니다. 우리는 아무런 관계도 없는 사람과 거래를 하고, 아무런 관심도 없는 사람의 소식과 영상을 접하고, 나와 상관없는 일을 하면서 수많은 통계 속의 숫자 1로 살고 있는지도 모르겠습니다. 그러다 보니 관계를 맺는 법도, 상대방에게 내 마음을 전하는 법도 잊어버린 채 모든 존재를 마냥 낯설어하고 있는 것이 아닐까 싶습니다.

문득 그 후배에게 책 한 권을 선물하고 싶은 생각이 들더군요. '무슨 책이 그에게 등대 역할을 할 수 있을까? 삶의 나침반이 되어줄 만한 책이 있을까?' 아무리 생각해도 마땅한 책이 떠오르지 않았습니다.

그런데 갑자기 섬광처럼 한 명의 철학자가 떠올랐습니다. 우리가 어떻게 관계를 맺으며 살아가야 하는지, 어떤 사랑을 해야 하는지, 우리의 신체로 무엇을 할 수 있는지를 얘기했던 사람, 유리알처럼 초롱초롱한 눈빛으로 삶에 대한 무한한 긍정과 생성을 이야기하는 사람, 테러를 당하고도 죽음을 사유하지 않았던 사람. 그는 철학자이기 이전에 자유인이었습니다. 그는 신, 국가, 아버지 같은 초월자가 제시하는 정답에 따라 살아가는 것이 아니라, 주변 사람들과의 관계 속에서 사랑, 욕망, 정동의 판을 만들고 그 위에서 답을 함께 찾아나가는 삶을 주장합니다. 이쯤 되면 그가 누구인지 얘기 안 해도 알 것입니다. 바로 스피노자입니다.

독실한 유대교 집안에서 자란 스피노자는 젊은 시절 인격신을 부정하고 '모든 것이 신이며, 신은 곧 자연'이라는 범신론을 주장했습니다. 그리고 그 대가로 교회에서 파문당하고 유대 공동체로부터 쫓겨났습니다. 그 후 낮에는 렌즈 세공을 하고 밤에는 사색을 하거나 책을 쓰면서 평생을 독신으로 살았습니다. 스피노자는 고향에서 쫓겨나 남의 집에서 하숙을 하며 살았지만 외롭지 않았습니다. 어렵고 힘든 시절 그를 지지해준 친구, 그에게 방을 내주고 가족 역할을 해준 하숙집 주인, 금서로 지정될 게 뻔한 책을 기꺼이 출판해준 친구들과 함께 작은 공동체를 이루었지요. 그는 이를 커먼즈(commons)라는 개념으로 표현합니다.

여기서 스피노자의 커먼즈, 즉 공통성은 공동체를 구성하는 핵심 원리이면서 후대 철학자들에 의해 '특이한 것을 사랑하는 공동체'라는 말로 표현됩니다. 이것은 특이한 것들도 배제하지 않고 오히려 사랑하는 공동체, 즉 모두가 각자의 욕망을 따르면서도 화음을 이루어 살아가는 자유로운 공동체를 의미합니다.

그날, 사랑을 잃어버린 오랜 벗에게 권해주고 싶었던 책은 스피노자의 『에티카』입니다. 『에티카』는 마치 법전처럼 딱딱한 형식과 어려운 개념어로 서술되어 있지만, 그 내용을 잘 들여다보면 결국 '사랑'이라는 단어로 모아집니다. 스피노자의 '사랑'은 여러 가지 이름을 가지고 있습니다. 때때로 그것은 신체변용으로, 되기(becoming)로, 욕망으로, 정동(affect)으로, 흐름으로, 그때그때 다른 이름으로 불리곤 합니다. 어렵고 까다로운 개념 너머로 따뜻한 미소와 부드러운 손길과 엄청난 상냥함과, 삶에 대한 긍정과 생명 에너지로 가득 찬 스피노자의 모습이 어려 있는 것만 같습니다. 그 엄격한 형식 속에 숨어 있는 사랑의 메시지를 부드럽게 풀어서 설명할 방법이 있을지 한참을 고민했습니다.

그래서 이 책을 쓰는 내내 머릿속에서 후배의 얼굴이 떠나지 않았습니다. 그에게 일시적인 위로와 위안보다 공동체 속에서 관계 맺기의 윤리와 미학을 들려주고 싶었습니다. 스피노자가 펼쳐 보이는 관계의 윤리와 미학을 통해서 그 후배가 공동체에 대해서 다시 희망을 품게 되기를 바랍니다. 관계 속에서 흐르는 사랑, 욕망, 정동만이 우리의 삶을 구성하고 생산할 수 있습니다. 바로 그것이 우리가 살아가는 이유이기 때문이지요.

그러나 사랑, 정동, 욕망은 누구에게나 미리 주어진 전제조건이 아닙니다. 누군가와 관계 맺는 것만큼 부담스러운 일도 없다고 공공연히 얘기되는 시대입니다. 주변 사람 넷 중 한 명이 1인 가구이고, 사람들 사이에는 적당한 거리 두기가 프라이버시라는 이름으로 자리 잡았지요. 24시간 앵무새처럼 떠드는 미디어가 사람들 사이에 벌어진 틈을 감쪽같이 메워주기에 세상은 갈수록 건조해지고 위생적으로 변해갑니다.

하지만 분명한 것은, 우리는 서로 연결되어 있다는 사실입니다. 살아가기 위해서는 좋든 싫든 누군가와 접촉해야 하고, 그 접촉이 사랑과 정동과 욕망을 만들어내고, 그것을 통해 우리가 삶을 유지해가는 이유가 드러납니다. 우리는 그 안에서 공통성, 즉 공동체를 끊임없이 만들어나가야 합니다. 사랑, 욕망, 정동이 만들 세상에 대한 꿈과 열망을 포기하기에는 아직 이릅니다. 각자도생에 지친 이 시대의 외로운 사람들에게 자신의 삶을 재창안하고 재발견할 수 있도록 스피노자가 사랑의 지혜를 건넵니다.

이 책이 나오기까지 많은 분들의 도움이 있었습니다. 스피노자의 첫사랑에 대해 방대한 문헌조사를 해준 이승준 님의 꼼꼼함에 감탄과 고마움을 보냅니다. 첫 번째 독자로서 피드백과 지지를 아끼지 않은 아내 이윤경에게도 감사의 마음을 전합니다. 지난여름 연구실에 새로 들어온 아기고양이 또봄이의 호기심 어린 눈망울은 세상에 대한 색다른 시각이 필요함을 알게 해주었습니다.

이 책은 기후변화를 체감했던 2018년 여름에 주로 쓰였습니다. 절박한 생명위기 시대를 함께 건너갈 강건한 공동체를 만드는 데 이 책이 그 시작점이 되었으면 좋겠습니다. 스피노자가 던지는 '명석함'보다 '현명함'이, '왜'보다 '어떻게'가, '답'보다 '질문'이, '지식과 정보'보다 '지혜와 정동'이 미래를 기약할 수 있으리라는 것을 직감합니다. 스피노자가 이끄는 사랑의 여정에 여러분을 초대합니다.

2019년 1월 문래동 철학공방 별난에서
신승철

차례

1장
사랑이 무엇을 할 수 있을까

01

아주 사소하고 미세한 곳에서 사랑은 싹트고

첫사랑이 내 몸을 통과하고 나니

가끔 옛 기억이 떠올라 하던 일을 멈출 때가 있습니다. 마치 매듭처럼 뭉쳐 있는 생각을 이리저리 움직이다 보면 무의식중에 툭 걸려 넘어지게 되는 그런 기억들, 누구나 한 둘쯤 가지고 있게 마련이지요. 저에게는 첫사랑의 기억이 그렇습니다. 생각할수록 부끄럽기 그지없고, 내가 왜 그랬을까 하는 생각도 듭니다. 중학교에 막 들어갔고, 아이 티를 막 벗어났을 때였습니다. 어느 날 갑자기 동네 서점 누나에게 매혹되었지요. 나이도 나보다 서너 살 많고 그다지 미인도 아니었기에, 매우 당황스러운 감정이었습니다. 굉장히 우발적인 순간이 있었던 거지요. 그 후 그 누나가 꿈에도 나오고, 시도 때도 없이 생각나서 서점 주변을 배회했습니다. 몰래 편지를 전하려는 시도도 해봤습니다. 하지만 소심한 사춘기 소년의 손에서 며칠 동안 땀과 눈물과 망설임에 꼬깃꼬깃해진 편지는 결국 서랍 깊은 곳에 초라하게 처박혀버렸지요. 모든 것이 좌절되자 저는 신열에 들떠 앓아누웠습니다. 그것은 불명열(不名熱)이었습니다. 마음이 아프니 몸도 따라 아팠습니다.

그것은 마음의 문제만은 아니었습니다. 네덜란드의 철학자 스피노자(Baruch De Spinoza, 1632~1677)에 따르면 마음과 몸이 따로 또 같이 움직인다지요. 몸 전체가 느끼고 아파하고 세상이 새롭게 감각되는 차원이었습니다. 지금 생각해보면 그 사건 이후 저는 스피노자의 가장 중요한 개념인 '정동(情動, affect)'의 변화를 무심결에 느끼게 된 것도 같습니다. 물론 그때 그 소년은 스피노자를 몰랐지만, 사랑이 나의 몸을 거쳐 흘러간 다음에 내가 얼마나 성숙해졌는지를 문득 깨달았던 것이지요. 그렇습니다. 정동은 곧 사랑입니다. 스피노자는 기쁨, 슬픔, 욕망이 정동의 기본적인 형태이며, 여기서 우울, 희망, 공포, 연민, 호의, 후회, 겸손 등이 파생된다고 말했습니다. 사람마다 희로애락은 다른 모습으로 나타나지만 모두 사랑이 상황에 따라 다양하게 모습을 바꾼 것일 뿐이고, 그 근본 원인은 사랑이라는 말이지요. 물론 '정동'이라는 어려운 말 대신 우리는 이것을 그냥 '감정'이라고 부릅니다.

엄밀히 말하면 정동과 감정은 조금 다릅니다. 스피노자에게 감정(emotion)은 일시적이고 우발적인 기분을 일컫는 개념입니다. TV를 보면서 깔깔깔 웃는 것과, 아이의 재롱을 보면서 웃는 것은 다릅니다. 전자가 일시적인 기쁨의 감정이라면, 후자는 '이 녀석 많이 컸구나' 하는 감동과 사랑이 담긴 기쁨입니다. 물론 일상생활에서 '이것은 감정', '저것은 정동'이라고 구분하기는 무척 어려운 일이지만 말입니다.

감정과 정동의 차이를 이해하기 위해서는 이런 질문도 가능합니다.

"움직일 때가 생각이 많나요? 아니면 꼼짝 안 할 때가 생각이 많나요?" 아마 꼼짝 안 하고 멍하니 있을 때가 생각이 많다고 대답하겠지요. 그러나 움직일 때나 꼼짝 안 할 때나 생각의 비중은 비슷하다고 합니다. 다만 꼼짝 안 할 때 하는 생각은 대부분 개인의 감정생활, 환상, 망상, 의식의 흐름 등과 관련되어 있습니다. 반면 정동은 움직일 때 하는 생각이고, 곁을 닦고 보살피고 아끼고 정돈할 때의 생각입니다. 그것은 철저히 삶과 관련된 것이고, '왜 그것을 하는지?'에 대한 이유가 있는 생각입니다. 그 이유가 바로 사랑이라는 것이지요. 아끼고 정돈하고 보살필 때 머릿속에 맴도는 생각들은 '누군가'에 대한 사랑과 관련되어 있습니다. 그 누군가는 자기 자신일 수도 있습니다. 나를 위해 양치질을 하고, 나를 위해 음악을 듣고, 나를 위해 맛있는 음식을 만들 수도 있습니다. 물론 그것은 늘 기쁨이기만 한 것은 아니겠지요. 슬픔이나 연민, 때로는 좌절일 수도 있지만, 그 또한 사랑의 다른 얼굴입니다. 누군가를 위해 또는 나 자신의 삶을 위해 몸을 움직이는 것, 하다못해 신발을 가지런히 놓는 행동조차 정동입니다. 그래서 정동의 동의어는 사랑, 돌봄, 모심, 살림, 보살핌, 섬김이라고 말하기도 합니다.

어떻게 사랑이나 정동이라는 관념어가 돌봄, 보살핌, 모심, 살림과 같은 구체적인 행동을 나타내는 단어와 같은 말일 수 있을까요? 그것은 정신과 신체가 각기 독립되어 있지만 함께 움직인다는 스피노자의 평행론과 관련이 있습니다. 신발을 가지런히 벗어놓는 사람의 행동은, 삶도 그렇게 세심하게 가꾸며 살겠다는 마음의 표현입니다. 결국 그것은 사랑이면서 동시에 돌봄입니다.

첫사랑의 경험 또한 제 몸을 변화시켰습니다. 사랑의 순간에 갖는 지각, 느낌, 감각은, 신체의 표면 위로 강도, 온도, 밀도, 속도에 따라 기쁨,

슬픔, 분노, 연민 같은 정동의 기하학적인 그림으로 다시 그려졌습니다. 다시 말해 사랑, 정동, 욕망이라는 단어의 느낌을 몸으로 표현할 수 있는 능력을 갖게 된 것입니다. 그 순간의 기억은 강렬합니다. 마치 어떤 에너지의 흐름이 온몸을 관통하면서, 내가 거기에 맞춰 춤추고 발을 구르고 노래하는 것만 같았습니다. 마치 어제처럼 생생한 첫사랑의 기억이 어느덧 신체의 일부로 부드럽게 아로새겨져 있음을 지금도 느낍니다.

내가 진정 원하는 게 무엇인지 궁금할 때

어릴 적 공터에서 친구들과 정신없이 뛰어놀다 보면 이상한 경험을 하곤 했습니다. 우리 편 아이의 동작에 따라 어느새 내 몸이 자동으로 움찔움찔하는 것입니다. 사방치기에서 마지막 턴을 하고는 깨금발로 한 칸 건너에 놓여 있는 돌을 아슬아슬하게 집어 올리는 순간, 술래가 큰 소리로 "무궁화꽃이 피었습니다!"를 외치며 고개를 돌리는 틈에 잡혀 있던 친구를 구출해내는 단호한 터치, 손등 위 공깃돌 다섯 개를 대차게 던져 올린 후 단숨에 받아내는 유연한 손놀림… 물론 저는 놀이에 워낙 재주가 없어서 늘 구경하는 쪽이었지만, 날렵한 친구들의 동작에 나도 모르게 몰입해서 몸을 움찔거리곤 했습니다. 그땐 내가 속한 공간 전부가 나였지요. 함께 놀던 친구들의 웃음소리, 공터를 휘돌아가는 바람, 그날의 공기, 하늘, 냄새마저도 모두 다 말이지요.

요즘도 우리 집 고양이들이 노는 모습을 보면서 그럴 때가 있습니다. 아내가 흔드는 낚싯대를 쫓아 고양이들이 이리저리 움직이는 게 어찌나 재미있는지, 나도 모르게 그 방향을 따라 고개를 이리저리 움직이게 되더군요. 손가락마저 고양이 발톱처럼 달싹 세운 채로 말이지요. 그것은 어쩌면 어릴 적 공터에서 놀던 그 어린아이가 불쑥 내 안에서 깨어난 순간인지도 모르겠습니다. 만약 그랬다면, 그것을 '유년기의 감성블록'이라고 부를 수 있겠군요.

유년기의 감성블록은, 스피노자의 계승자 중 한 명인 빌헬름 라이히(Wilhelm Reich, 1897~1957) 박사가 고안한 개념입니다. 누구나 어른이 된 후에도 아이의 잠재성과 능력을 갖고 있다는 얘기지요. 아이는 접촉하는 모든 것이 될 수 있습니다. 꽃도 되고, 벌레도 되고, 나비도 되고, 새도 됩니다. 그래서 벌레를 만나면 벌레 되기의 몸을, 나비를 만나면 나비 되기의 몸을 만들지요. 단순한 공상이나 흉내가 아닙니다. 아이는 달리고 손잡고 듣고 느끼고 밥 먹는 몸을, 사랑하는 대상에 따라 변용시킬 능력을 갖고 있습니다.

그러나 우리는 어른이 되면서 다른 무언가가 되는 경험에서 점점 멀어지게 됩니다. 대신 직장인이라는, 프로그래머라는, 농부라는, 주부라는 정체성 안에 머물게 되지요. 어린 시절 벌레가 되고, 새가 되고, 꽃도 될 수 있었던 그 능력은 어디로 갔을까요? 사실 그 능력은 어른이 되어서도 사라지지 않고 우리 몸에 잠재성의 형태로 숨어 있습니다. 단지 직장인이라는, 프로그래머라는, 주부라는 딱딱한 틀에 갇혀 있을 뿐이지, 우리 몸은 무한한 잠재성으로 둘러싸여 있습니다. 어른이 되어서도 그 잠재성이 발현되는 시간이 가끔 오곤 합니다. 어떤 사건이 그 잠재성을 툭 건드리는 순간이 있거든요. 이를테면 고양이들과 열심히 놀 때처럼 말이지요. 우리는 공동체에서 그런 어른들을 어렵지 않게 볼 수 있습니다. '농부' 혹은 '주부'의 정체성으로 살던 사람이 공동체 속에서 남들과 어울리다 보면 때론 가수도 되고, 춤꾼도 되고, 재주꾼도 되고,

이야기꾼도 되는 것과 같습니다.

스피노자는 '몸이 통합된 하나로만 존재하는 것이 아니라, 수많은 구성요소로 이루어져 있다'는 점을 이미 알고 있었습니다. 즉 '키 170센티미터에 몸무게 70킬로그램의 나'라는 주어진 몸이 아니라 변용을 통해 그때그때 드러나고 표현되는 몸에 주목했던 것이지요. 그리고 사랑에 의해 돌연변이처럼 자유자재로 변신하고 변용할 수 있는 몸의 능력을 알고 있었지요.

어릴 적 저는 다락에 과학실험실을 꾸몄습니다. 그러자 내 몸의 감각은 과학자의 그것으로 변용되었습니다. 샴푸, 스킨로션, 성냥, 시계부품 등이 연구 재료였습니다. 연구 중에 폭발이 일어나 하마터면 불이 날 뻔한 적도 있었습니다. 물론 당시 저는 과학자가 아니었지요. 다만 우주와 생명, 평화를 지키는 과학을 사랑했을 뿐입니다. 그런가 하면 한때는 노래가 너무나도 좋았던 적도 있습니다. 가족들이 시끄럽다고 화를 낼 정도로 노래를 불렀고, 급기야 모든 대화를 노래처럼 하기에 이르렀습니다. 그러자 내 몸의 성대와 음율, 화음은 흡사 가수의 그것과 닮아 있었습니다. 그것은 단순한 모방도 아니었고 가수가 되기 위한 훈련도 아닌 진짜 노래를 사랑하기 때문에 생긴 몸의 변용이었습니다.

그런가 하면 저는 어릴 때부터 고양이를 무척 사랑해서, 고양이 집사를 꿈꾸었습니다. 고양이를 졸졸졸 따라다니기도 하고, 고양이 걸음걸이를 흉내 내기도 했습니다. 고양이가 먹는 음식물을 미리 먹어본 적도 있습니다. 그러다 보니 고양이를 만지기만 해도 고양이가 무슨 생각을 하는지를 감지하는 능력을 갖게 되었습니다. 물론 세상의 고양이들은 절대 내 말에 동의하지 않겠지만요. 또한 천재들은 대부분 머리가 크다는 공통점을 발견하고는 벽에 머리를 부딪쳐 머리를 키우는 특훈도 했습니다. 그런데 나중에 나이 들어보니 저는 원래 머리가 컸다는 것을 알게 되었지요. 당시 저는 천재의 미세한 감각을 갖게 되어서 아인슈타인의 일반상대성이론에 관한 책을 전부 읽었습니다. 물론 내용을 이해하지는 못했지만, 끝까지 읽은 것은 어디까지나 사실입니다.

저는 과학과 노래와 고양이와 일반상대성이론을 사랑했노라고 당당하게 말할 수 있습니다. 그때 저는 과학자였고, 가수였고, 고양이 집사였고, 아인슈타인이 될 수 있었던 것이지요. 이처럼 사랑은 무언가가 될 수 있는 능력입니다. 무언가를 사랑하는 순간 우리 몸은 우리가 원하는 것으로 변용됩니다. 그것은 누구나 가지고 있지만 아무나 발휘할 수는 없는 능력입니다. 그렇기 때문에 사랑은 힘이고 역능(force)이고, 역량입니다.

다시 말해 그 사랑이 만들어내는 것은 장래 희망이나 직업 같은 것이 아닌, '무엇이 되기' 혹은 '무엇을 사랑하기'라는 특이성(singularity)입니다. 특이성은 스피노자의 철학을 이해하는 데 아주 중요한 개념이기에 뒤에서 더 깊이 다루겠지만, 여기서 살짝 짚고 넘어갈 필요가 있습니다. 그것은 기능이나 직분, 본질에 따라 '학생답게, 주부답게, 노동자답게'라는 말로 나를 규정하는 것이 아니라, 무언가를 상상하고 좋아하고 실천하려 노력하는 유일무이한 존재로서 나를 위치시키는 것입니다. 유일무이한 것은 특이한 것이기도 하지요. "그는 ㅇㅇ답지 않게 무척 특이한 사람이야"라는 소리를 자주 듣게 되겠죠. 어쩌면 철이 없다는 타박을 들을 수도 있겠군요. 이런 특이한 것을 만들어내는 데는 어른보다 아이가 능하기 때문일 겁니다. '무엇이 되기' 혹은 '무엇을 사랑하기'는 어른보다는 아이들이 더 쉽게 해냅니다. 사랑할 때 누구나 아이처럼 미숙하고 서툴 수밖에 없는 것도 다 그 때문이겠지요.

유년기의 감성블록은 너와 나, 자아와 대상 사이의 경계가 모호한 놀이와도 같습니다. 아동심리학자 대니얼 스턴(Daniel Stern)에 따르면 아기는 생후 2개월까지 자신과 엄마를 구분하지 못한다고 합니다. 그는 이 시기의 자아를 '출현적 자아(emergent self)'라고 불렀습니다. 아기는 엄마를 타자로 인식하는 것이 아니라 젖의 흐름, 시선의 흐름, 손길의 흐름, 똥의 흐름, 음식물의 흐름 등으로만 인식하는 것이지요. 때문에 아이들은 너와 나의 경계가 없는, 사랑이 충만했던 시절의 기억을 갖고 있습니다. 즉 유년기의 감성블록을 갖고 있는 이라면 누구나 사랑의 능력, 공동체를 만들 능력을 갖고 있는 셈입니다. 공동체 안에서 사랑과 욕망의 흐름(flux)은 우리 모두를 관통하는 것입니다.

이러한 사랑과 욕망의 흐름은 우리가 선택할 수 있는 경우의 수들을 만들어냅니다. 사회 시스템 안에서 주어진 직분에만 충실한 기계부품처럼 살아가는 것이 아니라, 내가 무엇을 원하는지 내면의 욕망을 들여다보고 스스로 선택할 수 있게 되는 것이지요. 즉 사랑과 욕망의 흐름은 우리가 다른 무엇이 될 수 있는 예술과 창조, 생산의 능력을 보여줍니다. 라이히 박사가 제시한 유년기의 감성블록은, 가수를, 고양이 집사를, 과학자를, 천재를 꿈꾸었던 어릴 적 몸의 감각과 변용의 능력을 다시금 일깨워줍니다.

살다가 불현듯 "내가 진정 원하는 게 뭐지?"라는 의문이 들 때면 유년기의 감성블록을 떠올려보면 어떨까요? 오래된 과거의 기억 속에서 미래의 소재를 찾아보는 거죠. 사랑은 우리에게 풍부하고 다양한 선택지를 제공해줄 것입니다. 그것이 바로 유년기의 감성블록이 갖고 있는 비밀입니다.

일상을 가꾸는 작은 노력이 가진 힘

어릴 적 우리 집에는 마루로 된 방이 있었습니다. 매끈하게 잘 다듬어진 목재가 아니라 투박하고 옹이가 많은 나무를 그대로 잇대어 만든 마루였지요. 그 마룻장 한구석에 50원짜리 동전만 한 구멍이 있었는데, 저는 그 구멍을 들여다보는 것을 참 좋아했습니다. 구멍에 눈을 대고 가만히 어둠 속을 응시하노라면 마룻장 틈새로 흘러든 희미한 빛 사이로 시야에 들어오는 게 있었습니다. 쌓여 있는 물건들 위로 뿌연 먼지가 한 켜 올라앉아 있고, 그 위에 내가 엊그제 잃어버린 도루코 칼이 살포시 누워 있기도 하고, 동생이 여름내 달고 다니던 분홍색 귀걸이 한 쪽을 발견할 때도 있었습니다. 그동안 잃어버린 몽당연필은 죄다 거기 있는 것 같았습니다. 구멍을 통해서 보는 마루 밑 세상은 무척 신기했습니다. 어떤 날은 어디서 숨어들었는지 모를 낯선 고양이와 눈이 딱 마주치기도 했지요. 삐걱거리는 낡은 마루가 그 작은 구멍 때문에 저에게는 특별한 비밀을 품은 장소처럼 소중하게 느껴졌습니다.

그즈음 집집마다 대청마루 대신 거실을 만드는 게 마을에 유행처럼 번졌습니다. 어느 날 학교에서 돌아와 보니 우리 집도 마룻장을 뜯어내고 그 자리에 온돌을 까는 공사가 한창 벌어지고 있었습니다. 나만의 작은 세계를 잃어버린 게 서러워 한참을 꺼이꺼이 울었지만, 누구에게도 그 기분을 말로 설명할 수는 없었습니다. 설사 설명한다고 해도 어른들이 마룻장 작은 구멍에 대한 어린아이의 애착을 이해할 수 있었을까요?

어른들은 정치나 경제 같은 거시적인 세계만을 의미 있는 것으로 여기곤 합니다. 무감각증에 사로잡힌 어른이 되면, 작은 세계를 바라보는 것이 귀찮고 부질없는 일처럼 느껴질 수도 있습니다.

그러나 미시적인 세계야말로 우리의 삶을 구성하는 보이지 않는 영역입니다. 작고 미세한 세계, 다시 말해 신발을 가지런히 놓는달지, 책상에 반듯이 앉는달지, 상대방의 눈빛을 부드럽게 응시한달지 하는 미세하고 사소한 것으로 보이는 영역에 우리의 마음이 움직이고, 사랑과 욕망이 꿈틀대고, 기쁨과 슬픔의 정동이 서식하지요. 어찌 보면 사랑은 사소하고 작고 미세하고 미시적인 세계에서 싹트는 색다른 감수성이자 정동입니다. 아이들은 현미경처럼 미세한 삶의 영역을 볼 수 있다는 점에서 사랑의 능력을 가진 존재입니다. 먼 곳을, 그리고 커다란 것만을 거칠게 보는 어른들의 망원경적 시각과는 비교가 되는 대목입니다.

또한 정동과 욕망이 숨어 있는 작고 미세한 영역에서는 놀라운 사건들이 수시로 발생합니다. 냄새, 색채, 음향, 몸짓, 표정 등이 우발적으로 다가와서 내 안에 사건을 만들어내지요. 우발적인 마주침은 우리에게 질문을 던집니다. "이 향기는 어디서 나는 것일까?" "저 웃음의 의미는 뭐지?" "그는 왜 저런 손짓을 하는 거지?" 이처럼 우발적 마주침을 앞에 두고 삶에서의 자기원인(Causa sui), 즉 '왜 하는지, 어떻게 할 것인지' 묻고 답을 찾아가는 과정에서 그 우발성을 보듬어 안을 능력이 만들어집니다. 이를테면 옆집 사람이 음악을 크게 튼다면, 그가 굉장히 외로운 사람이라고 생각하고 그에 대한 애정과 관심이라는 자기원인에 따라 이해하고 배려할 수 있겠지요. 이에 따라 우발성이 신체와 정신의 능력을 고양시켜 기쁨에 이르는 것도 언제든 가능합니다. 그 옆집 사람에게 무슨 걱정이 있냐고 말을 건네거나 미소와 웃음으로써 문제를 해결할 수 있습니다. 물론 오히려 오해가 쌓이고 더 큰 갈등과 상처가 생길 수도 있습니다. 이러한 기쁨이나 슬픔 같은 정서에 대해 스피노자는, 외부에서 다가온 우발성이 신체와 정신의 능력을 고양시키면 기쁨을, 하강시키면 슬픔을 느끼게 된다고 말합니다. 예를 들어 옆집 사람을 더 잘 이해하고 공감하게 된다면 기쁨으로, 도무지 이해할 수 없고 오해와 반감만 생긴다면 슬픔으로 향할 수 있습니다.

이처럼 기쁨이나 슬픔 같은 정동의 비밀은, 그것이 아주 사소한 '우발성'에서 기인한다는 것입니다. 즉 우발적인 것이 그저 돌발적이고 휘발적인 것이 아니라, 정동의 자기원인이 되어 기쁨이 되기도 하고 슬픔이 되기도 하는 것입니다.

이 우발성 개념에 주목한 프랑스 철학자 질 들뢰즈(Gilles Deleuze, 1925~1995)는 『감각의 논리』라는 책에서 프랜시스 베이컨의 그림들을 소환합니다. 20세기 표현주의의 거장으로 알려진 프랜시스 베이컨은 사람의 몸을 마치 고깃덩어리와 같이 비틀린 형상으로 표현하는 것으로 유명합니다. 들뢰즈는 그 고깃덩어리 같은 표현이, 화가가 붓터치의 빗나감을 통해 나타난 돌발흔적을 단지 실수라고 생각하지 않고 그 흔적을 따라가면서 작업한 결과물이라는 점에 주목한 것이지요.

화가가 우발성을 하나의 예술작품으로 완성한 것처럼, 우발적인 것을 사랑할 수 있는 능력은 바로 정동을 지도처럼 그려내어 삶을 구성하는 능력입니다. 이를테면 공들여 가꿔온 식물에 어느 날 맺힌 꽃망울, 힘들게 찾아간 거래처에서 얻어 마시는 냉커피 한 잔, 카페 창문 너머로 들려오는 낯익은 피아노 선율 같은 사소한 사건이 나를 변화시킬 수 있습니다. 이처럼 우발적 사건이 정동의 자기원인이 될 수 있습니다. 물론 그 우발적인 돌발흔적이 삶을 변화시키려면 그것을 발견하고 변화의 특이점으로 만들 수 있어야 합니다. 우발적인 것은 외부로부터 수동적으로 주어지지만, 우리의 삶 내부에는 수동을 능동으로 바꿀 정동과 사랑의 능동적인 능력, 즉 기쁨의 능력이 숨어 있습니다.

빅터 프랭클의 『죽음의 수용소에서』라는 책에는 이러한 능력을 능동적으로 구성해내는 이야기가 담겨 있습니다. 저자는 2차 세계대전 때 아우슈비츠 수용소라는 극한의 상황을 경험합니다. 유대인 출신의 정신과 의사였던 그는 수용소에서 크리스마스나 새해 첫날 유난히 사망자가 많은 것에 주목합니다. "크리스마스가 되면 여기서 나가게 될 거야"라는 희망을 품고 견디어왔던 수감자들은 바로 그날이 되어도 아무것도 나아지지 않자 한순간에 무너져버렸던 것입니다. 근거 없는 희망이 죽음을 부른 것이죠.

가족이, 동료가 수없이 죽어나가는 상황에서 빅터 프랭클은 살아남았습니다. 그는 수용소에 수감될 당시 완성 단계인 원고를 갖고 있었으나 빼앗기고 말았지요. 그 원고를 다시 쓰기로 작정했고, 수용소에서 끊임없이 머릿속으로 원고를 구상하고 메모를 했습니다. 그리고 깨진 유리조각이라도 주워 매일 면도를 하고 몸을 깨끗이 유지했지요.

전쟁 전부터 삶에 대한 태도와 의미 추구가 중요하다는 이론을 연구하던 빅터 프랭클은 수용소에서의 경험을 바탕으로 로고테라피(의미치료)라는 정신치료 분야를 개척합니다. 그는 아무것도 할 수 없는 수용소에서도 창조하고 일하고 사랑하는 것이 가능하다고 생각했습니다. 최악의 상황에서도 인간은 태도를 결정할 수 있는 자유가 있다고 여겼습니다. 그것은 어떤 상황에서든 수동성을 능동성으로 바꿀 능력이 우리 안에 있음을 의미합니다.

우리 안에 내재한 자연과 생명의 능력을 들여다보면 공생하고 연대하고 협동할 사랑의 능력, 기뻐하고 희망을 갖고 경외를 느낄 정동의 능력을 발견하게 될 것입니다. 삶을 그저 당연하고 마땅히 주어진 것이라고 여기고 "그건 이런 거겠지"라고 무미건조하게 단정해버린다면, 우리 신체와 정신의 내부에 잠재되어 있는 능동을 구성할 능력은 축소되어버립니다. 반면 늘 비슷해 보이는 일상에서도 새로운 것을 발견하면서 우발적인 것, 사건적인 것, 특이한 것을 사랑하는 마음을 갖는다면, 그 능력은 배가되겠지요.

우리는 대부분 그런 경험을 어릴 때 합니다. 아이 때는 모든 것이 신기하기만 했습니다. 늘 수수하던 엄마가 시장에 갈 때 립스틱을 살짝 바르기만 했는데도 완전히 다른 사람처럼 보이기도 했고, 학교 앞 문방구에 새로운 딱지가 들어온 것도 빅뉴스가 되었지요. 친구가 내민 껌 하나에도 사랑과 정동의 힘이 전달되는 것을 느꼈던, 그 작은 아이는 어디로 간 것일까요? 아이 때 '느꼈던' 감수성, 정동, 느낌, 감각은 바로 사랑과 욕망을 통해 색다른 것을 발견하는 능력입니다. 그런 면에서 어른이 된다는 것은 불행한 일인지도 모르겠습니다. 과거를 잃고 미래를 잃고 정동과 사랑이 서식할 작고 미세한 영토를 잃어버린 것이지요. 그래서 아이 되기가 필요한 것일지도 모릅니다. 내 안에 내재한 '유년기의 감성블록'에 숨어 있는 그 능력을 끌어내기 위해서 말이지요. 지금 우리는 커다란 것, 권력적인 것, 거시적인 것, 권위적인 가부장제의 세상, 정치적 책략이 판치는 사회에서 살고 있습니다. 그렇기에 아이 되기를 통해 사소한 것에서 색다른 것을 발견하는 능력을 회복해야 하지 않나 생각해봅니다.

모든 삶의 과정이 사랑이다

스피노자는 네덜란드 헤이그 인근의 작은 마을에서 렌즈 세공을 하면서 한 번도 그 지역을 벗어나지 않았다고 합니다. 그래서 사람들은 그를 은둔자, 잠행자, 하숙생이라고 표현합니다. 이처럼 작은 지역으로 한정된 영토는 어쩌면 삶 곳곳에 숨겨져 있는 미시적인 가능성들을 발견할 수 있는 최적의 장소였을지도 모릅니다. 더군다나 렌즈를 깎는 일이 얼마나 섬세한 일인지 여러분도 짐작하실 겁니다. 이러한 미세한 일은 마치 아이 때 흙과 장난감을 조물조물 만지면서 느꼈을 미시적인 감수성과도 같았을 겁니다. 그리고 스피노자는 미세한 장인의 감각으로 문제작 『에티카(Ethica)』에서 정동의 기하학을 그려냈습니다. 그것은 사랑과 욕망이 서식하는 작고 미시적인 영역의 이야기입니다.

미시적인 영역에서는 원인과 결과가 딱 맞아떨어지지 않는 사건이 많습니다. 이를테면 오늘 점심때 무엇을 먹을지, 반찬은 몇 가지가 나올지, 무슨 옷을 입을지 등은 미리 결정되어 있지 않습니다. 우발적인 것은, 원인과 결과라는 인과적인 세계가 아닌 갑자기 외부로부터 들어오는 돌발적인 사건입니다. 만약 세상 모든 일이 미리 정해져 있다면 어떻게 될까요? 아무것도 새로울 게 없는 무미건조한 나날의 반복이겠지요. 그런 점에서 예측할 수 없는 우발성이야말로 삶에 활력과 재미를 주는 요소가 아닐까 싶습니다.

반대로 우리 삶이 예측할 수 없는 우발성만으로 가득 차 있다면 어떨까요? 매 순간 불안에 시달리면서 안정적인 삶을 희구할 것입니다. 물론 롤러코스터를 타는 것처럼 모험으로 가득 찬 삶을 좋아하는 사람도 있겠지만요.

여기서 두 가지 삶에 대한 태도가 있을 수 있습니다. 어제와 오늘, 내일이 똑같이 반복된다고 생각하는 사람과, 매일매일 색다른 사건이 우발적으로 벌어지는 새로움의 연속이라고 생각하는 사람. 여러분은 어느 쪽인가요?

우발성은 반복적인 삶에 길들여진 사람들에겐 공포와 두려움을 불러일으키지만, 자유로운 사람들에겐 사랑, 욕망, 정동의 생성과 지도 그리기의 능력을 발휘해 삶에 재미를 주는 요소입니다. 이처럼 우발성에 대해 누구는 공포로 느끼고 누구는 재미로 느끼는 이유가 뭘까요? 우리는 흔히 변화가 외부의 우발성에 의해 만들어졌다고 생각하기 쉽지만, 사실은 우발성이 우리 안에 내재된 자기원인을 촉발하고 변용시키는 것입니다. 마치 안에 들어온 이물질을 자신의 분비물로 감싸서 진주를 만드는 조개처럼 우리의 몸과 살과 삶은 우발적인 것을 감싸고 보듬습니다. 우리의 삶은 꽃망울을 감싸는 꽃잎이나 물건을 감싸는 봉투처럼 감쌈(envelopment)의 능력을 갖고 있는지도 모릅니다. 하지만 아무리 외부에서 충격적인 사건이 다가오더라도, 만약 내 안에 그것을 통해 변화시킬 자기원인이 결여되어 있다면 그저 스쳐 지나가고 말 테지요. 반면 외부의 아주 작은 변화도 민감하게 감지하여 내 삶의 커다란 변화로 만들어나가는 경우도 있습니다. 이처럼 외부에서 우발적으로 다가오는 미시적인 것들은 우리 안에 내재한 변용 능력에 따라 구성되어 우리 삶의 일부가 될 수 있습니다. '우리 안에 내재한 변용 능력'이란 바로 자연, 생명, 소수자 등의 타자성을 발견한다는 의미입니다. 이러한 타자성을 스피노자는 '외부적 사유'라고 불렀습니다. 더 나아가 우발적인 것을 결정론적인 것보다 일차적으로 생각한다는 점에서 '우발적 유물론'이라는 개념으로 설명하기도 했습니다. 이러한 외부적 사유나 우발적인 유물론은 우리 안의 내재성을 재발견하는 것, 즉 우리 삶이 갖고 있는 품고 돌보고 감싸 안고 사랑하는 능력을 재발견하는 것이라고 할 수 있습니다. 내 삶에서 멀리 떨어져 있는 크고 거창한 것을 바라보기보다 내 안에 있는 잠재성의 미세한 결에 주목할 필요가 있다는 말이지요.

오늘 저는 미세한 흔적과 자취, 틈새를 바라보는 작은 현미경의 능력을 생각해봅니다. 저 멀리 바라보는 거대한 망원경이 아니라, 지금-여기-가까이를 들여다보는 현미경을 통해서 삶의 다채로운 무늬와 결을 발견할 수 있습니다. 그곳이 바로 우리의 정동, 사랑, 욕망이 서식하고 숨 쉬고 들썩거리는 자리입니다.

02
작은 사랑이 돌이킬 수 없는 변화를 초래한다

나를 변화시킨 길고양이 한 마리

어느 도서관에서 스피노자에 관한 강연을 할 때였습니다. 한 수강생이 질문을 했습니다. "인류에 대한 보편적인 사랑이 중요합니까, 아니면 아주 특별한 한 사람에 대한 사랑이 더 중요합니까?" 그 순간 저는 머뭇거렸습니다.

인류에 대한 보편적 사랑이야말로 정말 숭고한 것이지만, 그렇다고 해서 한 사람에 대한 절절한 사랑이 그것만 못하다고 할 수는 없지요. 또한 사랑의 출발점은 국지적일 수 있으나, 사랑의 결과물은 보편적 사랑으로 향할 수도 있습니다. 1980년대 민주화운동도 생각해보면 친구들의 죽음과 주변 사람들의 억압받는 삶에 대한 공감 때문이었습니다. "이한열을 살려내라!", "박종철을 살려내라!"라는 구호는 같은 시대를 살아가는 친구와 동료에 대한 사랑이었던 것이지요. 그러니 보편적 사랑과 국지적인 사랑 중 어느 쪽이 더 중요한지는 말하기 어렵습니다.

물론 보편적인 것을 먼저 말하다 보면 뻔한 대답, 즉 "응당 그래야 한다"라는 당위나 "나는 그렇게 믿는다"라는 믿음의 차원으로 귀결될 수밖에 없습니다. 그래서 사회운동이나 종교가 계몽주의적인 논리를 갖는지도 모르겠습니다. 보편적인 것은 삶에 대한 질문을 단조롭게 만들고 의무, 당위, 책임, 필연과 같은 개념에 의존하게 만드는 경향이 있지요.

그래서 저는 가깝고 국지적인 영역에서 흐르는 사랑이 만들어내는 변화에 주목합니다. 사실 저의 일상은 연구실과 집을 왔다 갔다 하는 단조로운 생활이 대부분입니다. 그런 일상에 몇 년 전 작은 변화가 생겼습니다. 연구실 주변을 서성이며 울고 있는 길냥이에게 밥을 주기 시작한 것입니다. 길냥이는 연구실 앞마당에서 잠을 자고, 밥을 먹고, 제 발밑에서 '발라당'을 하고, 머리를 비비며 놀았지요. 그런데 이런 작은 변화가 저의 마음에 심원한 변화를 초래했습니다. 길냥이 밥을 주는 작은 일이 점차 동물보호운동과 이 땅의 뭇 생명에 대한 관심으로 확장된 것입니다. 얼마 지나지 않아 저는 동물단체 잡지를 만드는 일을 했고, 동물권과 관련된 책을 읽기 시작했습니다. 급기야 총선 때 녹색당에서 생명권 정책을 작성하기도 했습니다. 이 모든 것이 길냥이 한 마리에 대한 사랑에서 파급된 일이었습니다. 그 길냥이는 연구실 안으로 들어와 지금 내 옆에서 꾸벅꾸벅 졸고 있습니다. 이렇듯 아주 작은 일상의 변화는 삶의 배치를 바꾸어 한 개인의 생각을 바꾸고, 나아가 한국 사회를 바꾸는 초석이 될 수도 있다는 생각이 듭니다. 제가 너무 낙관적인가요?

익숙한 일상과 사람들을 깊이 있게 만나기

아내는 지혜로운 사람입니다. 뒤죽박죽 섞인 일들을 어떤 순서로 해결해야 할지 단번에 정리해냅니다. 시장에서 사온 식재료를 어떻게 보관해야 오래 싱싱하게 먹을 수 있는지를 알고, 네 마리 고양이들이 아픈 데는 없는지, 집 앞 구멍가게 할머니가 오늘 왜 화가 나 있는지도 금세 알아차립니다. 그에 비하면 저는 아내가 시키는 것만 하는데도 늘 지적을 받곤 합니다. 설거지할 때 물 절약하는 법이나 청소할 때 걸레자국 안 남기는 법, 빨래를 널면서 주름 펴는 법 등등 아무리 가르쳐줘도 까먹고 맙니다.

이런 저에게 아내의 지혜는 경이로울 정도입니다. 이치에 맞게 뚝딱뚝딱 일처리를 하고, 그 과정에서 새로운 노하우를 습득하고, 마치 마술을 부린 것 같은 결과물들을 내 눈앞에 떡하니 펼쳐놓으니 말입니다. 가끔은 아내가 마녀가 아닌지 의심스러울 때가 있습니다.

실제로 중세 유럽에서 종자, 발효, 요리, 식생 등에 관한 지혜를 갖고 있던 산파, 할머니, 과부 등이 마녀라는 누명을 쓴 적이 있었지요. 당시 여성들이 가진 최소한의 영토였던 숲, 하천, 늪지대, 갯벌 등의 공유지를 약탈하기 위해 남성들이 벌인 마녀사냥의 역사가 『캘리번과 마녀』(갈무리, 2011)라는 책에 서술되어 있습니다.

여성성의 지혜는 연결망의 지혜, 정동 속에서 싹튼 지혜라는 점에서 생태적 지혜, 살림의 지혜, 정동의 지혜라고도 불립니다. 반면 남성성의 지식은 분리하고 쪼개고 격리시켜 이상화한 진리이지요. 여기서 플라톤의 이데아, 아카데미, 철인정치 등은 남성적 진리의 세계를 보여줍니다. 그런 점에서 지혜롭지만 약탈당하는 자연을 여성성으로 보고, 오만하고 자기중심적인 인간을 남성성으로 본 에코페미니즘의 구도는 나름

대로 설득력이 있어 보입니다. 여성을 사랑한다는 것, 그것은 여성성이 갖고 있는 생태적 지혜와 살림과 돌봄, 정동에 귀 기울이는 것과 같습니다.

『천 개의 고원』이라는 책에서 사랑을 '되기(becoming)'라는 개념으로 설명하는 들뢰즈와 가타리는, 남성 되기는 없다고 말합니다. 사랑이 성립하기 위해서는 여성의 여성 되기와 남성의 여성 되기가 만나야 한다고 말하지요. 남성이든 여성이든 누구나 내면에 여성성을 가지고 있으며, 여성 되기는 이미 자기 안에 있는 여성성을 발견하는 일입니다. 그런 점에서 남성이나 여성이나 살림의 지혜, 생태적 지혜를 공유할 때 비로소 공감대가 형성된다는 생각이 듭니다. 쉽게 말해 남성, 여성 구분 없이 같이 살림하는 공동체를 만들어야 이야깃거리도 많아지고, 스토리도 생기고, 타인을 이해하고 공감하는 폭도 커지겠지요. 이런 점에서 생물학적 성(sex)이나 사회적 성(gender)으로서의 여성과 남성의 이분법이 아니라, 저마다의 강도와 밀도에 따라 여성성과 남성성을 가늠하는 섹슈얼리티(sexuality)로 사유할 필요성이 느껴집니다. 꽃은 한 뿌리에서 나와도 남성성이 강하면 수술을, 여성성이 강하면 암술을 만든다지요. 삶의 미세한 영역에서 사랑을 발견하고 그것을 통해 더 지혜로워지는 것이 여성성의 역할이라는 점에서, 저는 내 안에 잠재해 있는 여성성의 영역을 더 계발해나가려 합니다.

그래서 몇 년 전부터 연구실 주변의 이웃들과 교류하기 시작했습니다. 이웃들과의 교류는 애정을 갖고 그들의 목소리에 귀 기울이고 함께하는 과정입니다. 그 첫 시도가 바로 인근 생활협동조합에서 조합원들과 인문학 공부를 시작한 것입니다. 대부분 주부들이라 관심사가 비슷하고, 구체적인 삶의 이야기와 생태적 지혜를 풀어내는 데만 두 시간이 금방 지나갑니다. 그때 엄마 등에 업혀왔던 갓난아기가 지금 초등학교 입학을 앞두고 있으니, 벌써 만 6년 넘게 공부모임을 이어온 셈입니다.

제가 생활협동조합과 접속한 것도 아주 작은 계기에서 시작되었습니다. 생활협동조합에서 주최하는 밥상모임이 있다기에 친구와 구경삼아 놀러 갔던 거죠. 그 후 저는 조합원이 되었고, 마을과 협동운동, 공동체경제에 관련된 책을 읽기 시작했으며, 더불어 지인들과 모여 협동조합을 만들기 위한 노력도 하게 되었습니다.

이러한 경험을 통해 저는 작은 삶의 변화, 특히 작은 사랑이 만들어내는 변화에 대해 느낄 수 있었습니다. 국지적인 사랑은 무엇일까요? 왜 변화를 만들어낼까요? 아마도 그것은 비루하게 반복되고 고정된 삶에 파문을 일으키는 질문을 던지기 때문이 아닐까요? 지금-여기-가까이, 당신 곁에 누가 있느냐고 말이지요.

동물들은 범위한정 기술을 갖고 있다고 합니다. 들판이나 야산을 정처 없이 헤매는 것처럼 보이지만, 자신의 영토를 만들어 그 범위 내에서 먹이사냥을 하고 놀이와 구애를 하는 것이지요. 마찬가지로 새로운 경험을 하기 위해 먼 곳으로 여행을 떠나는 일도 필요하겠지만, 가까이에 있어 익숙한 사람들의 삶을 아주 깊숙이까지 시추해보는 것도 의미 있다고 생각합니다. 우리의 일상을 구성하는 국지적인 영역에 주목하지 않았던 사람이 아무리 먼 곳에 간들 이 세계의 깊이와 잠재성에 대해 이해할 수 있을까요?

친구들은 제가 매일 연구실에 콕 박혀 있다며 걱정합니다. '여행 좀 가서 놀다 와라'라고 조언하기도 합니다. 그렇지만 지금-여기-가까이에 있는 가족과 고양이들과 이웃들에게서 색다른 면을 발견하는 것이 저에게는 일상의 효모이자 촉매제입니다. 그들을 사랑할 때 나타나는 작은 변화를 느끼는 것이 내 삶의 큰 의미입니다. 겉으로는 작은 변화일지 모르지만 내면에서는 삶의 이유까지도 바꿔놓을 엄청난 혁명일 수 있습니다. 그것은 국지적인 영역에서 아주 조용하게 진행되지만 우리 신체의 표면에 흐르고 있는 잠재성을 촉발하고 변용시켜 삶의 자기원인을 구성하는 순간입니다. 그래서 은둔자에게는 모든 삶의 과정이 사건이라고 했던가요? 사소한 것에서도 심원한 의미를 찾을 수 있을 테니까요.

어제와 별다를 것 없는 오늘이지만, 일상을 들여다보면 그 안에는 우리가 미처 발견하지 못한 또 하나의 세계가 있습니다. 지금 막 발견했거나 아직 발견하지 못한, 어쩌면 앞으로도 알아채지 못할 비밀이 평범한 일상의 주름들 속에 숨어 있을 수 있거든요. 그래서 사랑할수록 차이가 풍부해진다고 했던가요? 사랑이 깊어질수록 세밀한 차이는 더 많아지는 것만 같고, 더 많이 발견됩니다. 그래서 예전에는 고양이들 화장실을 치우는 것이 번거로운 일이었지만, 지금은 변비라든가 다른 건강 상태를 꼼꼼히 확인해보는 즐거운 일이 되었습니다.

최근에는 생활협동조합에서 6년째 인문학 세미나에 참여하는 구성원들이 농담을 하고, 집안 대소사에 대한 조언을 나누는 것을 지켜보는 것도 삶의 촉매제이자 활력소가 됩니다. 그들은 옆 사람의 아주 미세한 차이에도 어찌나 눈이 밝은지 '다른 그림 찾기'의 명수들이 분명합니다. 점점 사랑이 깊어가는 모양입니다.

삶의 긍정은 욕망의 긍정

『에티카』의 출발점은 아주 작은 삶의 영역, 국지적인 영역입니다. 스피노자는 보편적이고 모두에게 해당하는 이야기, 즉 보편어법을 통한 이야기를 거의 하지 않습니다. 물론 『에티카』는 정리, 공리, 증명 등을 통해 '~은 ~이다'라고 단정하는 듯한 형식을 취하고 있습니다. 그러나 그 내용은 국지적이고 작은 영역에서의 정동, 변용, 욕망, 사랑, 무의식과 같은 이야기들, 즉 삶의 이야기, 살아 움직이는 이야기들이 대부분입니다. 모든 사람에게 해당하는 큰 이야기를 하는 것이 아니라, 자신이 발견한 사랑과 욕망이라는 국지적이고 작은 이야기를 하고 있는 것이지요.

독자들은 이미 눈치 챘겠지만, 이 책에는 '욕망'이라는 단어가 유난히 많이 등장합니다. 여기서의 욕망은 갈애나 탐욕으로서의 의미가 아니라 삶에 대한 의지로서의 욕망, 더 충만한 삶을 살기 위해 내가 하고 싶은 것을 하고자 하는 욕망입니다. 스피노자는 그것을 코나투스(conatus), 즉 자기보존 욕구라고 불렀습니다.

스피노자는 자신의 삶 또한 '자기보존 욕구', 즉 욕망이라는 동기에 따라 설명합니다. 삶을 긍정하기 때문에 욕망을 긍정하는 사람으로서 자신을 바라보는 것이지요. 욕망이 바로 삶의 자기원인, 즉 살아갈 이유가 됩니다.

공화파 드 비트 형제가 살해당했다는 소식을 들었을 때, 스피노자는 중대한 선택의 기로에 섭니다. 당시 네덜란드는 젊고 유능한 재상인 요한 드 비트에 의해 공화정의 절정을 구가하고 있었지만 프랑스와의 전쟁에서 패하고 맙니다. 이에 성난 군중이 군주제로의 회귀를 외치며 요한과 그의 형제 코르넬리스를 죽입니다. 이 소식을 전해 들은 스피노자는 '극악무도한 야만'이라고 외치며 항의 시위를 위해 살육의 현장으로 달려가려 합니다. 드 비트 형제는 그에게 생명의 은인이나 마찬가지였거든요. 그러나 그즈음 헤이그 시내는 흥분한 학살자들로 가득했습니다. 그곳으로 갔다가 죽을 게 뻔한데 친구들이 스피노자를 가만 놔두었을까요? 친구들은 말고삐를 붙잡고 놔주지 않았습니다. 스피노자는 결국 친구들의 간곡한 만류에 울분을 참아야 했습니다. 스피노자에게 그 친구들은 그의 삶을 긍정하고 구성하는 자기원인 중 하나였던 셈입니다. 스피노자를 부질없는 죽음이 아닌 삶의 긍정으로 향하게 했던 친구들은 그의 삶의 여백이며, 쉼표이며, 삶을 계속 살게 했던 내재적인 동기였던 것이지요.

또 다른 유명한 일화가 있습니다. 스피노자가 살았던 17세기 중반은 근대가 태동하던 시기였지만 아직 중세의 영향에서 완전히 벗어나지 못한 때였지요. 스피노자는 범신론을 주장했다는 이유로 스물다섯 살이라는 젊은 나이에 유대교회로부터 파문당했습니다. 당시 교회는 "그는 밤낮으로 저주받을 것이며, 잠잘 때도 깨어나 있을 때에도 저주받을 것이다. 어느 누구도 말이나 글로써 그와 교분을 나눠서는 안 되며, 그에게 호의를 베풀어서도 안 되고, 그와 한 지붕 아래 머물러서도 안 되며, 가까이에 가서도 안 되며, 그가 저술한 책을 읽어서도 안 된다"라는 판결을 내렸습니다. 지독한 저주와 사회적 죽음을 선언한 것이지요. 그 정도 조치로는 부족하다고 생각했던 한 광신도가 스피노자를 너무나 증오하고 혐오한 나머지 그를 살해하려 했습니다. 마침 추운 겨울이라 두꺼운 외투를 입고 있던 스피노자는 다행히 죽음을 피할 수 있었다지요. 대신 그 광신도의 칼은 그의 외투에 커다란 구멍을 냈지요.

아마 다른 사람들 같으면 이 일로 죽음의 공포와 두려움에 압도되었을 것입니다. 그러나 스피노자는 달랐습니다. 그는 이 돌발적이고 우발적인 상황에 종속되지 않고 자신의 삶에 대한 긍정과 자기보존 욕구, 다시 말해 삶의 자기원인에 따라 상황을 찬찬히 들여다봅니다. 야만의 시대이지만 자신이 살아가야 할 이유를 생각한 것이지요. 그래서 그는 칼자국 난 외투를 방에 걸어둔 채 신중과 조심을 신조로 삼아 살았다고 합니다.

우리라면 그런 우발적인 사건에 어떻게 대처했을까요. 더러는 혼돈과 무질서, 해체로 향하겠지요. 그러나 스피노자는 '광신도의 테러'라는 외부로부터의 우발적 사건을 '조심과 신중의 신조'로 만들어 자기보존의 욕구를 지켜냅니다. 이처럼 우발적인 사건이 닥쳤을 때 육체와 정신의 능력을 상승시킨다면 기쁨이 되고, 육체와 정신의 능력이 감소하면 슬픔이 될 것이라고 스피노자는 말합니다. 삶의 내재적인 원인, 즉 살아가려는 의지와 노력, 삶에 대한 긍정과 삶의 욕망, 자기보존 욕구가 외부 요인보다 중요하다는 것입니다. 코나투스, 즉 삶의 욕망은 내 안에 있는 생명과 자연의 본성에 일치하기 때문입니다.

어느 날 여러분에게 몇 년간 해외 근무를 하라는 제안이 우발적으로 들어왔다고 가정합시다. 만약 여러분이 이국적인 장소와 색다른 삶에 대한 열망을 가지고 있다면 그 제안은 내 안에 있는 삶의 욕망, 자기보존 욕구를 증대시키므로 기쁨으로 반응하게 될 것입니다. 반면 여러분이 가족과 함께하는 삶에 충실하고자 하는 욕구를 가지고 있음에도 마지못해 그 제안을 받아들여야 하는 상황이라면 삶의 욕망이 좌절되어 슬픔으로 표현될 것입니다. 물론 내재적인 원인이 더 강하게 작용해서 그 제안을 단호히 거절함으로써 슬픔의 방향으로 나아가지 않을 수도 있겠지요. 이처럼 외부에서 우발적인 사건이 닥치더라도 내 안에 어떤 삶의 욕망을 가지고 있느냐에 따라 그 결과는 확연히 달라집니다. 삶의 내재적인 원인이야말로 그 어떤 외부적 요인보다 중요하다는 이야기지요.

결국 스피노자가 코나투스, 다시 말해 자기보존 욕구라고 했던 욕망의 자기원인은 자신 안의 생명을 살리고 북돋고 촉발하는 것에 달려 있습니다. 그런 점에서 내 안의 생명과 자연의 능력인 욕망은 일관되게 삶을 풍부하게 활성화하는 기쁨의 방향성으로 향합니다.

소소한 사랑이 만들어내는 연쇄효과

스피노자는 사랑에, 그것도 국지적인 영역에서 이루어지는 작은 사랑에 주목했습니다. 우리는 사랑하고 욕망하기 때문에 숨 쉬고 느끼고 지각하고 살아가는 것이지요. 그런 점에서 사랑과 욕망은 우리의 몸과 마음을 구성하는 이유이며, 삶의 자기원인이 됩니다. 부모가 아이를 따뜻하게 안아주며 "내가 너 때문에 산다"라고 말할 때처럼 말입니다. 굳이 특정한 대상이 없더라도 나 자신의 성취감 때문에, 혹은 그림을 그리고 싶기 때문에, 맛있는 음식을 먹는 시간이 행복해서, 아름다움에 대한 갈망 등등, "내가 이 맛에 살지" 하는 그 모든 종류의 사랑이 바로 그 사람이 살아갈 이유가 되는 것이지요. 나아가 삶의 이유는 내 안의 자연과 생명의 능력, 즉 활력과 생명 에너지에 대한 긍정을 의미합니다. 나무가 꽃을 피우고 열매를 맺고 낙엽을 만들듯이 우리의 사랑은 우리의 몸과 마음의 변화를 만들어냅니다. 그 변화가 바로 앞에서 말한 '변용'이며 '되기'입니다.

지금 이 순간에도 여성-되기, 아이-되기, 동물-되기, 장애인-되기, 나비-되기, 꽃-되기 등등 작은 사랑은 도처에서 발생합니다. 아주 국지적인 영역, 접촉과 접속, 연결의 영역에서 우리의 신체변용을 초래하는 사랑의 특이점이 발생합니다.

특이점이란 원래 물리학에서 사용하는 용어로, 에너지가 고도로 응축

되다가 어느 순간에 물질로 바뀌는 지점을 일컫는 말입니다. 흔히 빅뱅의 순간에 있었다는 '아주 작은 한 점'으로만 알고 있는데, 빅뱅뿐 아니라 일상 어디에나 특이점은 존재합니다. 변화가 발생하는 곳 어디나 말이지요. 그리고 변화는 그냥 발생하는 것이 아니라 에너지의 흐름과 응축을 필요로 합니다. 사랑이 그 에너지가 될 수 있겠지요. 그러한 작은 사랑의 특이점은 그냥 스쳐 지나가거나 소멸하는 것이 아니라 그 주변과 곁, 가장자리에 있는 사람에게 영향을 미칩니다. 물론 모두가 눈에 띄게 변화하는 건 아니겠지만 적어도 태도를 결정할 것을 요구받지요.

그렇게 작고 미세한 변화는 연쇄반응의 시발점이 될 수 있습니다. 더 나아가 관계를 맺고 있는 주변 사람과, 가족과, 마을과, 공동체, 지역사회의 변화를 일으키겠지요. 물론 출발점은 국지적인 영역에서의 작은 사랑입니다. 그것은 시장을 보거나, 산책을 나가거나, 이웃과 대화하거나, 출근하는 등 사소한 과정에서 비롯됩니다. 이를테면 자녀의 건강을 생각했던 주부들의 관심사가 지구의 미래, 지구환경 보존, 소수자와 생명에 대한 사랑 등으로 확대되는 것이 그것입니다.

그런 예를 우리 주변에서도 종종 볼 수 있습니다. 2011년 서울 노원구 월계동 주택가 도로의 방사능 오염이 사회적 이슈가 된 적이 있습니다. 직접 현장조사를 하고, 충격적인 사실을 세상에 알린 주인공은 평범한 부모들이었지요. 처음에는 '방사능으로부터 우리 아이들을 지키겠다'는 생각으로 '차일드세이브'라는 온라인 모임을 만들었고, 방사능 관련 정보를 공유하면서 직접 방사능 측정기를 들고 다니며 방사능의 위험을 알리는 활동을 해왔습니다. 최근에는 일본산 농수산물 수입 반대운동과 GMO(유전자 조작 식품) 반대운동, 화학첨가물과 미세먼지 문제로 활동 영역을 넓히면서 차츰 환경운동단체의 면모를 갖춰나가고 있다고 하지요. 그 시작점은 '내 아이'였겠지만, 지금은 '지구의 미래'를 고민하는 시민운동가가 된 것입니다.

이처럼 작은 사랑은 연쇄적으로 생태계, 공동체, 네트워크 등에 돌이킬 수 없는 변화를 일으킵니다. 스피노자는 세상 도처에 존재합니다. 지금 작은 사랑을 통해 세상을 바꾸어보겠다고 나선 가족, 친구, 이웃이 있다면 그들 안에 내재된 스피노자를 발견할 수 있을 것입니다. 그/녀들에게서 세상을 향해 '사랑은 곧 혁명이다'라고 일갈하는 스피노자의 모습을 상상하는 것도 어렵지 않습니다.

스피노자가 활동하던 시대에는 글을 기하학과 같이 정리하는 것이 유행했다고 합니다. 『에티카』에도 정리, 공리, 증명, 각주 등 보기에도 어려운 수학공식 같은 글이 느닷없이 등장합니다. 더도 덜도 아닌 딱 기하학적 방법론이었지요. 스피노자도 유행을 좋아했나 봅니다. 본래 기하학은 고대 이집트에서 유래했습니다. 나일강이 범람해 주변의 땅을 휩쓸고 지나가면 다시 구획을 지어야 했습니다. 이를 위해 측량을 사용했는데, 이것이 기하학의 시작이라고 합니다. 경계가 사라져버린 토지 면적을 다시 측량해서 분배해야만 분쟁을 막아 사회가 안정될 수 있었겠지요. 측량법에서 출발한 기하학은 이후 공간의 성질, 모양과 크기, 도형의 개념, 물체의 상대적 위치를 연구하는 학문으로 정교화되었고, 사회현상이나 생산기술, 경영, 법률, 인문학 등에도 논리적인 기반을 제공하고 있습니다.

고대 그리스의 철학자 플라톤은 기하학적 사고방식, 즉 논리적인 사고를 모든 학문의 기본으로 여겼습니다. 그가 세운 학교 아카데미의 정문에는 "기하학을 모르는 자는 이곳에 들어오지 마라"라는 문구가 새겨져 있었다고 합니다. 일찌감치 수포자의 길을 걸어온 저로서는 어쩔 수 없이 살짝 위축되는군요.

스피노자가 『에티카』에 구현한 방식도 기하학이었습니다. 그렇지만 그가 그려낸 세상은 합리적인 추론이나 인과관계에 대한 것도 아닐뿐더러 수학과는 거리가 멉니다. 사랑과 욕망, 정동이 생성되고 변화하고 전염되는 과정을 지도처럼 그려나가기 위한 방법일 뿐입니다. 그것은 계속 변화하는 과정에 있기 때문에, 어디서부터 어디까지가 내 것이라는 경계를 짓기가 어렵습니다. 다만 계속 변해왔고 앞으로도 변화해갈 것이라는 전제 아래 그 궤적을 지도로 그려낼 뿐이지요. 그리고 그 지도의 출발점에는, 작고 국지적인 사랑이 만들어낼 놀라운 변화의 순간이 특이점으로 찍혀 있습니다. 어느 비 오는 골목길에서 아픈 길냥이의 처연한 눈망울과 마주쳤던 그날, 혹은 어쩌다 우연히 잡아보게 된 세월호 유가족 어머니의 따뜻한 손, 누군가에게서 받은 꼬깃꼬깃한 편지, 상자텃밭에서 처음 수확한 토마토를 입 안에 넣었던 그 감각 등으로 말이지요.

한 번이라도 시도해본 사람은 알겠지만, 스피노자의 『에티카』는 결코 만만한 책이 아닙니다. 그 복잡한 개념의 미로에서 길을 잃지 않으려면 사랑과 욕망에 주목해야 합니다. 스피노자의 철학의 길은 철학자들만이 지나가는 오솔길이 아니라, 거미줄처럼 서로 교직하고 연결되어 있는 네트워크와 공동체, 생태계가 지나가는 무한한 행로, 사랑과 정동의 지도를 그리는 무의식의 행렬, 해방과 자유를 향한 사랑의 일관된 흐름에 대한 것입니다. 저는 일상의 곳곳에서 수많은 스피노자들을 만납니다. 그리고 그들의 작고 국지적인 사랑과 욕망의 약속과 지도 제작에 감응합니다. 사랑과 욕망의 자기원인에 따르는 한 삶은 영원할 것이라는 의미를 다시금 깨닫게 됩니다. 스피노자가 그랬던 것처럼.

03

경우의 수에 따르는 사랑의 수학

사랑한다는 건 선택할 수 있게 하는 것

제가 철학이라는 학문을 공부해서 학위까지 받게 된 근원적인 계기가 무엇인지를 생각해봤습니다. 저는 중학생 때부터 철학책을 무척 좋아했습니다. 스피노자, 니체, 사르트르, 함석헌, 김지하, 김용옥 등을 읽다 보면, 철학에는 세상을 바꾸는 힘이 있다는 느낌이 들었습니다.

철학책을 즐겨 읽기는 했지만, 수많은 학문 중에 하필 철학을 선택한 것은 어쩌면 수수께끼이기도 합니다. 어쩌다 보니 그냥 그렇게 된 것일까요? 그런데 얼마 전 부모님 댁에 갔다가 무릎을 탁 치게 되었습니다. 어머니가 정리해놓은 책장을 바라보니, 앉아서 눈에 딱 들어오는 높이에 철학책을 빼곡히 꽂아두신 겁니다. 저의 의지였다고 생각했던 철학자의 길이, 사실은 어머니의 영향이 컸다는 것을 깨닫게 되었지요. 어머니는 제가 철학책을 좋아한다는 것을 알고, 종종 철학 분야의 신간을 사서 잘 보이는 곳에 꽂아두곤 했던 겁니다. 즉 어머니는 남몰래 내가 선택할 경우의 수 하나를 제공한 셈이지요. 사실 어머니는 저에게 이거 읽어라 저거 읽어라 한 적이 없습니다. 그저 마치 내가 자율적으로 선택한 것처럼 판을 깔아놓았을 뿐이지요.

스피노자는 우발적인 마주침이 있는 세상을 말합니다. 그것을 돌발적인 사건들이 침입해오는 안전하지 못한 세상이라고 생각하는 사람도 있을지 모르겠습니다. 그러나 스피노자가 그린 우발성의 세계는 여백이 있고, 여유가 있으며, 여가가 있는 참 널찍한 공간입니다. 바람이 산들산들 불고, 햇살이 찬연히 내리쬐고, 나무 그늘 아래 평상이 있는 모습을 상상해봐도 좋겠지요. 참 평화로운 일상과 여유로운 삶 속에는 우발성과 여백이 녹아들어 있지요.

그런데 우발성은 주어지는 것이 아니라 만들어지는 측면도 있습니다. 마치 어머니가 내 인생의 우발성을 만들어냈듯이 말이지요. 물론 우발성을 만들어내려면 어떤 것이 필요한지, 과연 만들 수나 있는 건지 의문이 들기도 합니다. 제가 몇 시에 일어나 어떤 동선을 그리며 씻고 밥을 먹고 출근을 하는지, 그날의 드레스코드는 무엇인지 명확히 정해져 있지 않습니다. 그것은 그날의 컨디션이나 일정에 따라 달라지는 다양한 경우의 수를 가지고 있습니다. 그 경우의 수는 대부분 주변 사람, 아내, 어머니, 친구, 이웃이 사랑으로 만들어놓은 특이점들입니다. 그러나 그것은 누군가의 계획대로 부두인형처럼 움직이는 자동적인 질서와는 다릅니다.

여기서 내가 누군가를 사랑한다는 것은 그/녀가 선택할 수 있는 경우의 수를 만들어내는 것과 관련이 있습니다. 그것은 지극히 자유롭게 선택할 수도, 안 할 수도 있지만, 일단 선택할 여지를 만든다는 점이 중요합니다.

이를테면 아내는 제 연구실에서 세미나가 시작되기 직전에 큰 탁자 위에 과자를 놓습니다. 세미나에 참석하는 사람들이 과자를 집어 먹는 것은 경우의 수 중 하나지만, 이따금 사람들이 무심결에 과자를 집어 먹으면 아내는 방긋이 미소를 짓습니다. 또 아내는 현관에서 신발을 벗는 사람에게 "실내화가 필요하면 이쪽에 있는 걸 신으세요"라고 나지막이 말하면서 선택지 하나를 제공합니다. 그러면 실내화를 신는 사람도 있고, 안 신는 사람도 있지만, 선택할 수 있는 경우의 수 하나가 생긴 셈입니다.

우발적 만남이 사랑이 되기까지

사랑한다는 것은 '이렇게 해야 해'라는 당위나 의무가 아니라, '~이럴 수도 ~저럴 수도'라는 경우의 수를 제공하는 것과 관련이 있지 않을까요? 그러한 경우의 수가 많을수록 꽉 짜인 일상에서 내가 취할 수 있는 자유와 선택지, 우발성이 더 많이 생길 수 있습니다. 그 말인즉 처음부터 답이 정해져 있는 것이 아니라 계속 만들어나가는 과정이라는 의미이기도 합니다. 삶은 문제 제기를 통해 여러 가지 답을 선택하는 과정이지, 모든 문제 제기가 하나의 답으로 수렴되는 과정이 아니기 때문이겠지요. 문제는 우리가 습관적으로 만능열쇠와 같은 하나의 정답이 있을 것이라고 생각하는 데 있습니다. 만약 답이 있다면 그것은 아마 내가 살아온 삶 속에 있을 겁니다. 그것도 하나가 아니라 여러 개이겠지요. 나는 계속 살아나가는 존재이고 그 답들도 계속 구성 중입니다. 스피노자가 말한 삶의 내재성은 어찌 보면 호기심, 물음표, 문제의식, 질문 등으로 가득한 삶의 여정을 표현하는 것이라는 생각이 듭니다.

스피노자의 내재성 개념이 어렵게 다가올 수밖에 없는 것은 '삶에 내재해 있는 타자성의 표현'이라는 점에서 외부적 사유이기 때문입니다. 이렇게 되면 "어떻게 내부가 외부야?"라는 반문이 나올 수밖에 없습니다. 파고들수록 참 어려운 개념임에 틀림없습니다. 하나하나 짚어볼까요? 우리의 삶과 신체에는 동물도, 식물도, 소수자도, 부랑아도, 이방인도 내재합니다. 그런데 그것은 그냥 드러나지 않고 오직 변용, 접촉, 촉발에 의해 표현될 수 있습니다. 스피노자의 구도에 따르면, 신은 자연, 신체, 생명, 삶에 내재해 있지 초월해 있는 것이 아닙니다. 그래서 삶은 초월적 신으로부터 답을 구하는 과정이 아니라, 삶에 내재해 있는 여러 가지 질문에 따라 변용하고 사랑하고 욕망하면서 답을 찾는 과정 자체가 신적인 것의 표현인 셈입니다.

사람들은 "그건 이런 거야!"라고 답을 제시해주는 전문가에게 환호합니다. 반면 사랑을 통해서 선택할 수 있는 경우의 수 하나를 만들면서 "이럴 수도 있지 않을까?"라고 말하는 사람에게 주목하기는 어렵습니다. 그러나 사랑하는 사람에게 할 수 있는 최선의 행동은 권유, 청유, 배려, 관용 등의 부드러운 선택지를 제시하는 것이 아닐까요?

문제는 각자가 선택할 경우의 수를 어떻게 만들어내는가 하는 점입니다. 그냥 우발성으로 주어지는 것이 아니라면 어떻게 해야 하는 걸까요? 저는 사랑이 만들어낸 특이점에 주목합니다. 앞에서도 말했지만, 특이점은 에너지가 물질이 되는 지점입니다. 그러나 여기서는 스피노자가 말하는 '유일무이하고 단독적인' 지점으로서의 특이점을 의미합니다. 사랑한다는 것은 하나의 특이점을 만드는 것과 같습니다. 특이점

하나가 생기면 바로 자신과 주변 사람에게 크든 작든 변화를 주게 됩니다. 일단 특이점에 가까이 있는 사람은 적어도 자신의 태도라도 결정해야 하니까요.

예를 하나 들어볼까요? 우리 집은 아파트 1층이라 베란다 문을 열면 바로 화단이 보입니다. 언제부턴가 길냥이 가족이 화단 안쪽의 나무 밑에서 쉬다 가는 것을 알게 되었고, 우리 부부는 그 근처에 사료와 물을 놓아주곤 했습니다. 엄마 고양이와 아기 고양이 둘이었는데, '누룽지네 가족'이라는 이름을 붙여주었습니다. 집에서 키우던 녀석들인지 사람을 봐도 피하지 않고 발라당 배를 보이며 애교를 부리는 모습이 꽤나 살가웠지요. 화단에 사료를 놓아주면 허겁지겁 먹고 한참을 놀다가 가곤 했습니다.

그런데 어느 날 이웃 집 할머니가 베란다 문을 열고 혀를 끌끌 차며 중얼거렸습니다. "도둑고양이한테 밥을 주면 자꾸 와서 울어댈 텐데 시끄러워서 어찌 사누!" 머쓱해진 저는 남의 눈에 띄지 않게 사료 그릇을 더 안쪽으로 들여서 우리 집 베란다 바로 밑으로 옮겨놓았습니다. 하지만 눈치 없는 고양이들의 놀이공간은 늘 화단 한복판이었으니, 이웃 집 할머니는 그 뒤로도 종종 베란다에 서서 고양이들을 지그시 내려다보다가 집 안으로 들어가곤 했습니다. 그러던 어느 날 아파트 앞 주차장에서 이웃집 할머니가 쪼그리고 앉아 계신 것을 보았습니다. 발밑에는 누룽지네 엄마 고양이가 뒹굴뒹굴 배를 드러내며 갸르릉거리고 있었지요. 할머니는 아무 말 없이 그 모습을 내려다보고 있었지만, 어쩐지 이렇게 말하고 있는 것 같았습니다. "너 그 녀석이구나! 애기들은 어디다 놨냐? 밥은 먹었어? 안 먹었으면 밥 먹으러 와!" 얼마 전까지 '도둑고양이' 운운하던 분이지만, 이제 어디서 다른 길냥이들을 만나도 '시끄러운 존재'라고만 생각하지는 않을 것 같았습니다. 누가 알겠습니까? 고양이 가족의 화목한 모습을 매일 반복적으로 대면하다 보니 혼자 사는 노인의 마음이 자기도 모르게 움직였을지 말입니다. 여기서 반복은 외부의 우발성을 삶의 특이점으로 만드는 비밀이기도 합니다. 그렇게 사랑은 특이점을 늘려가면서 경우의 수를 만들어냅니다. 특이점이 많아지면, 스피노자가 말한 우발성과 같은 형태도 가능해지는 것입니다.

물론 스피노자의 우발성은 단어가 주는 어감 때문에 오해의 소지가 있습니다. 외부로부터 불현듯 찾아온 일시적인 사건, 휘발적인 순간, 돌발적인 상황이라는 느낌을 주기 때문이지요. 하지만 정말로 100퍼센트 돌발적이고 휘발적이고 일시적인 것이 세상에 있을까요? 물론 갑자기 들이닥친 자연재해나 돌이킬 수 없는 사건사고도 분명 있을 수 있습니다. 이러한 우발성의 영역을 마주칠 경우, 사람들은 자연의 재난 앞에서 공동체와 공공성을 작동시켜 돌봄과 사랑, 호혜와 증여를 통해 위기를 극복하려 할 것입니다. 이렇듯 우발성을 사랑의 특이점으로 바꿀 지혜와 용기, 실천이 지상에 드러날 것입니다. 만약 그렇게 한다면 기쁨의 정동으로 향하겠지요. 만약 그렇지 않다면 예속과 무능력의 슬픔으로 향하게 될 것입니다. 스피노자는 우발적 사건이 삶을 변화시키는 특이한 사건이 되어 특이점이 되는 구도를 그립니다. 놀랍게도 스피노자는 그러한 지혜와 용기, 실천의 가능성을 우리에게 내재한 사랑과 변용, 정동에서 찾았습니다. 결국 우발성을 사랑의 특이점으로 바꾸는 것이 필요하다는 얘기지요. 그런 점에서 스피노자는 사랑이 만들어내는 특이점, 더 나아가 수많은 경우의 수를 만들어야 한다고 일갈한 철학자입니다. 또한 스피노자는 우발적으로 찾아온 만남을, 사랑이 머물고 생성하고 감싸는 모든 반복의 특이점으로 바꾸자고 제안했던 것입니다.

소수자 되기, 소수자 발명하기

우리는 매 순간 스스로 선택할 수 있다는 생각을 합니다. 그래서 선택의 순간이 오면 불안과 자유를 동시에 느끼지요. 이 선택이 과연 올바른가? 과연 나는 이 선택에 따르는 책임을 온전히 질 수 있는가? 걱정과 기대가 함께 옵니다.

그런데 정말로 우리는 충분히 자유롭게 선택할 수 있을까요? 혹시 선택의 폭이 너무 좁은 것은 아닐까요? 이 시대의 가장 큰 문제는, 탐험하고 개발하고 모험할 외부와 여백이 거의 없다는 점입니다. 오늘날 전 세계 어디를 가나 똑같은 문화상품과 똑같은 생활양식, 똑같은 시설물을 발견하게 됩니다. 이를테면 대한민국에 사는 주부가 시장을 본다고 했을 때, 선택지는 이마트냐 아니면 홈플러스냐 정도라는 얘기지요. 만에 하나라도 불의의 사고로 인해 마트 하나가 기능을 하지 못하게 된다면 각 가정의 식탁이 타격을 입게 될 것입니다. 그런 점에서 문명은 탄력성과 유연성, 자율성, 야성성 등을 잃어가고 있고 조그만 위기에도 도미노처럼 무너지는 연약한 지반 위의 구조물이 되고 있는 상황입니다. 외부가 사라졌다는 것은, 우발성이 저절로 주어지는 것이 불가능하다는 이야기입니다. 외부가 없고 획일화된 현존 문명은 다양한 위기의 상황에서 인류가 선택할 경우의 수를 거의 제공하지 못합니다.

그렇다면 선택할 수 있는 경우의 수를 어떻게 늘려야 할까요? 그것의 힌트와 단서를 스피노자의 우발성에서 찾을 수 있습니다. 물론 스피노자 역시 우발성이 외부로부터 주어져 정서에 영향을 준다는 구도에서 그리 많이 벗어나지는 못했습니다. 그러나 스피노자의 철학을 면밀히 살펴보면 우발성에 대한 심원한 변형이 가능하다는 점이 금방 드러납니다. 즉 외부에서 우발성이 다가오기를 기다리지 않고, 적극적으로 우리 내부에 사랑의 특이점을 만듦으로써 경우의 수를 늘려갈 수 있다는 말이지요.

프랑스 철학자인 질 들뢰즈와 심리치료사 피에르-펠릭스 가타리(Pierre-Félix Guattari, 1930~1992)는 스피노자 철학을 계승하여 '소수자 되기'라는 개념을 공동으로 창안했습니다. 소수자 되기는 여성 되기, 노숙인 되기, 장애인 되기, 아이 되기, 동물 되기, 투명인간 되기 등으로 드러납니다. '소수자 되기'라는 혁명적인 개념은 뒤에서 더 자세히 다루도록 하겠습니다.

여기서 되기(becoming)는 사랑입니다. 그리고 되기라는 사랑의 부드러운 흐름이 아로새겨진 곳에 반복의 특이점이 만들어집니다. 예를 들어 노숙인 되기가 이루어지는 곳에 노숙인시설과 밥차와 노숙인 잡지, 편의시설, 노숙인인권센터 같은 특이점이 생기는 것을 들 수 있습니다. 그렇게 사랑의 특이점이 만들어지면, 노숙인들은 선택할 경우의 수를 갖게 됩니다. 그런 점에서 소수자 되기는 바로 사랑의 특이점을 우리가 만들어야 한다는 말로도 해석됩니다. 결국 스피노자가 언급했던 특이점 개념은 사랑과 변용, 욕망이 만들어야 할 반복의 지점이며, 사랑을 통해 만들어내는 유일무이한 순간으로서의 특이점입니다. 물리학에서 에너지가 물질이 되는 순간으로서의 특이점이라는 개념이 바로 여기에 해당하는 말이 아닐까 싶군요. 사랑과 욕망이라는 무형의 에너지를 가지고 유형의 무언가를 만들어내는 지점이기 때문입니다. 어떤 변화가 시작되는 '딱 그 지점' 말이지요. 예를 들어 영화 〈변호인〉에서 주인공 송우석 변호사(송강호 분)는 평소 마음의 빚을 지고 있던 국밥집 주인(김영애 분)의 간절한 부탁에 못 이겨 국가보안법으로 수감된 아들 진우(임시완 분)의 구치소 면회만이라도 도와주기로 하죠. 그런데 생각지 않게 그의 처참한 몰골을 보고는 덜컥 사건을 맡겠다고 나서게 됩니다. 바로 그 장면이 특이점입니다. 국밥집 주인의 인정 어린 배려와, 아들을 구하고자 하는 절절한 모정, 그리고 '속물' 변호사 송진우의 인간미, 불의와 싸우고자 하는 의지 등등 그 모든 사랑과 욕망들이 모이고, 고문으로 인해 처참하게 망가진 한 인간에게 연민을 느끼는 순간, 인권 변호사 '송변'이 탄생한 것입니다. "제가 하께요, 변호인. 하겠습니더"라고 외치는, 세상에 단 하나밖에 없는 순간이 말이지요.

이처럼 낮은 곳으로 향하는 사랑과 욕망이 특이점을 만듭니다. 다들 높은 곳만 바라보며 성공을 향해 달려가는 사회는 단순해지지요. 성공이라는 단 하나의 가치 앞에 한 줄로 길게 늘어선 가운데 잠시라도 다른 삶에 눈을 돌렸다가는 곧장 루저의 길로 빠지기 때문이지요. 집중과 노력으로 점철된 사회, 그런 사회는 획일화되기 쉽습니다. 반면 다양한 가치들이 인정받는 사회에서는 수많은 사랑과 욕망의 특이점들이 꽃필 수 있습니다. 성공의 반대편에 있는 가치일수록 말이지요.

21세기 스피노자주의자로 불리는 펠릭스 가타리는 "현존 문명은 소수자를 발명해야 할 상황에 와 있다"라고 말했습니다. 소수자가 없다면 소수자를 만들라는 말로도 들립니다. 그는 소수자에 대한 사랑의 흐름이 특이점을 늘려나가는 방향으로 향하기 때문에 문명의 회복 탄력성, 신축성, 자율성, 야성성 등을 늘리는 계기가 된다는 점에 주목했습니다. 만약 공동체와 사회에 소수자가 없다 하더라도 우리 안에서 소수성을 가진 사람들을 발견하고 이들에 대한 사랑을 통해 우리 내면에 있는 사랑의 흐름을 느낌으로써 보다 풍부해지고 다양해져야 하는 것입니다. 그렇게 되면 현존 문명은 훨씬 더 많은 선택지와 사랑의 경우의 수를 갖게 되기 때문입니다. 또한 소수자를 발명하자는 말은 이제 소수자

조차도 통속화되고 하나의 정체성으로 귀착될 위험이 있기 때문에, 색다른 소수자 되기라는 사랑의 특이점을 위해 다양한 소수성을 발명해야 한다는 말로도 들립니다.

이를테면 우리는 왼손잡이, 장발 남자, 문신한 사람, 주의가 산만한 사람조차도 소수성의 일부로 만들 필요가 있습니다. 색다른 소수자 되기는 색다른 사랑의 특이점을 만들 것이고, 이에 따라 사회와 공동체는 더 풍부해지고 다양해지게 됩니다.

04

우리 안에 내재한 놀라운 능력

선물에 담긴 정동의 비밀

그날은 초등학교 3학년 크리스마스이브였지요. 잔잔하게 들리는 캐럴, 크리스마스트리, 성탄 특선영화가 기억이 납니다. 그중에서도 가장 특별한 기억은 제가 한 시간 동안 기도하던 모습입니다. 산타 할아버지에게 야구글러브를 선물해달라고 기도했지요. 안 하던 짓을 하는 제 모습을 식구들이 이상하게 쳐다보더군요. 큰 양말을 찾다가 결국 엄마의 기다란 팬티스타킹을 베개 옆에 걸어두었지요.

그날 저는 행복한 꿈을 꾸었습니다. 다음 날 아침 놀랍게도 야구글러브가 팬티스타킹 안에 들어 있었습니다. 무척 놀라고, 감동했지요. 그런데 찬찬히 기억을 되짚어보면, 그때 이미 저는 알고 있었습니다. 산타는 없고 어머니가 선물을 준다는 사실을. 그럼에도 아무것도 모른다는 듯 선물을 받고자 했던 것이었죠.

이렇듯 선물은 기대감과 설렘을 줍니다. 1980년대 초 명절 때 친척들에게 종합선물세트를 받고 좋아하지 않은 아이는 아마 없었을 겁니다. 샤브레, 연양갱, 밀크카라멜, 야채크래커, 버터링쿠키, 바니드롭스 등 종합선물세트의 단골메뉴는 지금도 기억이 생생합니다. 살아가면서 그런 감동을 매일 느끼며 산다면 어떤 느낌일까요?

선물은 사물에 대한 생각을 혁신시킵니다. 선물이 우리 사고의 혁신에 어떤 역할을 했는지 살펴보기 전에 먼저 사물에 대한 이야기부터 해볼까요? 사실 사물에 대한 혁신적인 생각을 스피노자에게서 발견하기란 그리 어렵지 않습니다. 스피노자는 '신, 즉 자연(神卽自然, Deus sive natura, 신은 곧 자연이다)'이라는 범신론을 통해 사물에 신적 속성이 들어 있다고 보았습니다. 사물은 신, 다시 말해 사랑이 드러나는 양상 중 하나라는 것입니다. 그러나 후대 사람들은 스피노자의 말을 도통 이해하지 못했다고 합니다. 사물에 신적 속성이 내재해 있다니… 그저 딱딱하고 텅 비고 죽어 있는 사물에 신적 사랑이 아로새겨져 있다는 생각은 이해하기 어렵습니다. 그런데 선물을 유심히 관찰해보면 스피노자의 사물관이 대부분 해명됩니다.

선물에는 사랑, 정성, 인격 등이 내재해 있습니다. 사랑이 담긴 선물, 정성이 느껴지는 선물, 격조 있는 선물 같은 표현이 그냥 나온 게 아니겠지요. 그래서 선물을 받으면 보이지 않는 무언가도 함께 받는 듯한 느낌이 듭니다. 그것이 우리의 정동을 자극하고 촉발합니다. 선물은 상품처럼 사랑, 정성, 인격과 분리된 사물이 아닙니다. 상품은 물건 그 자체 이외에 다른 의미가 없습니다. 하지만 선물은 포장을 풀기 전에 마치 주사위를 던질 때와 같은 설렘과 기대를 동반합니다. 이쯤 되면 사물을 신적 속성인 사랑이 깃든 하나의 양상으로 보았던 스피노자의 어려운 철학도 '오호! 그럴 수도 있겠어!'라는 생각이 들게 합니다.

선물에는 정동의 비밀이 담겨 있습니다. 정동은 희로애락과 관련이 있지만, 일시적인 감정과는 다른 것입니다. 정동은 나누고 공유할수록 더 커지고 풍부해집니다. 그래서 정동은 사랑의 또 다른 이름이기도 하지요. 사랑을 받는 사람의 기분이 그러하듯이 선물을 받는 순간의 기쁨은 정신과 육체의 능력을 상승시킵니다. 그래서 죽어 있고 딱딱한 사물이 아니라, 선물을 준 사람의 정동이 아로새겨져 있는 것으로 느껴집니다. 그러니 선물을 받는 순간 기쁨이라는 정동이 발생하는 것은 당연하겠지요. 물론 선물은 뇌물이나 상품과는 다른 궤적을 그립니다. 진짜 선물은 그것의 크기나 가격과는 무관합니다. 마치 유치원생 조카가 고사리손으로 직접 만든 크리스마스 카드를 받았을 때의 느낌처럼 말이지요. 그저 상대방의 얼굴이나 마음, 정성이 느껴져서 기쁨의 정동이 지속되고 빙그레 웃음을 짓게 됩니다.

혹시 스피노자는 증여와 호혜의 공동체를 꿈꾸었던 사람이 아니었을까요? 스피노자는 당시 전 세계 상업의 중심지였던 네덜란드에서 부유한 유대 상인의 아들로 태어났습니다. 그런데 스피노자는 조금 별종이었습니다. 아버지의 유산을 예속으로 간주하여 거부하고, 렌즈 세공장인이 되어 독립했던 것입니다. 당시 렌즈 세공일은 고도로 숙련된 전문가의 일이었습니다. 물론 약간의 해프닝이 있습니다. 아버지가 죽고 장남 스피노자가 가타부타 반응이 없자, 동생이 유산을 가로챘습니다. 그러자 스피노자는 유산반환소송을 벌여 동생으로부터 유산을 되찾아옵니다. 여기까지는 재벌가의 흔한 재산싸움으로 보입니다. 그런데 돌연 스피노자는 동생에게 다시 전 재산을 돌려줍니다. 그러고는 자신이 원했던 것은 형제간의 우애와 사랑이었다고 말하고 홀연히 떠납니다. 그 뒤 그는 헤이그 외곽에서 소수의 친구들과 작은 공동체를 이루고 렌즈 세공 장인으로 검소하게 살아갑니다. 그런 스피노자의 태도는 그의 계승자들에게 큰 반향을 일으킵니다. 즉 유산도 예속이라고 여겼던 스피노자의 근대성은, 소유권이라는 자본주의적 근대성이 아닌 장인들의 도제조합으로 이루어진 근대성, 즉 지금은 협동조합의 모태라고 할 수 있는 기술, 공동체, 사회가 어우러진 상에 대한 응시를 품고 있다고 평가됩니다.

살아가는 이유는 내 안에 있다

스피노자의 범신론은 근대 이전의 사물영혼론과는 차이가 있습니다. 물론 스피노자가 사물을 사랑과 정동, 욕망(=자기보존 욕구)과 분리하여 사유하지 않았다는 점은 분명합니다. 그래서 가장 비합리적인 사유가 등장할 수 있는 여지를 줍니다. 그러나 사물조차도 신적 속성과 신적 본질로부터 벗어난 것이 아니라고 말하면서, 철저히 '신, 즉 자연'의 범신론 안으로 끌어들입니다. 신이 사물에 내재해 있다는 스피노자의 범신론(汎神論)이 애니미즘과 무슨 차이가 있느냐고 묻는 사람들도 있습니다. 둘 사이에는 분명 차이가 있습니다. 애니미즘의 대상인 정령, 요정, 도깨비, 귀신 등은 질투하고 연민하고 마법을 부리는 등 자연의 원리로부터 벗어난 행동을 보이지만, 범신론의 자연과 생명, 인간, 사물은 사랑과 변용, 자기보존의 욕구라는 신적 원리로부터 벗어나 행동하지 않고 삶과 욕망의 자기원인에 따라 움직입니다. 그래서 스피노자의 사물의 원리는 정령처럼 질투와 사랑의 향연을 벌이지도 않고, 도깨비처럼 심술을 부리지도, 요정처럼 우아하고 귀엽지도 않은 것이지요.

혹자는 스피노자의 범신론 사상이 사물에 대한 혁신적인 사유를 품고 있다고도 말합니다. 그것은 자연을 생명, 물질, 유전자, 미생물들이 상호작용하고 몸의 신진대사 과정처럼 순환한다는 생태계 혹은 에코시스템으로 볼 수 있다는 것이지요. 얀 네스(Arne Naess, 1912~2009)의 전체론(Holism)에 스피노자를 연관지어 서술하는 저자도 있습니다. 전체론은 전체의 유기적인 관계망을 전일적으로 살피는 마음에 주목하는 사상입니다.

재미있는 것은, 스피노자와 관련이 있다고 하는 두 가지 사상, 즉 에코시스템과 전체론이 자연생태계에 대해서는 상반된 의견을 보인다는 점입니다. 에코시스템이 자연과 인간, 유전자, 물질 등의 신진대사를 유물론적으로 설명하는 합리론적인 관점인 데 비해, 전체론은 전체와 연결된 마음, 전체가 부분에 내재한다는 지극히 영성적인 생각으로 향합니다. 스피노자의 입장이 신비롭고 영성적인 측면으로 해석된다면 전체론과 조우하여 이신론, 다시 말해 사물영혼론과 공명할 것이라는 생각이 듭니다. 반면 스피노자의 입장이 철저히 물질, 유전자, 바이러스 등 유기체와 무기체의 신진대사의 측면에서 해석된다면 에코시스템론과 공명할 것이라고 생각되는데, 아무래도 범신론은 후자일 가능성이 크겠지요.

다시 "스피노자가 증여와 호혜의 공동체를 사고했을까?"의 문제로 돌아가 보죠. 스피노자의 내재성(immanence) 개념은, 살아가는 이유를 자기 자신 안에 갖고 있는 상태를 의미합니다. 즉 사랑과 욕망의 능력은 자신이 살아가는 이유를 표현하고 있는 것이며, 자신의 신체가 품고 있는 생명과 자연의 본성인 셈입니다. 그래서 자신이 살아가는 이유가 바로 "내가 무엇을 원하는지?"라는 욕망의 이유이며 자연과 생명, 우주의 법칙 속에 합일해 있는 것입니다. 결국 자신과 분리되고 자신의 능력을 넘어서는 초월성(transcendence)의 영역에 호소하지 않는다는 점이 내재성의 의미입니다. 반면 초월성은 자신이 살아가는 이유를 권력이나 신에서 찾음으로써 자신의 욕망과 사랑이 갖는 생명력, 활력으로부터 벗어나 있습니다. 이처럼 내재성과 초월성은 지극히 대비되는 개념입니다.

내재성은 생활세계라는 한정된 삶의 영토를 기반으로 합니다. 물론 생활세계가 파괴된 수용소에서도 삶의 내재성이 존재한다는 점은 분명하지만, 욕망, 사랑, 정동의 과정은 삶의 화음과 색채, 향기가 깃들어 있는 영토인 생활세계와 공동체, 지역사회 등의 배치와 관계망을 필요로 합니다. 스피노자의 삶은 렌즈 세공을 하는 작은 도제조합의 영토를 비롯해 친구들과의 교류와 우정으로 이루어진 공동체적인 관계망과 배치 위에서 이루어졌습니다. 공동체가 전제되지 않은 내재성의 철학은 상상하기 어렵다고 할 수 있습니다. 물론 최근에 개인주의가 극에 달하고 있어서, 공동체를 회복해야 한다는 주장이 있습니다. 그러나 결코 공동체로 돌아갈 수 없습니다. 왜냐하면 우리는 지금까지 단 한 번도 공동체로부터 분리된 적이 없으니까요. 우리는 늘 공동체와 함께 해왔습니다. 다시 말해 우리 삶의 내재성은 보이지 않는 공동체인 공공영역, 사회영역, 생태영역으로부터 한 번도 벗어난 적이 없으며, 살림과 돌봄의 과정은 공동체적인 삶의 과정과 떼어놓을 수 없습니다.

그런 점에서 스피노자의 내재성 철학은 바로 특이한 공동체의 철학의 연장선에 있습니다. 더불어 호혜와 돌봄, 증여의 공동체 사상이라고도 말할 수 있겠지요. 스피노자는 주저 없이 자신의 능력과 삶의 자기원인의 영역을 벗어난 초월적인 종교와 국가권력에 대해선 괄호를 쳐 버립니다. 대신 공동체와 삶, 욕망, 일상, 생활세계, 사랑 등의 내재성에 대한 긍정으로 향합니다. 이쯤 해서 스피노자는 "증여와 호혜의 공동체를 생각했을까?"라는 질문에 "그렇다!"라고 대답할 수 있는 여지가 생깁니다.

신체와 이성은 평평하다

증여와 호혜의 공동체가 작동하는 내부 원리는 선물을 주고받는 것에 있습니다. 내 어릴 적 기억 속에서 가족 이외의 사람에게 제일 처음 받았던 선물은 커피 껌 하나였습니다. 초등학교 1학년 때 책상을 함께 쓰던 짝꿍은 수줍음이 많은 여자아이였습니다. 속으로 그 아이를 좋아했던 저는 어쩌다 손이라도 닿으면 금방 움츠러들었죠. 그런 짝꿍이 체육시간에 커피 껌 하나를 내밀었는데, 그 맛과 기쁨은 지금도 느껴질 정도로 강렬했습니다. 수줍게 웃으며 내밀던 장면이 아직도 생생합니다. 선생님이 껌 뱉으라고 야단칠 때까지 단물이 다 빠진 후에도 오래도록 씹었지요. 그래서 언젠가 학교 앞 가게에서 그 껌을 사서 씹어봤는데, 그 맛이 전혀 나지 않는 겁니다. 사실 그때는 "왜 그럴까?"라는 의문을 가졌을 뿐이지, 그 이유를 알 수 없었지요. 그 이유는 아마도 선물에는 사랑과 정성, 인격이 들어가 있지만, 상품은 그렇지 않기 때문일 것입니다. 공동체는 사물의 주변에 이야기와 느낌과 정동이 서식할 수 있는 여지를 줍니다. 그래서 공동체에서 나누는 음식이나 물건들에서는 마치 살아 움직이는 듯한 역동성이 느껴집니다. 신적 본질인 사랑과 욕망이 물건에 들어 있다고 보았던 스피노자의 생각이 이해되는 대목입니다.

근대적 합리론이 추앙하는 이성, 진리, 과학에 대해서도 스피노자는 사랑, 욕망, 정동 등에 달려 있다고 말합니다. 이성이 욕망에 달려 있다니 참 이상한 논리처럼 느껴집니다. 그의 책 『에티카』도 자로 재고 칼로 자른 듯한 논리적 형식을 갖추고 있지만, 그 내용은 가장 비논리적인 영역에 있는 정서, 사랑, 욕망의 자기원인을 그려내는 과정입니다. 즉 아무리 논리적이고 이성적인 기술 방식이라 해도 결국엔 '삶의 내재성'이라는 살아가야 하는 이유, 즉 '내가 무엇을 원하는지'를 더 잘 설명하기 위한 하나의 방법론에 불과한 것이지요. 다시 보면 이성을 통해 '이성이 알지 못하는 이성', 욕망, 자연, 생명 등을 말하는 것처럼 느껴집니다.

스피노자는 합리적인 이성과 비합리적인 것으로 간주된 신체, 욕망, 정동이 평행을 달린다는 생각을 그려냅니다. 그래서 욕망과 신체의 능력이 상승하면 이성의 능력도 상승한다고 주장합니다. 그의 사물에 대한 생각 역시 경계와 구분이 명확한 사물을 말하면서 신적 본질을 주장하는 것까지는 매우 합리주의자처럼 느껴지지만, 그 신적 본질이 경계가 모호한 사랑, 정동, 욕망이라고 말하면 비이성적이고 비합리적인 것이 논증의 핵심을 이룬다는 것을 금방 깨달을 수 있습니다. 합리론자라면 "맙소사!"라는 말이 절로 나오겠지요. 유산반환소송 때는 재산에 집착하는 사람처럼 보이다가, 승소하자 동생에게 돌연 유산 전부를 넘겼을 때 사람들이 보였을 반응처럼 말이지요.

그러고 보면 스피노자의 사상은 증여와 돌봄의 공동체를 기본 전제로 삼는 것이 아닐까 하는 생각이 듭니다. 사물을 그저 딱딱하고 고정된 대상이 아니라, 삶, 욕망, 사랑의 지평이 아로새겨진 것으로 사유하니까요. 동시에 삶의 내재성, 생활세계, 일상에서는 증여와 호혜라는 사랑이 무늬와 결을 이룹니다. 그래서 스피노자는 삶을 무한한 긍정의 영역으로 보는 측면이 있습니다. 죄의식을 느끼고 양심의 가책 속에 살아가도록 하는 초월성의 원리가 아닌 삶의 자기원인으로서의 욕망과 사랑, 정동의 원리에 따라 소풍 나온 사람처럼 사는 모습을 보여줍니다. 이러한 긍정과 생성의 철학은 부드럽고 따뜻한 사랑이 자연, 사물, 인간, 생명의 본성이라는 생각으로 우리를 나아가게 합니다. 어떤 이는 "그래서 스피노자는 너무 착해빠졌어! 그게 싫단 말이지"라고 말하기도 합니다. 그러나 스피노자가 말한 삶에 대한 긍정, 살아가려는 의지에 대한 긍정, 자기보존 욕구로서의 욕망에 대한 긍정은, 공동체가 살아 있던 당대의 사회상을 그대로 드러내는 것이라고 할 수 있습니다. 요즘처럼 분열된 사회가 아니라 공동체가 살아 있는 사회였기에 삶을 긍정할 수 있었던 것이지요. 그렇기에 저는 착해빠진 스피노자주의자가 무수히 등장하는 공동체를 상상해봅니다.

05

단조로운 삶에서 풍요를 찾아내는 비결

외부의 사건을 기쁨으로 만드는 법

얼마 전 고양이 한 마리가 갑자기 밖으로 뛰쳐나갔습니다. 연구실이 철공소 골목에 위치해 있어 구석구석 위험이 도사리고 있는 데다, 하필이면 4층이라서 고양이가 길을 찾아 돌아올 가능성도 거의 없었습니다. 저와 아내는 고양이 이름을 부르며 찾아다녔습니다. 그러다가 골목에서 망연자실 헤매 다니던 아내와 마주칠 때는 눈물이 핑 돌아서 서로 부둥켜안고 한참을 울다가 다시 각자 맡은 구역으로 향하곤 했지요. 그런데 놀라운 일이 벌어졌습니다. 철공소 사장님들과 마을의 예술가들이 조언도 해주고 함께 골목을 돌며 찾아다니기도 하면서 자기 일처럼 도와준 것입니다. 이따금 길에서 마주치면 인사만 나누던 이웃들이었습니다. 마침내 이웃들의 도움으로 무사히 고양이를 찾았습니다. 그때 저는 외롭거나 고독한 사람이 아니라, 수많은 사람들과 함께 살아가고 있다는 것을 느꼈습니다.

이웃과의 관계, 친구와의 관계, 애인과의 관계, 가족과의 관계는 우리의 삶과 일상을 구성하는 중요한 요소입니다. 사람들과의 관계 자체는 설명하기 어려운 오묘하고 신비로운 부분이 많습니다. 친밀한 관계를 맺는다고 눈앞의 이익이나 이해관계가 바로 해결되지는 않지만, 적어도 이해와 이익의 관계에 지쳐 있는 우리의 마음을 치유할 수 있는 여지를 주니까요.

스피노자가 신적 속성을 설명하기 위해 사용하는 단어인 변용(affection)은, 관계가 가져다주는 보이지 않는 변화를 설명하는 개념입니다. 외부와 우발적으로 마주칠 때 우리 신체는 부드럽게도 딱딱하게도 빠르게도 느리게도 변용될 수 있습니다. 예를 들어 소수자를 대할 때 부드러운 사랑의 양태를 보이거나, 자동차를 운전할 때 신경이 곤두서서 딱딱한 양태를 보이거나, 회사나 학교에서 신속하게 움직이다가, 집에서 여유가 생기면 느리게 움직입니다.

그런데 신체변용이라는 보이지 않는 변화를 유발하는 외부의 사물, 인물, 동물, 상황, 사건 등이 우리와 아무 상관 없는 낯선 것으로 느껴질 때 우리는 어떤 태도를 취해야 할까요? 저 역시도 연구실 건물 앞에서 노숙인을 마주쳤을 때 어떤 태도를 보여야 할지 난감해서 그를 한참 동안 지켜보았던 적이 있습니다. 그러다가 그가 제가 좋아하는 노래를 흥얼거리는 것을 듣고 살짝 마음을 열 수 있었지요. 이처럼 낯설고 이질적인 것을 마주칠 때 어떤 태도를 보일지 약간의 단서와 영감을 주는 사람이 바로 스피노자입니다.

스피노자는 외부에서 촉발된 사건을 신체변용이라는 능동적인 힘에 의해 기쁨으로 만들 능력이 우리에게 내재해 있다고 말했습니다. 예를 들어 낯선 현실을 사랑하고 이해하고 공감하고 귀 기울이려고 노력하는 사람들을 생각해볼 수 있습니다. 이를테면 노숙인 상담소에서 노숙인의 말에 귀를 기울이고 공감하려는 노력 그 자체가 그들에게 힘이 되고 기쁨이 됩니다. 그러나 말이 쉽지 실제로는 '배제와 분리' 같은 편리한 방법을 선택하는 경우가 많습니다.

아파트 주차장에 노숙인이 있다면?

골목길에서 차를 운전하고 가다가 택시와 부딪힌 적이 있었습니다. 사고를 일으킨 택시 기사는 흥분하며 화를 냈고, 저와 아내 역시 화가 나서 옥신각신하고 있었지요. 앞뒤로 차들은 경적을 울려댔고, 우리와 택시 기사는 우발적이고 낯선 이 사건에 대해 서로 언성을 높이며 분노로 대할 뿐이었습니다. 나중에 차를 비켜서 살펴보니 그다지 큰 사고도 아니었습니다. 우리 차에 살짝 흠집이 남긴 했지만, 워낙 오래된 차라 괜찮겠다 싶었습니다. 택시에는 아예 긁힌 흔적도 없었고요. 오히려 문제는 그 우발적인 사건을 감싸 안고 보듬을 수 있는 신체변용, 다시 말해 사랑의 능력이 없었다는 점이었습니다. 저는 택시 기사에게 "흠집이 나긴 했지만 큰 문제는 아니니 돌아가셔도 좋다"라고 하면서 악수 한 번으로 끝내자고 말했습니다. 택시 기사는 어린애처럼 좋아하더니 쏜살같이 사라지더군요. 저는 집에 와서 우발적인 것을 어떻게 기쁨으로 만들 것인가에 대해 곰곰이 고민했습니다. 그런 능력은 사랑과 변용이라는 우리 안의 능력으로밖에 설명이 안 되더군요.

사실 운전을 하다 보면 다른 사람을 타자화하게 됩니다. 자동차끼리는 접촉 사고의 위험 때문에 진정한 만남이란 애초에 불가능합니다. 그래서 항상 거리를 유지해야 합니다. "자동차가 거리를 단축시킨다고 하지만 실제로 사람들 사이의 거리를 더 멀게 만들었다"라는 이반 일리치의 말은 일리가 있습니다. 문제는 타자화하지 않는 것, 내 삶으로 타자를 끌어들여 내재성의 일부로 만드는 것에 달려 있습니다. 즉 낯설고 이질적인 타자를 내 안으로 끌어들이면 들일수록 저는 풍부하고 다양한 '또 하나의 나'에 대해 눈뜨게 됩니다. 그것을 가능케 하는 것이 신체변용입니다. 그런데 낯설고 이질적인 타자를 내 삶의 내부로 가져오는 것은 매우 어려운 일입니다.

만약 여러분이 사는 아파트 주차장에 낯선 이방인, 이주민, 노숙인 등이 서성이고 있다면 여러분은 어떤 생각을 할까요? 최근 유럽이 바로 이런 상황입니다. 난민이라는 낯설고 이질적인 사람들에 대한 태도가 정치적 분열로 이어지는 상황입니다. 난민들에게 생존과 생활의 권리를 주려고 하는 한 축과, 난민들을 분리하고 배제하려는 다른 한 축이 서로 팽팽하게 대립하고 있습니다. 스피노자의 해법은 이들처럼 낯선 존재를 타자로 분리하고 차별하는 것이 아니라, 사랑과 욕망의 힘으로 품고 감싸고 보듬는 것입니다. 타자화의 논리는 사랑에 무능할 때 발생하는 것입니다.

사실 스피노자의 내재성처럼 어려운 개념도 없을 것입니다. 내재성은 타자화된 외부가 자신의 내부적인 삶과 마음, 생활에 자기원인으로 들어와 있다는 의미입니다. 과연 내 안에 동물도 있고, 내 안에 식물도 있고, 내 안에 노숙인도 있고, 내 안에 장애인도 있고, 내 안에 난민도 있고, 내 안에 아이도 있을까요? 물론 타자를 무작정 삶의 내재성의 일부로만 보는 것은 무리가 있습니다. 타자를 접촉하고 변용하고 사랑하는 과정을 거쳐야만 삶의 내재성에 잠재되어 있던 공감 능력을 고무해 타자를 끌어안을 수 있게 되니까요.

그런 점에서 스피노자의 내재성의 철학은 프로이트(Sigmund Freud, 1856~1939) 같은 정신분석학자들이 말하는 '동일시'와는 다릅니다. 동일시는 타자와 자신이 같다는 인식입니다. 다른 사람이 느끼는 고통, 감각, 감정을 나도 똑같이 느끼는 것이 동일시입니다. 프로이트는 상담자에 대한 내담자의 동일시를 전이(transference)라고 말하면서 각별히 중요시했습니다. 왜냐하면 신경증 자체가 '나쁜 아버지'에 대한 협착(狹窄)이라면, 정신분석가를 '착한 아버지'로 동일시하는 것은 치료동맹을 형성하는 원리이기 때문입니다. 그러나 스피노자의 내재성은 타자와의 동일시가 아니라, 타자가 갖고 있는 생명과 활력으로서의 특이성을 자신의 내재성으로 이해하면서 공통성을 만들어나가는 과정입니다. 즉 신체와 공동체가 특이한 존재를 사랑하도록 최대한 만들어내야 한다는 것이 스피노자의 내재성인 셈이지요. 그런 점에서 타자가 나와 같다는 단순한 생각이 아니라, 서로 간의 차이를 인정하고 서로 연대하는 과정입니다. 다시 말해 타자를 식별하거나 차별하는 것이 아니라, 신체와 공동체를 차이와 다양성의 구성요소로 보는 것이 핵심입니다.

연대란 나와 다른 생각을 환대하는 것

펠릭스 가타리는 21세기 스피노자주의자로 불립니다. 그의 저작 대부분이 스피노자 철학의 해설서이기 때문입니다. 그런 가타리가 "연대할수록 우리는 달라져야 한다"라고 말했을 때, 아포리즘이나 선문답처럼 느꼈던 사람들도 많았습니다. 흔히 공통점이 있는 사람끼리 연대하거나, 적어도 연대한 후에는 의견을 같이해야 한다고 생각하기 쉽지요. 그런데 가만히 들여다보면, 우리가 연대하고 변용하고 사랑하는 것은 똑같아지거나 비슷해지는 과정이 아니라, 우리 사이의 미세한 차이를 더 풍부하게 만드는 과정이 될 수도 있습니다. 연대한다는 것은 다른 삶, 다른 생각, 다른 관계가 생산되고 환대받는 것을 의미합니다. 민주주의는 차이와 다양성이 더 많이 발생할수록 풍부해질 수 있습니다. 반면 전체주의자들이나 파시스트들은 단 하나의 통일된 의견을 바라기 때문에 의견 차이를 억압하고 짓누릅니다. 그런 점에서 민주적 연대는 더 많은 차이를 수용하는 연대인 셈입니다.

더 나아가 관계의 묘미는 바로 차이 생산, 다양성 생산, 특이성 생산에 있습니다. 마치 가재의 지절이 펼쳐지듯이 우리 안에 숨겨져 있는 분화하지 못한 미세한 차이를 구체화하는 과정을 생각해볼 수 있습니다. 근대까지는 차이와 다양성이 본래 주어진 것이고, 우리는 그것을 통합하고 동일화하면 된다는 인식이 강했습니다. 그래서 차이와 다양성을 통합할 단 하나의 진리가 있다고 믿고, 그것을 찾기 위한 지적 작업이 주를 이루었습니다. 그러나 현대 문명이 차이와 다양성을 통합할수록 통속적이고 동질적인 문명이 자리 잡기 시작했습니다. 세계 어디를 가나 비슷비슷한 삶의 유형과 소비생활, 문화생활을 볼 수 있습니다. 이제 차이와 다양성은 주어지는 것이 아니라, 만들어야 하는 것이 되었지요. 스피노자의 내재성이라는 개념 속에는 외부에서의 마주침이 삶의 내재성을 풍부하게 만드는 소재였습니다. 그러나 외부가 사라지고, 차이와 다양성이 더 이상 전제되지 않는 현 시점은 새로운 국면이라고 할 수 있습니다. 그런 문명은 외부를 소멸시키고, 더 나아가 삶의 내재성이 갖고 있는 여백과 우발성, 차이와 다양성을 납작하고 편편하고 단조롭게 만들어버립니다. 스피노자의 철학이 중요한 이유는, 이러한 문명 속에서 대처법을 찾기 위한 힌트와 아이디어, 영감을 주기 때문입니다.

스피노자의 내재성 개념을 떠올릴 때, 외부의 타자를 내부에 품고 있고 그것이 차이와 다양성을 만개시킬 잠재성으로 숨어 있는 그런 방식의 지도를 그려볼 필요가 있습니다. 그런 경우에라야 우리의 잠재성에 숨어 있는 외부, 즉 우리 안의 특이성을 생산할 수 있기 때문입니다. 그럴 때 우리는 연대할수록 달라지게 될 것입니다.

사랑, 내 안의 생명과 자연

스피노자는 제한된 지역에서 아주 작은 일상의 세계를 살았던 사람입니다. 그는 검소, 순수, 겸양, 소박한 삶을 살기 위해 불필요한 집기나 가구 등을 사지 않고, 하숙집에서 살았습니다. 답답하고 단조로운 생활을 했던 그가 풍부한 삶의 내재성을 얘기했다는 것은 아이러니하게 들릴 수도 있습니다. 하지만 그의 삶은 범신론자로 탄압받았음에도 불구하고 삶에 대한 긍정, 순수하고 소박한 일상에 대한 찬란한 긍정으로 가득 차 있었습니다. 규칙적이고 국지적이었지만 단조롭고 동일한 삶을 살지는 않았던 것이지요. 즉 그는 하루하루의 삶을 소중하게 여겼고, 작은 일상의 재미와 스토리, 사건에도 쉽게 감동하는 사람이었습니다.

그가 정동이라는 개념을 고안한 것도 마찬가지 이유입니다. 그에게 정동은 우리 안의 자연과 생명의 능력을 표현하는 핵심 개념입니다. 정동의 능력은 작은 일상 속 사건들과의 마주침을 삶이 지닌 자기원인, 혹은 정동의 기하학에 따라 기쁨, 슬픔, 욕망으로 표현하는 능력입니다. 그의 국지적이고 작은 일상은 생명과 자연의 우발성이 생성되는 공간이었습니다. 이를테면 지금은 고인이 되신 신영복 선생님이 감옥에서 마주쳤던 한 송이 민들레와 같은 것입니다. 민들레라는 작은 생명은 사소하게 보일 수도 있지만, 외부를 개방하고 아주 다른 삶을 개방하는 특이점이 됩니다. 민들레가 생명과 우주, 자연의 신비를 느끼게 하는 특이점이 되는 것이지요.

삶의 내재성 개념은 유한한 삶에 대한 응시입니다. 그 유한함을 응시할 때 비로소 작은 여백과 외부와 우발성이 열립니다. 그리고 타자가 내 안으로 들어와 춤추고 말하는 것에 감응하게 됩니다. 그때 비로소 사랑과 정동이 말하는 것에 귀 기울일 수 있게 됩니다. 스피노자는 사랑과 정동, 욕망을 무한성, 영원성의 영역으로 보았습니다. 왜냐하면 사랑, 정동, 욕망은 우리 안의 자연과 생명이기에, 영원하고 무한한 '신, 즉 자연'의 표현 중 하나니까요.

사랑이라는 자기원인은 삶의 변화를 만드는 원천이며 놀라운 사건의 순간이라는 것은 변함없는 진실입니다. 사랑은 보이지 않고, 손에 잡히지 않으며, 물체화할 수도 없고, 뭐라 정의할 수도 없습니다. 그러나 우리 자신의 삶의 유한한 지평, 즉 내재성은 사랑을 통해 다양해지기도 하고, 사랑을 통해 여백과 여유, 여가가 생기기도 하고, 사랑을 통해 무한하고 영원한 존재로도 만들어줍니다. 더불어 삶의 내재성의 구도 위에 타자로 간주되던 '또 다른 나'들을 기입하는 것도 사랑이 만들어내는 그림입니다. 삶의 자기원인, 살아가는 이유, 삶을 긍정하는 이유, 그 인과론의 본질은 바로 사랑과 변용일 수밖에 없습니다. 오늘 바람에 흔들리는 민들레꽃 한 송이에서 사랑의 자기원인을 깨닫습니다.

06

사랑이 세상을 재창조한다

사랑은 느림과 여유를 만들어낸다

스피노자의 사상에는 빠름과 느림에 대한 구절이 있습니다. 신체 표면 위로 정동의 속도, 온도, 밀도, 강도가 빠름으로도 느림으로도 나타난다는 이야기지요. 좀 난해하게 들리지요? 저는 아내와 결혼한 지 10년째인데, 처음 함께 살기 시작했을 때 시간은 무척 길었습니다. 함께 할 일도 많고, 할 얘기도 많고, 하루가 새롭게 느껴지고, 그전까지 쉼 없이 돌아가던 일상의 멈춤과 정지가 가능했지요. 한참 동안 멈추어 서로의 얼굴을 보니, 엄청난 감속이 이루어져 하루하루가 무척 느리고 길게 느껴졌지요.

그때는 일상의 무게와 속도, 해야 할 일들, 계획과 일과표 등이 전혀 두렵지 않았습니다. 서로에게만 집중했으니까요. 우리 앞에는 함께 할

날들이 무수히 펼쳐져 있었습니다. 분명 우리는 지금 이 순간을 음미하며 살아가는 사람이었습니다. 할 일이 밀려 있어도 그냥 내일로 미루고 편안하게 잠들 수 있었습니다. 그러다가 갑자기 오늘 하지 않으면 내일이 걱정되는 되는 일들이 생겼습니다. 한 번, 두 번… 언제부터인가 우리는 내일을 대비하며 사는 사람이 되었습니다. 내일 혹은 미래를 위해 지금 바로 해결해야 할 일이 많아졌고, 당장 하지 않으면 안 될 것 같은 생각에 사로잡히게 되었습니다. 일상은 무시무시한 속도로 저와 아내를 감쌌습니다.

사랑과 정동은 왜 빠름과 느림을 통해 신체 표면에 아로새겨질까요? 느림의 순간은 여백, 여유, 여가를 개방합니다. 여백이나 여가와 마주치면 그때서야 갑자기 할 얘기가 떠오르고, 안 하던 안부전화도 하게 되고, 마실을 다녀오게 되며, 쉬면서 색다른 상상력이 생기기도 합니다. 물론 삶의 여백과 여유가 있어야만 가능한 것 아니냐고 반문하겠지요. 질문을 바꿔볼까요? 그렇다면 여백과 여가는 어떻게 만들어질까요? 어떤 사람은 연애할 시간도 없다고 합니다. 그러나 역으로 사랑이야말로 느림과 여유를 만들어냅니다. 사랑은 맹목적인 움직임을 끝장내고 조율과 화음, 차이의 감속으로 향하니까요.

스피노자의 신체 표면에 아로새겨지는 빠름과 느림은 신체변용, 사랑, 정동의 속도를 의미합니다. 사랑할수록 시간이 느려지는 이유는 무엇일까요? 사랑과 정동이 활성화되면 빨라진다고 생각하기 쉬운데 말이지요. 재미있는 일은 너무 빨리 끝나버리는 것 같아 늘 아쉽기만 합니다. 하지만 스피노자는 다르게 말합니다. 사랑은 엄청난 감속, 즉 느림과 여백의 시간을 개방한다고 말이지요. 그리고 색다른 존재와의 마주침은 서로의 차이를 받아들이려는 순간마다 순간정지의 멈춤과 조율이 요구하는 시간에 따라 엄청난 느림을 초래합니다. 즉 자신과는 다른 방향으로 움직이는 존재와 마주치고 그/녀와 함께 신체변용을 해야 하기 때문입니다.

문제는 세상의 빠름과 느림 자체를 신체변용에 따라 자율적으로 결정해야 한다는 것입니다. 신체변용이란 무엇일까요? 무엇인가를 함께 하면서 서로의 심장이 쿵쾅거리는 소리를 듣고, 볼이 발그스레해지고, 저절로 콧노래가 나오는 상태가 되는 것이지요. 평소에는 콧노래를 부를 여유도 없다고 투덜대던 사람이 말이지요. 그래서 어느 날 깜짝 놀라게 됩니다. 그동안 콧노래를 부를 여유가 없었던 게 아니라, 사랑이 없었음을 깨닫는 것이지요. 역시 여유와 여백을 만드는 것은 사랑입니다. 반면 미리 주어진 빠름은 숨이 턱턱 막히는 노동과 재빠르게 움직여야 하는 학교와 병영, 병원, 시설 등의 모습으로 나타납니다. 남들과 똑같이 주어진 시간을 그냥 흘려보내는 것입니다. 신체변용의 과정, 즉 사랑과 정동의 흐름과 무관하게 그저 빨라야 한다는 규칙이나 강박 때문입니다.

또한 사랑을 통해 관계를 성숙시킬 여유와 여백을 만들지 않고 일상이 지루하다는 것은, 비루한 일상과 똑딱거리는 일과표로서의 느림을 의미합니다. 사람이건 동물이건 취미생활이건 사랑하는 대상이 생겼을 때 작은 정서의 변화나 생활의 변화, 몸의 변화가 찾아옵니다. 출근길에 만나는 그녀를 위해 넥타이 색깔을 더 신경 쓰게 되고, 길냥이 밥을 주기 위해 사료를 챙기며, 아침운동을 위해 30분 일찍 일어나는 생활과 신체의 변화 말이지요. 그런 점에서 신체변용이야말로 빠름과 느림의 척도라고 할 수 있습니다. 결국 어떻게 스스로 속도를 조절할 것인가를 결정하는 것은 바로 사랑, 다시 말해 신체변용인 셈입니다. 신체변용을 통해 느려지고 빨라지는 것은 사랑이 만들어낸 시간과 속도의 흐름입니다. 그래서 흐름에 몸을 싣고 살아가면 더 흥이 나는 모양입니다.

시간이 너무 빨리 간다고 느낀다면

저는 연구실에 걸어서 출근합니다. 큰길을 따라 좌측 도로를 이용해서 주택가와 주차장이 있는 익숙한 길로 걸어가죠. 약 40분이 걸리지만, 느껴지는 시간은 10분 정도입니다. 주변 풍경이 빠르게 나타났다 사라지고, 그저 걷는 데 집중합니다. 익숙한 길을 걸을 때는 시간이 빠르게 지나갑니다. 익숙한 길은 신체변용의 과정이 프로그램되어 있기 때문에 시간을 빠름으로 인식하는 것 같습니다. 그런데 얼마 전 건너편 도로로 걸어가 봤습니다. 교회가 있고, 노래방이 있는 길이었습니다. 이 모든 지형지물을 찬찬히 살피며 걷다 보니, 집으로 가는 길이 한 시간 넘게 느껴졌습니다. 새로운 간판을 보고, 새로운 횡단보도를 마주칠 때마다 저의 신체변용이 새롭게 이루어지고 생각이 많아지는 것을 느낄 수 있었습니다.

제가 왜 이런 일상의 이야기를 하는지 짐작하셨나요? 스피노자가 말했던 신체 표면에 아로새겨지는 감속과 가속에 또 다른 영향을 주는 것이 바로 '차이'이기 때문입니다. 똑같은 일을 반복하면 우리 몸은 무심결에 습관에 빠져들게 되고 생각할 시간도 절약되기 때문에, 색다른 신체변용이 거의 발생하지 않은 상태로 시간은 가속됩니다. 물론 제가 발걸음을 빨리해서 그렇게 느꼈다고 생각할 수도 있겠지만, 직접 해보면 쉽게 알 수 있습니다. 일상은 대부분 반복이지만, 동일하고 무료한 반복은 부지불식간에 시간이 흐르도록 만듭니다. 하지만 거기에 약간의 변화, 즉 다른 쪽 길로 가보는 변화를 통해 같은 시간이지만 더 새롭고 길게 느껴지게 만드는 것이지요. 이것을 '차이 나는 반복'이라고 합니다. 반면 차이 나는 반복을 하게 되면 다른 상황에 직면했을 때 생각의 여지가 많아지고, 모든 것이 낯설고 새롭기 때문에 생각과 신체변용이 활발해지고 시간은 감속하게 됩니다. 어린 시절에 시간이 천천히 흐른다고 느낀 이유는 모든 것이 새로웠기 때문입니다.

어느새 중년이 된 저의 일상은 무척 빠릅니다. 덜컥 두려움마저 듭니다. 이러다 인생이 순식간에 사라지지 않을까 하는 걱정이 들기 때문입니다. 그러나 스피노자로부터 감속과 가속의 비밀을 알게 되면서 생각이 달라졌습니다. 장수의 비밀은 관계 속에서 새로운 것을 만들고, 마주치고, 실험하는 데 있다는 걸 알게 된 것입니다. 늘 색다른 일상을 만들어내는 사랑의 노력이 장수의 비밀이었던 셈이지요.

어떻게 반복되는 일상에서 새로움을 만들 수 있을까

달라지는 것은 어떻게 가능할까요? 어떤 사람은 낯설고 이질적인 외국으로 여행 가는 것을 해결책으로 제시합니다. 그러나 여행은 설렘을 주지만, 출발 지점으로 다시 돌아올 것을 전제로 하기 때문에 삶을 바꾸지 않고 외부로 도주한다는 비판에서 자유로울 수 없습니다. 자신이 살고 있는 일상에서 차이를 만들고, 새로움을 만들고, 다른 경험을 만드는 것은 불가능할까요? 저는 스피노자의 내재성에 대한 들뢰즈의 해석에 주목합니다. 스피노자의 내재성 개념은 들뢰즈에게는 잠재성입니다. 잠재성은 과거로부터 축적된 기억이고, 내 안에서 새로움을 만들 수 있는 능력입니다.

아내가 회사를 그만둔 후 우리 부부는 연구실에서 글 쓰는 일을 함께 하고, 공부도 함께 하고, 살림도 함께 하고, 출퇴근도 함께 합니다. 24시간 내내 아내와 함께 보낸다고 해도 과언이 아닙니다. "어떻게 아내랑 함께 하루 종일 있어? 지겹지도 않아?"라고 묻는 친구도 있습니다. 그러나 저는 한 번도 지겹다고 생각한 적이 없습니다. 아내와 저는 서로를 뻔하게 단정 내리는 관계가 아닌 서로의 깊이와 잠재성이 응시하는 차이와 다양성을 발견하는 관계입니다. 그 깊이와 잠재성이 바로 스피노자가 말한 내재성이기도 합니다. 이따금 아내에게서 새로운 면모를 발견하면, 그걸 소재로 새로운 일상의 이야기를 만들어보는 것도 재미있습니다. "이런 면도 있었네!"라는 발견은 차이를 만들어내는 원천인 것 같습니다. 그래서 '사랑과 신체변용의 시간은 영원성의 시간'이라는 스피노자의 말도 이해가 됐습니다. 사랑하는 순간순간은 삶에서 엄청난 차이가 만들어지는 무한한 감속의 시간이니까요.

들뢰즈는 "서로의 깊이와 잠재성을 재발견하자"고 일갈했던 철학자입니다. 우리 모두에게 기본적으로 내재해 있는 일상의 이야기라서 신기할 게 없다고 생각할 수도 있습니다. 더 나아가 "지금-여기의 잠재성을 발견하자는 것이 현존 자본주의 문명을 긍정하자는 얘기냐?"라는 비난도 나올 법합니다. 물론 삶과 욕망에 대한 긍정이 모두 문명 일반에 대한 긍정일 수는 없겠지요. 들뢰즈의 발견주의에 대해 불교의 '마음을 응시하고 집중하는 마음'을 만들어내는 지관법(止觀法) 혹은 마음챙김(Mindfulness) 명상법과 다르지 않다고 말하는 사람도 있습니다. 불교에서 지관법은 자동적인 의식의 흐름을 멈추고 이로부터 분리된 채로 몸의 감각에 집중하는 수행법입니다. 이를 통해 마음을 응시하는 보다 상위의 마음을 갖도록 훈련할 수 있으며, 매 순간 자신이 무엇을 하고 있는지를 발견하는 마음의 눈을 만들기 위한 것입니다. 이와 크게 다르지 않은 들뢰즈의 발견주의적 방법론은 사실 스피노자의 내재성이라는 개념에 대한 이론적 변형입니다. 이것은 생명을 무엇이라고 단정 짓는 것이 아니라, 생명과 삶이 만들어내는 변용과 사랑의 잠재력에 주목하자는 강력한 생명사상입니다.

정동이 없는 1인 가구의 반지하방

우리 안의 생명과 자연은 정동의 능력으로 표현됩니다. 대표적인 정동은 기쁨과 슬픔, 욕망이지만 희망, 공포, 사랑, 연민, 두려움, 증오도 정동의 다른 표현입니다. 한 번은 대학에서 학생들에게 과제를 내준 적이 있는데, 한 학생이 반지하 좁은 자취방에서 혼자 잠들기까지 의식의 흐름을 적어서 제출한 것을 보고 깜짝 놀랐습니다. 그중 일부입니다.

> 아무 생각이 들지 않을 때 잠이 올 것이라는 생각이 오히려 잠을 자지 못하게 하는 원인이 되고 있는 것 같다. 이러한 몽롱한 상태는 거꾸로 내가 숨을 쉬고 있다는 느낌에 집중하게 만든다. 그렇게 시간은 흘러가고 있을 것이다. 내일 아침 일찍 약속이 있다는 압박감이 갑자기 밀려오기 시작했다. 일찍 자고 일찍 일어나야 한다는 압박감이 크게 느껴졌던 심장 소리를 잠재우기 시작했다. 그리고 답답해졌다. 숨을 쉬기 힘들어졌다. (이동현 님의 글)

그의 글에는 기쁨과 슬픔 등 관계에서 오는 정동의 여지가 전혀 없고, 분리되고 외롭고 고독한 사람의 감정과 환상의 흐름이 적혀 있었습니다. 문명은 텔레비전과 같은 개인을 상대로 하는 매체, 순전 개인적인 죽음, 순전 개인적인 1인 가구의 삶 등을 통해 정동으로부터 분리된 개인을 만들어왔습니다. 저도 혼자 자취할 때 불면증에 시달렸던 적이 있어 그 학생의 글이 남 얘기 같지가 않았습니다.

신체 표면 위로 신체변용과 정동의 느림과 빠름이 기입되는 것과 달리, 정동이 이루어질 수 있는 '관계' 자체로부터 분리되거나 단절된 사람에게는 환상, 감정, 외부 자체의 무정형의 느낌들, 소음들, 잉여들이 바로 자신의 신체 표면에 기입됩니다. 그래서 빠름과 느림의 정동의 흐름이 아닌 정지되고 고정되어 신열에 들뜬 환자와 같은 신체의 표면 위로 환상의 흐름이 기입되는 상황에 직면하게 되는 것이지요. 그렇다면 어떻게 정동이 서식하는 관계를 만들 수 있을까요? 더 나아가 마치 말라리아에 걸린 신체처럼 신열과 환상이 지나가는 신체가 아니라, 관계 속에서 싹트는 정동의 흐름이 지나가는 신체를 어떻게 발견할 수 있을까요? 사실 텔레비전을 보면서 혼자 웃고 울고 하는 것은, 사람들과 만나서 함께 웃고 울고 하는 것과는 큰 차이가 있습니다. 즉 이미지 영상에는 정동이 아닌 환상 혹은 감정의 교차만이 있을 뿐이니까요. 정동은 관계 속에서는 신체변용이라는 자기원인에 따라 움직이는 데 반해, 텔레비전 시청자의 감정은 신체변용을 거치지 않고 표면을 매끄럽게 움직이는 환상과 잉여에 불과합니다. 마치 조울증 환자가 조증삽화 단계와 울증삽화 단계에서 신체변용을 거치지 않고 감정과 기분의 상승과 하강을 표현하는 것과 같습니다. 이웃, 친구, 연인 간의 관계는 현실 속에서 변화를 만들어내며 정동의 자기원인을 분명히 갖고 있다는 점에서 미디어나 인터넷, 스마트폰 같은 매체가 만들어낸 감정과는 분명 차이가 있겠지요.

세상과 분리된 1인 가구, 고립과 외로움에 휩싸인 독거노인, 고독한 차도남/녀 등이 직면한 문제는 관계 자체가 거의 없기 때문에 스토리가 만들어질 여지가 없다는, 즉 삶의 내재성을 구축하기 어렵다는 것입니다. 물론 생명, 사물, 기계 등과의 관계가 있지 않느냐고 반문할 수도 있습니다. 사실 고양이를 기르는 저로서는 '동물에 대한 사랑'이 '인간에 대한 사랑'을 대신할 수 있느냐는 질문에 대해 "그렇다!"라고 대답하게 됩니다. 심지어 기계와의 관계도 인공지능이 더 고도화된다면 정동의 영역을 대신하는 상황이 오리라고 예감합니다. 어쨌든 분명한 것은 그 대상이 인간이든 동물이든 로봇이든 간에 소외, 고독, 무위의 관계에서는 정동 자체가 거의 발생하지 않는 반면, 깊이와 잠재력을 고무하는 강렬한 교감의 관계에서는 정동의 발생이 매우 많을 것이라는 점입니다. 그래서 몇 명과 만나느냐의 문제가 아니라, 인간이든 생명이든 심지어 기계든 얼마나 강한 상호작용을 했느냐가 정동의 생성과 창조에 결정적일 것이라고 생각합니다. 결국 강한 상호작용은 세상을 재창조해내는 정동의 원천입니다. 인터넷 접속을 통한 만남이 약한 상호작용이라면, 공동체 안에서의 접촉과 교감은 강한 상호작용입니다. 약한 상호작용은 위생적인 관계지만, 관계의 절실함이 없지요.

그런데 강한 상호작용을 보이고 관계의 절실함을 느끼는 사람들을 만나보면, 대부분 도주하는 사람입니다. 30대 때 저는 어느새 돈을 버는 데 집중하고, 언제나 일을 중심으로 삶이 돌아가고, 책상 위에는 늘 처리해야 할 과제가 쌓여 있는 것이 못내 부담스러웠습니다. 어느 비 오는 여름날 사표를 내고, 예전 같으면 회사에 있을 시간에 친구와 술을 마셨습니다. 그런데 전에 없이 할 말도 많아지고, 교감도 강렬해지고, 아이컨택도 풍부해지고, 무엇보다도 정동의 흐름과 밀도가 높아진나 자신을 발견하고 놀랐습니다. 도주했기 때문에 강한 상호작용과 교감이 가능해졌다는 것을 그때 느꼈습니다. 도주선 위에서 그/녀들은 수많은 이야기를 만들어낼 것입니다. "도주하는 사람들의 표현양식에 주목해보자!"라는 가타리의 제안이 매력적으로 다가오는 이유입니다. 결국 스피노자의 신체 표면에 기입되는 정동의 빠름과 느림은 신체변용이 이루어지는 관계로부터 시작되고, 관계의 강렬한 갈증과 강한 상호작용을 보이는 사람들은 바로 도주하는 사람이라는 말로 간략히 정리해볼 수 있습니다. 단조로운 직장으로부터, 지루한 일상으로부터, 형식적인 인간관계로부터 끊임없이 도망쳐왔던 시간은, 정동을 끊임없이 생산하고, 신체의 표면 위로 지나가는 정동의 속도를 제어하기 위한 몸부림이었다는 생각도 듭니다.

2장
'지금-여기'가 모여 미래가 된다

01

사랑의 시작, 새로운 차원의 개방

우물쭈물했던 부끄러운 순간들

결혼 2년차 나는 일주일에 하루 이틀 출강하는 시간강사였고, 아내는 번듯한 직장을 다니고 있었지요. 사실상의 가장이었던 아내는 살림과 경제활동을 하느라 녹초가 되어 하루하루를 보냈고, 저는 시간강사 자리 하나 가지고 남는 시간엔 책을 읽으며 소일하고 있었습니다. 아내에게는 마치 전쟁과도 같은 시절이었겠지만, 저는 공자왈맹자왈 책에 파묻혀 지냈던 것이지요. 언젠가부터 아내가 무척 힘들어 보였습니다. 직장에서 인간관계가 잘 풀리지 않고, 슈퍼우먼 같은 삶이 힘들다고 했습니다. 그런 아내에게 "당장 직장 때려치우고 같이 공부하자!"라고 말하고 싶었습니다. 그러나 우물쭈물 미루면서, 도망치듯 잠자리에 들었습니다. 사실 그날 밤새 잠을 이루지 못했지요. 몸을 뒤척이며 생각에 빠져들었지요. 저로서는 평안하고 안락한 삶이지만, 아내에게 모든 짐을 지우는 것만 같았습니다. 그러나 다음 날도 그다음 날도 저는 끝내 그 말을 하지 못했습니다. 그렇게 1년이 훌쩍 지났지요.

1년이 지나자 용기가 생겼습니다. 그때 저는 연구 프로젝트며 책이며 논문이며 새로운 일을 하게 되었기 때문에, 아내에게 용기를 낼 수 있었습니다. 마음속 깊은 곳에서는 그때 우물쭈물했던 나 자신이 부끄러운 마음도 들었지요.

어느 날 저녁 아내에게 "우리 함께 연구실에 나가서 공부하자. 직장 그만둬"라고 모기만 한 소리로 말했습니다. 아내는 당장 생계를 걱정하면서도 기쁜 기색을 감추지 않았습니다. 그리고 얼마 후 아내는 사직서를 냈지요. 그날 이후로 우리는 함께 연구실로 출근했습니다. 지금까지 6년째이지만 그렇다고 그 우물쭈물이 우쭐로 바뀌지는 못했습니다. 살림 걱정, 세금 걱정, 집세 걱정 때문이지요. 그러나 아내와 저는 함께 공부하면서 어려운 과정을 이겨냈습니다. 아내는 스피노자와 들뢰즈와 가타리를 참 좋아합니다. 그리고 아내와 처음으로 함께 쓴 책이 스피노자와 관련된 책이기도 합니다.

스피노자의 이루어지지 못한 사랑

이쯤해서 스피노자의 진짜 사랑 이야기를 한 번 해볼까요? 스피노자 역시 사랑 앞에서는 방황하고 우물쭈물할 수밖에 없었지요. 젊은 시절 스피노자는 암스테르담에 있는 반 덴 엔덴 학교에 다녔습니다. 그는 정치적으로 자유주의자였던 프란키스쿠스 반 덴 엔덴 밑에서 수학하며, 자유롭고 급진적인 사상을 접합니다. 이때 스승 반 덴 엔덴의 딸인 클라라 마리아 반 덴 에덴(Clara Maria Van den Enden)으로부터 라틴어를 배우게 되고, 그녀에게 폭풍과도 같이 빠져듭니다. 클라라는 젊고 아름답고 학식이 높은 여성이었으며, 신체 장애를 갖고 있었습니다. 스피노자로서는 자유연애를 통한 사랑의 시작과 끝을 그 연애 사건에서 미리 체험했다고 해도 과언이 아닙니다. 두 사람은 서로 열렬히 사랑했지만, 불행히도 얼마 지나지 않아 이루어질 수 없는 사랑이 되어버렸습니다. 새로운 경쟁자가 나타난 것이지요. 훗날 해부학자로 이름을 떨치게 되는 테오도르 케르크링(Theodor Kerckring)이 동료 학생으로 등장했고, 그녀가 그만 그와 사랑에 빠져 결혼해버린 것입니다.

후대의 해석가들은 스피노자보다 더 유복했던 케르크링이 클라라에게 진주 목걸이를 선물해서 그녀의 마음을 빼앗았다고 전하기도 합니다. 하지만 반 덴 에덴 가문 역시 매우 탄탄한 경제적 배경을 가지고 있었고, 스피노자의 집안 또한 남부럽지 않은 부유한 상인 집안이었음을 감안하면, '감히 스피노자를 차버린 속물'로 클라라를 평가절하하고 싶은 호사가들의 입방아가 아니었나 싶습니다.

스피노자의 사랑은 그렇게 비극으로 막을 내립니다. 그 후 스피노자는 죽을 때까지 독신으로 살아갑니다. 그가 남긴 얼마 안 되는 유품 중에 케르크링의 해부학 책이 있는 것으로 보아 케르크링 부부와 지속적으로 교류했음을 짐작할 수 있습니다. 어쩌면 그는 클라라에 대한 사랑을 죽을 때까지 품고 있었는지도 모릅니다.

이처럼 이루어지지 못한 사랑을 통해 스피노자는, 지적이고 부유하고 전도양양한 청년이 그때까지 한 번도 경험해보지 못했던 삶의 이면에 눈을 떴을지 모릅니다. 어쩌면 그것은 '질투'였는지도 모르지요. 스피노자의 『에티카』는 무의식, 욕망, 정동 등에 대해서 처음으로 다룬 책으로 알려져 있지만, 특이한 점은 성적 사랑에서 느끼는 질투에 대해 언급한 최초의 책이라는 점입니다. 스피노자는 다음과 같이 말합니다.

> [『에티카』 3부 정리 35] 사람은 만일 자기가 사랑하는 것이 자신이 맺었던 것과 같은, 아니면 한층 더 밀접한 애정의 유대로써 타인과 결합되는 것을 표상한다면 사랑하는 것 자체에 대해서 증오를 느낄 것이고 그 타인에게 대해서는 질투할 것이다.

스피노자에게 있어서 클라라와 나눈 사랑은 자유로운 사랑의 힘이 무엇인지를 알려준 소중한 경험이었을 것입니다. 그것을 통해 자유로운 사랑이 당대의 결혼제도로는 해결할 수 없다는 점을 깨달았던 것이지요. 당시는 결혼제도가 신분, 계급, 재산 상속과 관련되어 있었으니까요. 스피노자는 끝까지 독신으로 살면서 결혼을 거부했습니다. 그러나 사랑을 거부한 것은 결코 아닙니다.

저는 여기서 사랑에 대해서 변호를 하고자 합니다. 사랑은 오히려 자유를 선물합니다. 사랑한다는 것은 그/녀 앞에서 자유로워지고 해방되는 것입니다. 그리고 역으로 자유롭기 때문에 사랑할 수 있습니다. 누군가와 사랑할 자유를 빼앗긴 사람만큼 노예상태와 예속상태에 빠진 사람도 없을 겁니다. 그런 점에서 사랑의 자기원인에 따라 행동하는 사람을 스피노자는 '자유인'이라고 보았습니다. 반대로 예속을 영예로 알고 복종을 사랑하고 욕망하는 사람은 '예속인'입니다. 그런 점에서 자유인과 예속인의 갈림길에는 사랑할 자유를 갖고 있느냐의 여부가 중요한 척도인 셈입니다.

그러나 문제는 제도에 있습니다. 결혼제도는 자유로운 사랑을 제도의 그물망 속으로 들어가게 합니다. 그래서 집안, 가문, 명예, 재산, 양육과 같이 자신이 원하지 않는 타율적인 방향으로 향하도록 유도합니다. 그 결과 자유롭고 자율적이었던 사랑의 강렬함은 비루하고 똑딱거리는 일상으로 포섭되어버리는 셈이지요. 스피노자의 방황에 대해 공감하게 되는 대목이기도 합니다.

무의식에는 미래가 없는가

무의식(unconsciousness) 하면 프로이트를 떠올리는 사람이 많은데, 사실 무의식이라는 개념을 처음 고안한 사람은 스피노자입니다. 프로이트보다 300년 전 사람이라는 점을 고려하면, 정말 놀라운 사실이지요. 그러나 스피노자는 무의식을 개인이 품고 있는 관념이나 내면으로 바라보지 않았습니다. 대신 배치와 관계망에서 서식하는 마음이라고 보았는데, 그 내용은 스피노자의 정서의 기하학에서 확연하게 드러납니다. 예를 들어 꿈을 가지고 심리상담을 한다면, 꿈의 내용을 유심히 듣는 것이 아니라 꿈의 배치, 꿈자리에 대해 더 주목하는 방식이지요.

스피노자를 계승한 21세기 사상가 펠릭스 가타리의 경우에는 젊은 시절 엄청나게 망상적인 꿈을 꾸고 나서 심리치료사인 장 우리 박사를 찾아갑니다. 장 우리 박사는 꿈 내용을 열심히 듣는 듯하다가 "어느 쪽으로 누워서 자나요?" 하고 묻습니다. 가타리가 오른쪽으로 누워 잔다고 하자, 장 우리 박사는 왼쪽으로 누워 자보라고 말합니다.

이 경험이 이후 가타리의 '배치(agencement)' 개념의 단서가 됩니다. 이 에피소드에서 장 우리 박사는 꿈 내용에 대해 말하는 전통으로부터 벗어나 꿈자리에 대해 말하는 거의 완벽한 스피노자주의자입니다. 21세기는 미디어에 의해 무의식이 대량생산되는 시대입니다. 시청자들의 무의식을 자극해서 더 많은 소비를 하도록 부추기는 것이 미디어의 역할 중 하나이니까요. 그래서 스피노자가 창안한 무의식이 현실이 된 시대이기도 하지요. 문제는 텔레비전이나 인터넷 등에서 대량 발신되는 무의식이 어떤 배치와 자리, 관계망에서 생산되는지를 묻지 않고, 자본주의가 만들어낸 무의식을 대중이 소비하고 향유하고 있다는 점입니다. 그런 점에서 스피노자가 말한 정서의 기하학의 전통으로 다시 돌아가 소비하고 향유하는 미디어라는 무의식의 배치가 자신을 소외시키고 구경꾼으로 전락시키지는 않는지 사유할 필요가 생깁니다.

스피노자는 거머리나 벌레가 서로 엉켜 싸우는 장면을 보는 걸 좋아했다고 합니다. 조금 잔인하게 느껴지겠지만 이유가 있습니다. 왜냐하면 그들에게는 죄의식이나 양심의 가책이 없고, 미래가 아닌 지금-여기를 살아가기 때문입니다. 다른 동물들의 생각을 잘 관찰해보면, 그들에게는 지금-여기의 무의식밖에 없음을 발견하게 됩니다. 즉 동물은 현재라는 시간에서만 산다는 의미입니다. 프로이트나 라캉 같은 정신분석학자들은 무의식의 특징으로 무시간성, 무역사성, 무장소성을 꼽았지요. 무의식이 발신하는 메시지는 시간의 흐름에 따라 순차적으로 나타나지 않고 동시에 수신됩니다. 그것은 서로 어긋나고 모순될 수 있습니다. 그래서 이러지도 못하고 저러지도 못하는 상황에 직면하게 되지요. 그런 점에서 무의식의 좌표는 원인과 결과의 시간차에 따라 나타나는 논리적인 것이나 합리적인 것과는 거리가 멉니다. 스피노자는 이러한 무의식의 문제를 어떻게 해결했을까요?

스피노자는 어떤 점에서 역사의 흐름과 같은 장기기억이 아닌 동물과 같은 단기기억을 가진 존재들에게나 어울릴 법한 해법을 갖고 있다고 생각할 수도 있습니다. 그러나 그의 삶의 좌표, 즉 무의식의 좌표는 욕망의 자기원인에 따라 작동합니다. 즉 "네가 원하는 게 뭐야?"라는 질문에 따라 우리는 미래로 향하고 있는 셈입니다. 현재라는 지금-여기는 어떤 일관된 미래의 방향성으로 향하는 여정 중 하나가 됩니다. 그런 점에서 스피노자는 미래로 향하는 욕망, 사랑, 변용, 정동의 흐름에 따라 무의식 문제의 해법을 말하고 있지요. 무의식의 무시간성, 무역사성, 무장소성이, 문제의 원인을 분석하거나 해석하는 데 머무는 것이 아니라 그것이 욕망과 사랑의 흐름을 타고 미래에 어떤 방향으로 흘러가는가가 더 중요해집니다. 따라서 스피노자의 구도에서는 미래진행형적 무의식, 즉 역사적 무의식이 가능해집니다. 역사적 무의식은 욕망의 방향성이기 때문이겠지요.

지금-여기의 사랑은 영원하다

어느 날 우리 부부는 연구실 앞 길냥이 급식소의 단골손님이던 대심이라는 고양이를 연구실 안으로 들일 것인가에 대해 이야기를 나누었습니다. 대심이의 재롱이 우리 두 사람 사이를 더 가깝게 만들었던 것 같습니다. 대심이 얘기만 나오면 우리는 입이 귀에 걸릴 지경이었지요. 대화 주제도 대심이가 사료를 다른 고양이에게 양보했다거나, 대심이가 끈을 가지고 놀았다거나, 그런 내용이었습니다. 제가 슬며시 "대심이가 우리 연구실에서 살면 어떨까?" 하며 가능성을 타진했지만, 아내는 번번이 퇴짜를 놓았지요. 아내는 하나의 생명을 우리가 책임질 수 있는지에 대해 무척 회의적이었습니다. 길냥이로서 충만한 생활을 누리고 있는 녀석을 좁은 연구실에 가두어두는 게 능사는 아니라는 판단도 있었지요. 그럼에도 불구하고 대심이는 연구실의 지금-여기를 만들었던 장본인이었습니다. 연구실에서 작업하다가도 가끔 대심이 어디 갔나 찾아보고, 대심이 무얼 하나 알아보고, 대심이랑 어떻게 놀아줄까 하는 것이 우리의 일상이 되어버렸으니까요.

출근하는 길에 대심이가 인근 중학교 학생들에게 둘러싸여 특유의 발라당을 하면서 재롱을 피우는 모습을 발견했습니다. 그리고 꽃이 예쁘게 피어 있는 화단에서 함께 사진을 찍었지요. 꽃과 길냥이와 아내라는 세 존재가 저에게는 지금 이 순간을 영원하게 만드는 것만 같았습니다. 다들 생명과 자연의 일부이며, 사랑할 수밖에 없는 능력을 가진 존재들이었습니다. 그리고 사랑과 욕망의 존재들이 가까이에 있다는 것이 저에게는 더없이 기쁜 일이었습니다. 다시 말해 나의 사랑과 욕망의 능력은 내 안에 있는 자연과 생명의 능력이기 때문에, 생명이나 자연과의 접속은 사랑의 능력을 배가시키는 것만 같습니다. 대심이를 연구실 식구로 들이고 싶은 저의 소원은 대심이가 그해 여름 방광염을 심하게 앓으면서 현실이 되었습니다. 아픈 녀석을 더 이상 밖에서 지내게 둘 수 없다는 판단이었지요. 그 후로 대심이는 연구실에서 발라당을 하면서 제 곁에서 잠들었고, 제 손이나 키보드, 마우스를 가지고 장난치며 지냈습니다. 그 시간은 지금-여기라는 찰나의 시간을 풍부하고도 충만하게 만들었지요. 그리고 아내와 저의 시간은 대심이와 합일되어 세상에 단 한 번밖에 없는 찰나의 사랑이라는 순간이 되었지요. 그 순간은 아직까지 지속되고 있습니다.

사랑을 통해 새로운 차원을 개방하다

사랑은 '지금-여기'의 순간을 개방합니다. 그것은 특이점으로 미래에도 영향을 줍니다. 그래서 스피노자는 그것을 영원성의 시간이라고 말했습니다. 그러한 특이점은 사랑이 개방한 색다른 차원이기도 합니다. 대부분의 삶이 일상적으로 반복되고 지속되는 반면, 사랑이 개방한 새로운 특이점은 색다른 차원으로 우리를 이끕니다.

이를테면 대심이에 대한 지금-여기의 사랑이 대심이를 우리 삶으로 깊숙이 끌어들인 색다른 삶의 차원을 개방한 것도 그런 예입니다. 그렇게 사랑으로 충만한 지금-여기의 순간은 우리를 심원한 변화로 이끕니다. 그렇기 때문에 지금-여기의 순간이 더 중요한 것입니다. 즉 동물처럼 현재만 산다는 것이 그리 나쁘지 않고, 오히려 더 미래지향적일 수 있는 셈이지요.

어떤 이는 이 대목에서 발끈할지도 모릅니다. 욕망, 무의식, 감각의 존재인 동물처럼 지금-여기의 시간에 충실하게 산다면, 어떻게 미래를 대비하고 준비할 수 있느냐고 말이지요. 그러나 지금-여기에서 사랑을 실천하는 것 이외에 미래를 개방하고 문명의 변화를 만들어내는 것은 불가능합니다. 수많은 지금-여기 들이 모여 미래를 만드는 것이니까요. 그러므로 미래의 열쇠를 쥐고 있는 지금-여기라는 사랑의 특이점에 주목해야 합니다.

사랑은 "네가 원하는 게 뭐지?" 하고 미래에 대한 질문을 던지는 것입니다. 그리고 그 답에 따라 현실을 바꾸어나가는 것이 지금-여기의 순간이지요. 욕망이 현실과 합일되는 지금-여기의 순간은 모래알처럼 사라지는 비루한 시간이 아니라, 영원히 지속되고 기억되는 시간입니다.

저의 경우에는 첫 번째 책을 탈고하던 날 그런 일이 일어났습니다.

6개월 동안 써오던 책의 마지막 단락, 마지막 마침표를 찍고 담배 한 개비에 막 불을 붙였을 때 전화벨이 울렸습니다. 술자리에 나오라는 지인의 전화였습니다. 그렇게 갑자기 불려나간 술자리에서 아내를 처음 만났지요. 저에게는 그 순간이 바로 지금-여기의 순간이었습니다. 더불어 아내에게 느끼는 사랑과 애정이 일시적인 감정이 아니라, 영원히 지속될 것이라는 느낌이 들었습니다. 그때 저는 지금보다 훨씬 자존감이 높았고, 자신감도 있었지요. 그래서 사랑의 자기원인에 따라 색다른 차원을 개방할 능력이 있었고, 색다른 차원을 맞을 준비가 되어 있었습니다. 아내와 처음으로 마주쳤던 순간, 즉 지금-여기의 순간은 우발적인 것이라고만 생각할 수 없습니다. 사랑이 개방하는 색다른 차원을 받아들일 수 있는 자기원인을 나 자신이 받아들일 수 있는 순간, 즉 특이점의 순간이었으니까요. 오히려 사랑은 무능함이나 예속이 아니라 자유, 유능함, 지혜에 가깝다는 생각이 들었습니다.

저는 아내와 6개월 동안 열애하다가 동거를 시작했습니다. 무작정 짐을 싸서 아내 집으로 찾아갔지요. 아내는 놀란 표정이었지만 싫은 눈치는 아니었습니다. 당시 저는 대학원 박사과정을 수료한 후 특별히 하는 일 없이 반백수로 지내고 있었지요. 저는 아내가 출근하면 집에서 혼자 이것저것 모색하며 놀았습니다. 막연하게 환경, 생태, 생명과 관련한 일을 해보고 싶다고 생각하던 중에 한 작은 공동체를 알게 되었습니다. '초록정치연대'는 한국에 녹색당을 만들어보겠다고, 몇몇 시민활동가들이 만든 단체였습니다. 아내에게 이런 곳도 있다던데 내가 활동하면 어떨까, 하고 말을 꺼냈지요. 아내는 나에게 딱 어울리는 곳이라며 면접 잘 보라고 새 옷까지 사주었습니다. 그리고 최종 합격되자 제가 좋아하는 식당에서 외식을 하면서, 활동가가 된 저를 축하해주었습니다. 소박하고 따뜻한 응원이었습니다.

그 후로 저는 완전히 다른 차원과 접속하게 되었습니다. 그 또한 사랑이 개방한 색다른 차원이었습니다. 저는 그 공동체가 갖는 가치와 윤리, 미학에 완전히 매료되었고, 생명운동, 환경운동, 녹색운동 등에 대해 공부하게 되었습니다. 그리고 미지의 세계를 여행하는 사람처럼 새로운 의제와 문제에 직면했습니다. 벌써 10년 전 일이지만, 지금-여기를 만들었던 사랑의 순간은 영원히 지속되고 있습니다.

02

모두가 주인공이 되는 비폭력 공감대화

공동체, 열정과 상상력의 배치

'초록정치연대'라는 공동체의 문을 처음 두드린 것은 2007년 가을이었습니다. 당시 저는 공동체 구성원들이 상석이나 말석 구분 없이 빙 둘러앉는 자리 배치에 익숙하지 않았지요. 특히 비폭력 공감대화라는 대화법을 처음 접했습니다. 이전의 모임에서는 주인공과 관객의 자리, 혹은 발표자와 청중의 자리가 구분되어 있었는데, 공동체에서는 모두가 동등한 자리에 앉아 다른 사람의 말을 경청하는 대화 방식을 취하는 것이 이채로웠습니다. 그런 방식이 엄청나게 비효율적으로 보였습니다. 저마다 자신의 이야기를 말꼬리 잇기 방식으로 수평적으로 이어갔으니까요. 특히 상대방의 이야기에 계속 반응하고 공감하면서 진행하는 대화법은 낯설기 그지없었습니다. 그동안 상대방의 주장을 공격하거나 평가하는 방식에 익숙해져 있었기 때문입니다. 비폭력 공감대화라는 것이 수다나 잡담처럼 들렸습니다.

처음에 저는 경청하는 자세로 임했습니다. 그러다가 어느 시점부터 저도 덩달아 대화에 참여하게 되고 힘을 실어주기도 하고 갑자기 끼어들어 부연하는 말을 하기도 했습니다. 그런 사족과 같은 말을 오히려 환영하는 분위기였습니다. 예전에는 진행자가 있어 대화가 다른 방향으로 흘러가면 끊고 맺는 역할을 했지만, 공동체의 배치와 관계망은 무한하게 뻗어나가는 아이디어 공장이었습니다. 그래서 회의와 토론, 아이디어 회의가 기다려지고 재미있었습니다.

우리는 급기야 일을 크게 벌였습니다. 곧 다가올 대통령 선거에 도롱뇽과 자전거와 동물, 어린이, 농민 등을 출마시키자는 아이디어에 모든 공동체 구성원들이 열광했던 것입니다. 무모한 도전임에도 불구하고 우리는 온라인 투표를 조직해서 현황판을 만들고, 홍대 거리에서 홍보하고, 거리를 행진하며 퍼포먼스를 벌였습니다. 정말 순식간에 모든 일이 벌어졌지요. 녹색당이나 생태주의에 대한 사회적 인식이 낮았던 상황이었는데도 불구하고, 일은 커졌고 사람들은 열정적으로 움직였습니다. 저는 당시 동물선거운동본부를 맡아서 동물보호단체와 함께 움직였습니다. 최종적으로 동물선거운동본부가 대통령 후보가 되었지만, 대선후보 등록까지는 가지 못하고 일련의 이벤트도 막을 내렸습니다. 이 모든 과정이 우리의 배치와 자리가 만든 아이디어 덕분이었고, 모두가 주인공이었기에 가능한 일이었습니다.

스피노자와 브레인스토밍하기

스피노자가 친구들과 어떤 대화를 했는지를 보여주는 기록은 많지 않습니다. 밝혀진 내용만 종합하면 스피노자는 헤이그 인근의 작은 마을에서 서너 명의 친구들과 공동체를 이루었고, 서신 교환을 통해 많은 사상가들과 교류했다고 합니다. 하지만 라이프니츠와의 서신 교환에서 짐작해보건대, 전혀 맥락에 닿지 않으면서도 공감하려 하고 사상과 철학에서의 차이와 편차를 생산적인 방향으로 이끌려 했다는 점이 주목됩니다. 라이프니츠와 스피노자는 지적 배경과 사상이 달랐지만, 당대의 특이한 사상가로서 서로를 이해하고 공감했습니다. 일설에 따르면 라이프니츠와 스피노자는 딱 한 번 만났다고 합니다. 드디어 편지가 아닌 현실에서 사상적 대화를 나눴던 것이지요. 두 사람은 모두 데카르트의 근대성이 위험하다는 생각을 갖고 있었다지요. 스피노자와 라이프니츠가 개방한 근대성은 데카르트와는 아주 색다른 구도 위에 놓여 있었습니다. 그 색다른 구도에는, 후대에 이를 연결했던 프랑스 철학자 들뢰즈의 사유가 탄생할 수 있었던 희미한 스케치와 단서가 작은 얼룩처럼 남아 있었을지도 모릅니다.

스피노자와 함께 브레인스토밍 회의를 한다면 어떤 느낌일까요? 자유롭게 아이디어를 쏟아내고 아무리 엉뚱한 생각도 허용하는 회의 말입니다. 특이한 것, 우발적인 것, 별난 것을 스피노자는 사랑하지 않았을까요? 후대 사람들이 스피노자를 합리론자라고 생각하는 이유는, 스피노자가 욕망, 사랑, 정동의 자기원인에 따라 사유하기 때문입니다. 그러나 잘 생각해보면, 욕망이 생기는 것은 단지 원인과 결과 같은 인과론에 따라 생기는 것이 아니라, 아주 우연한 계기로 생깁니다. 그렇기 때문에 스피노자가 합리론자의 반열에 오른 것이 무색하게도 그에게는 엉뚱한 상상력이나 별난 아이디어가 욕망의 이름으로 나타날 소지가 다분합니다. 스피노자는 우리의 삶에 순식간에 자리 잡게 되는 욕망을 허구나 가상이라고 생각하지 않습니다. 오히려 삶을 구성하는 원천이자 자기원인이라고 생각하지요. 그런 점에서 스피노자의 대화법이 어땠을지를 상상하게 됩니다.

일관된 대화는 어떻게 가능한가

저는 영등포에 있는 서로살림생활협동조합에서 조합원들과 인문학 모임을 꾸리게 되었습니다. 대부분 책을 읽는 것, 그것도 철학책을 읽는 것에 익숙하지 않은 사람들이었습니다. 그러니 책의 내용이 마치 선승의 화두나 간화선(看話禪) 같을 수밖에 없었겠지요.

처음 도전한 책은 들뢰즈와 가타리의 『천 개의 고원』이었습니다. 그것도 공동체의 시각에서 읽겠다는 야심찬 기획으로 출발했습니다. 꽤 어려운 내용인 데다 두껍기도 해서 쉽게 도전하기 힘든 책이었지요. 그럼에도 불구하고 그 책에 나오는 '일관성의 구도(plan of consistence)'라는 개념이 우리에게 많은 힌트를 주었지요. 그 개념이 의미하는 바는, 공동체에서는 구성원들 간의 공감대가 깊기 때문에 중언부언하면서도 일관된 방향으로 향할 수 있다는 것입니다. 이를테면 회의 주제가 청소인데 중간에 딴 길로 새도 결국 딴소리를 통해 뜻과 지혜와 실천의지와 공감대를 형성하는 방식이 그것입니다. 그 개념은 마치 우리 자신을 얘기하는 것만 같았습니다. 우리 모임도 서로 딴소리를 하는 형태로 진행되고 있었기 때문입니다. 그럼에도 우리는 공동체를 재건하고 구성해야 한다는 목적과 공감대를 갖고 있었기 때문에, 일관된 방향으로 향하고 있었습니다.

공동체에서는 상대방을 타자로 바라보지 않습니다. 되도록 경청하고 품고 감싸 안으려고 합니다. 저 역시 여러 공동체와 접속하면서 직감적으로 느끼게 되는 것이 상대방의 말에 공감하려는 자세와 태도를 가져야 한다는 점이었습니다. 물론 태도나 자세만으로는 안 되고 배치와 관계망이 그렇게 사랑, 정동, 욕망에 적합했기 때문이 아닌가 하는 생각도 듭니다. 제가 맨 처음 접속한 공동체에서는 비판, 인정투쟁, 논쟁이 거의 없었습니다. 사실 학생운동을 하면서 그런 인정투쟁 방식의 대화법에 익숙했던 저로서는 비폭력 공감대화가 무척 생소했습니다. 그것은 단순히 대화기술에 관한 문제가 아니었습니다. 밥을 함께 해먹고 함께 놀고 함께 다니면서 자연스럽게 관계가 성숙했기 때문이라는 생각이 듭니다. 즉 활동가들 모두 친구였던 셈이지요.

한 번은 그즈음 딴 데 정신이 팔려 일에 소홀해진 활동가를 불러 세워놓고 비판했던 적이 있었지요. 그러나 곧 후회가 밀려들어 그의 손을 잡고 악수를 한 후 껴안아주었습니다. 그 활동가에게서 작은 아이와 같이 주저하는 마음을 발견했기 때문입니다. 그에게 상처가 되었으면 어쩌나 미안해졌습니다. 그것은 스피노자가 바라보았던 욕망, 무의식, 정동, 사랑이었습니다. 그것은 우리 일상 속에서 아이, 동물, 소수자라는 특이점으로 드러나며, 우리가 꼭 껴안아줄 수밖에 없는 존재라는 점을 재발견한 것입니다. 껴안으면서 저는 온몸으로 그 사람에 대해 느꼈습니다. 우리 둘 사이에 따뜻함이 싹트는 것만 같았습니다.

사실 상대방에게서 사랑, 욕망, 무의식, 정동 등을 발견하게 된다면, 비판이나 인정투쟁을 할 여지는 거의 없지요. 그러한 상대방의 욕망을 감싸고 북돋으며 끌어안는 수밖에 없습니다. 그래서 저는 스피노자의 구도가 비폭력 공감대화의 방법론을 이미 선취한 측면이 있다고 생각합니다. 물론 스피노자의 『신학정치론』을 보면 종교의 신비주의에 대한 비판들이 아주 날카롭게 벼려진 칼날 같다는 느낌을 받게 됩니다. 그럴 땐 비폭력 공감대화는커녕 아예 딴 사람처럼 느껴지기도 합니다. 그러나 그러한 스피노자의 비판은 당대를 지배하고 있던 종교권력에 대한 저항이지, 합리주의로 모든 해답을 내리려는 것은 아니라는 생각이 듭니다.

물론 스피노자는 너무나 뜨거운 사람이었고, 매사에 열정이 넘쳤고, 그러면서도 아주 소박한 사람이었습니다. 그는 신, 우주, 자연, 인간을 아이처럼 행동하는 욕망의 눈으로 보자고 제안했습니다. 그것은 비폭력 공감대화가 보여주는 상대방을 타자화하지 않고 공감하는 태도와 다르지 않습니다. 오늘 스피노자의 뜨거운 열정과 함께 따뜻함과 부드러움도 느끼게 됩니다.

최고의 대화는 비판이 아니라 공감

스피노자는 '삶의 내재성'에 대해서 말했습니다. 우리의 삶이 갖고 있는 깊이와 잠재성, 능력으로 충만한 영역, 생활세계의 풍부함과 일상의 새로움에 주목하자는 것입니다. 그렇게 되면 어떤 사람을 만났을 때 일면만 보고 쉽게 단정하고 비판할 여지가 거의 없습니다. "그는 이런 사람이야!"라고 단정할 때, 우리는 그 사람이 가진 하나의 측면만을 본 것입니다. 한쪽 면만 보고 판단할 것이 아니라, 그 삶의 영토에 있는 다채로움과 복잡함, 충만함 등을 응시해야 합니다.

서로살림생활협동조합의 인문학 모임에 아이를 데리고 참석한 한 엄마는 아이의 모든 것을 온전히 받아들이고 공감하려는 태도로 아이를 대했습니다. 한 번은 울음을 터뜨린 갓난아기를 달래느라 아이를 업은 채 방 안을 걸어 다니면서 한 손에 든 발제문을 읽기도 했지요. 그 아이의 울음, 웃음, 기쁨, 슬픔 등에 대해 공감하고 받아들이는 엄마의 모습을 보면서 비폭력 공감대화의 잠재성과 가능성을 다시 한 번 생각하게 되었습니다. 즉 상대방에게서 작은 아이, 열정과 욕망을 가진 아이, 자신의 자리를 만들어달라고 떼쓰는 아이를 발견하는 것이 공감대화입니다. 이를 통해 상대방의 존재가 자신의 마음에 들어올 자리를 만들어내는 것이 공감대화가 갖고 있는 숙제가 아닌가 하는 생각도 듭니다.

비판담론이 잘못 사용된 사례는 너무도 많습니다. 상대방을 수용하고 공감하는 것이 아니라, 겉으로 드러난 일면만 보고 상처를 입히기 때문입니다. 예전에는 저 역시 비판담론에 익숙해져 있어서, 상대방에게 허점이 발견되면 그 즉시 상처를 후벼 파는 식으로 대화를 진행했지요. 생각해보면 그런 방식의 대화에 저도 꽤 재능이 있었던 모양입니다. 대화라기보다는 인정투쟁이나 도장 깨기와 같았고 그 자리에서 저는 우위를 점할 수 있었습니다. 하지만 그 자리가 끝나면 사람들은 황급히 흩어져버렸습니다. 혼자 남은 저는 무척 외로웠습니다. 그러나 그 이유를 알지 못했습니다. 사람들은 대부분 빠져나갔고, 저는 홀로 이론과 사상의 아성을 지키는 파수꾼이 되었습니다. 그 당시에도 스피노자를 공부했고, 그가 무언가를 말하고 있다고 느끼긴 했습니다. 잘 알지는 못하지만, 삶의 진실에 접근하는 하나의 창이라는 사실은 짐작하고 있었습니다. 그러나 스피노자의 이론마저도 저는 비판담론의 무기로 만들려고 했던 것입니다.

당시 삶의 척박함, 빈곤, 황폐함에 빠져 있던 저로서는 스피노자의 삶의 내재성이라는 개념이 크게 다가오지 않았습니다. 똑같이 반복되는 일상이 어떻게 풍부하고 다양할 수 있다는 거지? 하는 의문이 들었지요. 그러나 삶의 재건은 공동체의 재건이고 일상의 구성이기도 합니다. 그것을 깨달을 만큼의 세월이 흘렀고, 저는 작은 생명, 한때 길냥이였던 고양이와 교감하면서 삶과 일상의 특이점 하나를 마련했습니다. 공동체를 만들어 세미나를 하면서 일상의 특이점 하나를 더 마련했습니다. 그 특이점들이 모여서 삶의 내재성의 풍부함과 다양성을 이루는 경우의 수가 됩니다. 공감하고 수용하고 대화할 생명과 가족, 연인의 존재는 삶의 활력소와 촉매제가 됩니다. 그렇게 저는 삶의 내재성이라는 스피노자의 개념을 피부로 느끼게 되었습니다. 공감한다는 것은 그 사람의 존재를 온전히 받아들이고 사랑으로 합일되는 과정입니다. 책상 앞의 고양이가 잠들면 이성이 눈을 뜨고, 고양이가 부산하게 움직이면 욕망과 정동이 눈을 뜨는 평행선을 오가며, 색다른 공감과 교감의 삶을 사는 재미도 쏠쏠합니다. 지금 제 앞에는 고양이가 잠들어 있지요.

03

사랑과 욕망의 흐름이 삶의 본질이다

어느 일중독자의 회사 도주기

서른 살 즈음 직분, 기능, 역할로서의 직장인 말고는 나를 설명하는 키워드가 없었습니다. 하루의 노동을 마치고 나면 밀려드는 무료함, 지루함, 잉여현실과 마주쳤습니다. 제 삶은 사회라는 시스템을 작동시키는 건전지 하나에 불과했습니다. 저는 분명 직장인으로서의 삶에 충실했지만, 다른 삶의 영역에서는 초라하고 가난했습니다. 그때 슬며시 예속을 갈망하는 마조히즘적인 욕망이 일어났습니다. "피할 수 없으면 즐겨라!"라고 말이지요. 저는 무시무시한 일중독자가 되었습니다. 마치 사냥꾼이나 스포츠맨과 같이 날렵하게 일처리를 하면서 활력과 에너지로 넘쳤지요. 하지만 퇴근 후에는 텔레비전을 멍하니 보다가 잠을 청하는 1인 가구의 삶을 살아갔습니다. 일에서 벗어나는 순간 고독과 독백, 감정기복, 외로움이 밀려들었습니다. 특히 잠자리에 들 때 혼자라는 것을 뼈저리게 느꼈습니다. 의식의 흐름이 작은 닫힌 공간에서 끊임없이 속도를 내고 공회전했으니까요.

그러던 어느 날 욕망과 사랑, 정동이 넌지시 저에게 말을 걸었습니다. 일에 파묻혀 살던 저는 훌쩍 여행을 떠나버렸습니다. 작은 계기가 있었습니다. 사무실 창문 밖에서 들려오는 일본인 관광객들의 재잘거리듯 웃는 소리를 예사롭게 받아들이지 않았고, 저는 사무실을 빠져나와서 짐을 싸고 홀연히 여행길에 나섰습니다. 여행길에서 만난 시골의 작은 찻집에서 오래 머물렀습니다. 풍경소리, 바람에 대나무 잎이 흔들려 웅웅거리는 소리, 개 짖는 소리, 닭들의 날갯짓 소리를 들으며 판단정지의 시간 속에 있었습니다. 한 번도 삶의 기능이나 역할 말고는 생각해본 적이 없던 제가 곁과 가장자리, 주변의 소리를 듣게 되었지요. 그것은 소음이나 잡음이 아니라, 사람들이 살아가는 욕망, 사랑, 정동의 흐름이 만들어내는 화음이었습니다. 그때서야 삶이라는 것은 직분이나 역할, 기능이 대신해줄 수 없다는 것을 깨달았습니다.

여행에서 돌아온 저는 사표를 던졌고, 그렇게 직장생활로부터 완전히 벗어났습니다. 펠릭스 가타리는 이런 말을 남겼다지요. "도주하는 자의 표현양식에 주목하자"라고. 직장인의 삶으로부터 도주한 저는 사랑과 욕망의 흐름에 몸을 맡기게 되었습니다. 이제부터 그 흐름에 대해 얘기해볼까 합니다.

곁과 가장자리의 흐름에 주목하다

사람들이 "나는 군인이다", "나는 학생이다"라는 정체성으로 자신을 설명하는 것처럼, 그때까지만 해도 "나는 직장인이다"라고 나 자신을 생각하고 있었지요. 처음 만나는 사람에게 명함을 내밀며 "○○회사 ××부서에서 일하고 있습니다"라고 나를 소개했습니다. 그 외부에 있는 사랑과 정동, 욕망의 흐름은 그저 부가적인 것, 군더더기, 잔여 이미지, 잉여현실 같은 것으로 간주되었지요. 그러나 이제 저는 삶을 받아들이는 방식을 바꾸었습니다. "나는 동물을 사랑하는 사람이다", "나는 아이를 사랑하는 사람이다", "나는 평화를 사랑하는 사람이다"라고 나 자신을 설명하기 시작했습니다. '나는 누구다'라는 정체성이 아닌 사랑과 욕망, 정동의 흐름으로 자신을 설명한다는 것은 특이한 일이기도 합니다.

그럼에도 불구하고 막상 나를 구성하는 원천은 무엇일까를 생각해보면 그것 이외에 나를 설명한 근거를 찾지 못했습니다. 직장을 때려치우고 반백수가 된 저를, 누군가는 정상궤도에서 이탈한 사람으로 볼지도 모릅니다. 그러나 삶의 결과 무늬, 색깔, 화음, 향기 등에 주목했던 저는 노동, 직업, 정체성, 직분, 기능 등으로부터 벗어나는 길을 걷기 시작합니다. 아르바이트를 하며 대학원에 진학하고, 프리랜서로 글 쓰는 일을 시작합니다. 그리고 삶과 신체를 감싸는 사랑과 욕망의 부드러운 흐름으로 자신을 풍요롭게 만드는 일에 전념합니다. 물론 그 흐름은 다른 사람들의 눈에는 잘 보이지 않습니다. 문명은 사랑과 욕망의 흐름을 부차적인 것으로 치부하고 보이지 않는 영역으로 간주했지만, 어느덧 나의 삶을 구성하는 가장 기본적인 것이 되었습니다. 밥 먹는 것, 친구들과 만나는 것, 세미나 하는 것, 세탁하는 것, 여행을 떠나는 것, 아르바이트를 하는 것 등이 내 삶을 풍요롭게 만들었지요.

이러한 사랑과 욕망의 흐름을 스피노자는 삶의 자기원인 혹은 삶의 내재성으로 설명합니다. 살아가는 이유를 묻는다면, 우리는 사랑, 욕망,

돌봄, 정동 이외에 다른 답을 얻을 수 없습니다. 나를 둘러싼 모든 것, 내가 살아가는 이유, 나를 움직이게 하는 원동력이 바로 사랑, 욕망, 정동이니까요. 부차적이라고 생각했던 사랑과 욕망이 우리의 삶을 구성하는 결정적인 이유가 된다는 것이 이상한가요? 그러나 생각해보면 우리는 전도되고 뒤집힌 삶의 방식에 익숙해져 있는 게 아닌가 싶습니다. 사실 우리는 기능, 역할, 직분이라는 겉모습에 가려진, 삶의 곁과 가장자리, 주변에서 서식하고 흐르는 사랑, 욕망, 정동을 하찮은 것으로 치부하고 있었습니다. 그러나 그것이 바로 삶의 원인이었습니다. 나를 움직이는 원동력이었던 것이지요.

물론 대부분의 사람들은 눈에 보이지 않는 사랑보다 눈에 보이는 자원-부-에너지-화폐의 흐름을 더 중요하게 생각합니다. 눈에 보이는 것은 확실하고, 계산 가능하고, 쓸모 있고, 권력을 가지고 있으니까요. 자원-부-에너지-화폐의 흐름에 사람들이 그토록 매달리는 것도 무리는 아니지요. 하지만 공동체는 보이지 않는 사랑과 정동, 욕망의 힘으로 움직입니다. 그래서 공동체에서는 보이지 않는 사랑과 정동, 욕망의 흐름을 풍요롭게 만들기 위해서 자원-부-화폐-에너지의 흐름을 함께 실어보냅니다. 겉으로 보기에는 돈과 선물과 자원이 움직이지만, 사랑과 욕망이 숨어 있지요. 이것은 공동체가 가진 자원과 부를, 아이를 돌보기 위해, 장애인을 돌보기 위해, 노인을 돌보기 위해 사용하는 것과 같습니다. 그 흐름이 저를 키웠고, 여러분을 키웠던 것처럼 말이지요. 이것이 공동체의 순환과 재생의 흐름입니다. 그렇기 때문에 나를 있게 한 공동체의 돌봄, 사랑, 정동의 흐름을 빼놓고 나를 생각할 수 없습니다.

자유인의 논리와 예속인의 논리

가타리는 정동, 사랑, 욕망의 흐름을 어떻게 설명할까요? 이를테면 공동체에서 '~도 맞고, ~도 맞다'라는 논리나 '이럴 수도 있고, 저럴 수도 있는' 논리를 흐름의 논리라고 생각해볼 수 있습니다. 이러한 흐름의 논리는 상대주의라는 혐의를 받고 합리주의자들로부터 배제되었습니다. 왜냐하면 흐름의 논리는 '진리는 하나'라는 점을 부정하기 때문이지요. 모든 것에는 다 존재의 이유가 있고, 무엇을 선택하더라도 장단점이 있기 마련이라고 생각하면, 우리는 좀 더 너그럽게 세상을 바라보게 되고 자유로운 흐름과 같이 살아갈 수 있습니다. 이렇듯 공동체의 흐름의 논리는 진리가 여러 가지일 수 있으며, 더 나아가 사람마다 각기 다른 진리를 가질 수 있다고 말합니다. 이쯤 되면 '진리는 단 하나뿐이다'라고 생각하는 사람은 발끈할 수도 있겠군요.

공동체에서 회의를 하다 보면 서로 양립 가능한 논리가 함께 제기되는 경우가 있습니다. 한 번은 어떤 사람이 "공동체에서 A가 우선이다"라는 의견을 내놓아서 그럴듯하다고 여기는 순간, 다른 사람이 "공동체에서는 B가 우선이다"라고 역시 그럴듯한 주장을 했습니다. 그때 제가 참여했던 공동체는 논쟁을 붙이지 않았습니다. 그렇다고 다수결이라는 해묵은 해법으로 결론을 내리지도 않았습니다. 기나긴 토론이 벌어져 이번에는 C, D, E··· 등이 우선이라는 의견이 나왔습니다. 저는 회의 시간이 길어지는 상황이 짜증나기도 하고, 지치기도 하고, 솔직히 졸리기도 했지요. 결국 그 회의는 결론을 내리지 못하고 흐지부지 끝났습니다. 저는 선배에게 투덜대며 물었습니다. "결론도 없는 회의를 왜 하는 거죠?" 그런데 그 선배는 "우리가 이런 것도 할 수 있고, 저런 것도 할 수 있다는 가능성이 늘어난 것이니, 그만큼 우리가 다양해진 거지!"라고 대답했습니다. 저는 비효율과 느림, 이럴 수도 저럴 수도 있다는 논리를 모호함, 막연함, 희미함, 주저함으로 독해했고, 그저 망연자실할 뿐이었지요.

그 당시 저는 "이럴 수도 있고, 저럴 수도 있다"라는 흐름이 주는 자유, 다양성, 경우의 수 등을 모호함이나 주저함으로 해석했습니다. 즉 "이러지도 못하고 저러지도 못하는" 논리로 오해한 것입니다. 이런 협착의 논리들은 어딘가에 사로잡히거나 예속된 사람들에게 주로 나타난다고 합니다. 이러지도 못하고 저러지도 못하는 상황에 빠진 것을 그레고리 베이트슨(Gregory Bateson, 1904~1980)은 '이중구속(double bind) 상태'라고 표현했습니다.

베이트슨은 아버지의 사례를 들어 설명합니다. 흔히 아버지들은 아들에게 말하기를 "나를 넘어서라! 나처럼 되지 마라!"라고 말합니다. 그러나 그 이면에는 이렇게 쿨하게 얘기하는 자신을 존경해주기를 은근히 바란다는 것입니다. 그렇게 되면 아버지를 넘어서지도 아버지를 존경하지도 못하는, 이러지도 못하고 저러지도 못하는 상황에 협착된다는 것이지요.

이러한 협착의 논리를 베이트슨은 선문답을 하는 노승의 사례로 설명하기도 합니다. 어떤 노승이 제자들 앞에서 지팡이를 들고 불호령을 합니다. "움직이지 마라. 꼼짝하는 녀석이 있으면 내가 때릴 것이야!" 그런 다음 "꼼짝 안 하고 있으면 내가 때릴 것이야!"라고 말합니다. 꼼짝하지 말라면서 꼼짝 안 하는 사람을 때린다니, 도대체 어느 말을 따라야 하는 걸까요? 이렇듯 두 가지 모순된 발신음이 동시에 수신될 때 이러지도 저러지도 못하고 쩔쩔매게 됩니다. 과연 어떻게 해야 맞는 답일까요? 답을 알 수는 없습니다. 다만 이러한 이중구속에 놓인 사람은 역능이 무력화되거나 사라지는 것을 체험하게 됩니다. 그렇기 때문에 협착된 사람은 예속된 사람이기도 합니다. '그렇게 해도 안 되고, 그렇게 안 해도 안 되는' 이중구속 상태에서는 무력감과 좌절감, 멘붕이 찾아오지요.

스피노자는 '자유인'과 '예속인'이라는 개념을 통해 흐름의 논리를 가진 자유인과 협착의 논리를 가진 예속인을 구분했습니다. 자유인은 신체와 정신의 능력이 상승하여 기쁨의 정동을 갖게 되고, 예속인은 협착과 무능력으로 인해 신체와 정신의 능력이 감소하여 슬픔의 정동을 갖게 됩니다. 그러므로 공동체에서 '이럴 수도 저럴 수도'라는 흐름의 논리를 갖는 것과, 예속집단이 금기와 터부 앞에 협착되어 '이러지도 저러지도 못하는' 예속의 논리를 갖는 것 사이의 간극은 큽니다. 결국 공동체가 상대주의자라고 비난하는 사람들은 흐름의 논리가 갖는 자유로운 선택의 여지를 포기하고 이중구속 상태를 바라는 사람들이기도 합니다. 그런 점에서 문명에 예속된 사람들과 자유인의 해방전략에 따라 행동하는 사람들 사이의 간극은 심원합니다. 즉 우리는 "예속인이 될 것인가? 자유인이 될 것인가?"를 선택해야 한다고 스피노자는 말하고 있는 셈입니다.

기쁨이 슬픔을 이기려면

직장을 그만둔 후에도 한동안 일중독이나 강박적 일상에서 완전히 벗어나지 못했습니다. 새벽에 저절로 눈이 떠졌습니다. 보고서를 쓰듯이 죽을힘을 다해 발제문을 썼고, 대학원 지도교수를 회사 사장처럼 대하기도 했지요. 직장에 다닐 때의 습성을 어떻게 버리느냐가 관건이었습니다. 그때 스피노자의 『에티카』를 열어보게 되었습니다. 스피노자는 거짓된 관념의 힘에 사로잡힌 사람이 그것으로부터 벗어나는 방법은, 더 강력한 힘을 가진 참된 관념을 가짐으로써 가능하다고 말하고 있었습니다. 즉 기쁨이 슬픔을 이기기 위해서는 슬픔보다 더 강렬한 기쁨의 에너지가 필요하다는 것이지요. 저는 직장에서 생긴 해묵은 관념을 떨쳐버리기 위해서 좋아하는 철학책들을 미친 듯이 읽고 새벽까지 온라인 채팅방에서 난상토론을 벌였습니다. 그렇게 시간이 지나면서 직장에 대한 기억은 어디론가 사라져버리고 말았지요.

그 후 가타리의 치유의 방법론을 공부하고 나서야 저의 방법론이 옳았다는 것을 확신하게 되었습니다. 가타리는 이중구속 상태로부터 벗어나는 길로 두 가지 방법을 제시했습니다. 첫 번째는 삶의 자기원인을 찾는 것입니다. 정신분열증자가 무언가에 협착되어 정신이 온통 옭아매인 상태로 지내는 것이 아니라, 일상적인 활동, 예를 들면 가게에 가거나, 손을 씻는다거나, 머리를 깎는다거나, 텔레비전을 본다거나 하는 전혀 다른 활동에 도전하는 것이지요. 이러한 사소한 재활의 노력이 삶의 자기원인을 구축하고 자기결정력을 높이게 된다는 것이겠지요.

두 번째는 협착되고 사로잡힌 나머지 미치는 것이 아니라, 이를 훨씬 뛰어넘어서 예술, 과학, 혁명에 미치는 에너지와 힘을 통해 스스로 치유할 수 있다는 생각입니다. 그 에너지와 힘은 삶의 다양한 영역에서 얻을 수 있습니다. 이를테면 음악, 미술, 춤, 맛, 표정, 향기 등에서 얼마든지 세계를 재창조할 수 있는 소재를 찾을 수 있으며, 그 결과 훨씬 강렬한 에너지와 힘을 갖게 된다는 것입니다. 이를 가타리는 분열생성론이라고 말했습니다. 그는 미친 사람보다 더 미쳐야 치유될 수 있다고 말합니다. 전자의 미침이 협착분열이라면, 후자의 미침은 창조와 생성의 미침, 즉 분열생성입니다.

삶의 배치를 재배치할 정도의 강렬한 에너지와 역능을 찾고, 그 에너지를 예술, 과학, 혁명의 창조와 생성의 힘으로 만들 때 완전히 다른 세상, 다른 생각, 다른 삶이 가능하다는 것이 분열생성의 핵심입니다. 하지만 "삶의 배치를 재배치할 정도의 강렬한 에너지와 역능"을 찾으라니… 너무 추상적이고 어려운 미션처럼 느껴집니다. 하지만 가타리가 추천하는 방법은 아주 가까이에 있습니다. 소소한 삶의 표현 소재, 즉 음악, 미술, 춤, 향기, 맛과의 접촉을 완전히 새롭게 하는 것, 그리고 가족, 연인, 친구를 뻔하게 보는 것이 아니라 사랑을 통해 완전히 색다른 방식으로 관계하는 것, 그것이 바로 사랑과 정동, 욕망의 흐름이 갖는 힘과 에너지에서 그 원천을 찾는 것입니다.

스피노자는 "증오가 사랑으로 바뀔 때 더 큰 사랑의 힘을 발휘할 수 있다"라고 말했습니다. 협착 상태의 무능력이 슬픔과 증오의 의미라면 그것으로부터 벗어날 때 더 큰 에너지가 생겨서 사랑으로 바뀔 수 있다는 것입니다. 그래서 협착분열이 분열생성으로 바뀔 때 더 큰 에너지의 원천이 될 수 있다는 말이지요. 이러한 스피노자의 '기쁨과 사랑의 힘'과 '슬픔과 증오의 힘'의 에너지 동역학적인 관계는 많은 시사점을 줍니다. 물론 증오의 힘이 한순간에 사랑의 힘으로 바뀔 수도 있습니다. 그것도 사랑의 가능성 중 하나이니까요. 그럼에도 증오보다 훨씬 큰 힘을 가진 사랑과 욕망을 만들어내는 것이 자유와 해방의 전략이라는 점은 분명합니다. 스피노자는 『에티카』 4부 「인간의 예속 또는 정서의 힘에 대하여」에서 '자유인의 해방전략'에 대해 말합니다. 사랑이 증오를 이기고 영원히 승리할 것이라는 그의 확신에 찬 음성이 쩌렁쩌렁 울리는 것만 같습니다. 그는 사랑과 욕망이 갖고 있는 힘과 에너지가 협착의 분열로부터 흐름의 분열로 돌연변이를 일으킬 것이라고 말했습니다.

오늘따라 그의 말이 '지금-여기 가까운 삶에서부터 해방과 자유를 만들라'는 과제처럼 느껴집니다. 저녁이 있는 삶이 바로 자유의 기반이라는 것은 의심할 수 없는 사실이니까요. 자유인의 해방전략은 어떻게 저녁이 있는 삶을 만들 것인가 하는 숙제도 우리에게 남기는 것 같습니다.

04

쿨한 관계에서 사랑은 촌스러운 것인가

도시에서 길을 잃다

대학 입학과 함께 시골에서 서울로 상경하면서, 저는 도시의 매력에 빠져들었습니다. 저 멀리 빌딩숲에 아주 색다른 세상이 있을 것만 같았고, 행인들로 북적거리는 거리에서는 우연한 만남과 특이한 사건이 일어날 것만 같았죠. 실제로 신촌, 홍대, 압구정, 이태원 등 그동안 이름만 들었던 곳에 가면 전혀 새로운 사건이 벌어지고, 색다른 문물이 즐비하고, 이색적인 사람들이 많았습니다.

그러나 역시 저는 촌스러운 시골 사람이었던 모양입니다. 사실 그런 이색적이고 신기한 도시문명보다, 익숙하고 편안한 학교 주변이 제 생활무대로 일찌감치 자리를 잡았거든요. 학교 근처 낡은 하숙집에 살면서 가급적 시내로 나가지 않고 복잡한 것을 피하자는 것이 저의 철칙이었습니다. 마치 스피노자의 하숙생활처럼 말이지요.

서울 생활에 어느 정도 익숙해진 후에는 불야성 같은 도시의 불빛 아래에서 친구들과 몰려다니기도 했지만, 거주지는 대부분 학교 앞을 벗어나지 못했습니다. 도시에서 시골 사람처럼 사는 것이 그리 나쁘지 않았습니다. 그때부터 지금까지 연구실과 학교, 집을 왔다 갔다 하는 삶을 유지하고 있습니다.

익명의 사람들과의 만남과 친밀하고 유대적인 공동체 사람들과의 만남 중 어느 것을 선택하겠냐고 누군가 묻는다면, 저는 당연히 후자를 택할 것입니다. 몇 년 전에는 한동안 골목에서 평상을 내놓고 동네 사람들과 맥주잔을 부딪치며 취포를 먹는 데 재미를 붙였던 적도 있습니다. 그러나 얼마 지나지 않아 골목상권이 붕괴되기 시작하더니, 겨우 친해진 사람들이 그 골목을 떠나버렸습니다. 도시의 다양성과 탄력성이 주는 매력을 보여주었던 골목상권, 전통시장은 거의 다 사라져버린 듯합니다. 이제는 골목마다 편의점과 마트가 들어섰습니다. 도시는 획일화되었고, 단조로운 문명의 모습을 보여줄 뿐입니다. 낯설고 위생적인 관계만이 남은 도시에서 저는 다시 길을 잃곤 합니다.

관계 맺기의 기하학

제가 보기에 스피노자는 영락없는 시골 사람이었습니다. 부자 아버지 덕분에 도시에서 호의호식하며 살 수도 있었지만, 친구들과 어울려 사는 작은 시골의 공동체를 선택했습니다. 아마 도시의 복잡한 일상이 그의 소박, 순수, 겸양의 삶과는 어울리지 않았겠지요. 동시에 범신론자라는 이유로 대도시 한복판에서 테러를 당했던 경험도 그에게 큰 영향을 주었을 것입니다. 도시는 정동, 사랑, 욕망이 흐르는 공간이 아니라 위생적으로 탈색되어 있고 사랑과 욕망이 중화된 공간입니다. 더욱이 스피노자에게는 안전과 평화를 주지 못하는 공간이었습니다. 그렇다고 그의 작은 공방이 푸리에의 '사랑의 신세계'나 에피쿠로스의 '텃밭이 있는 정원'처럼 쾌락과 자유의 공간은 아니었습니다. 다만 긴 사색과 정념을 응시하는 스피노자의 초롱초롱한 눈매가 빛나는 공간이었지요.

장인으로 독립한 스피노자는 기술을 몸으로 체화했고, 그 노하우와 지혜를 전수할 의무를 가진 사람이었습니다. 그 당시 장인을 중심으로 한 도제식 노동형태는 지금으로 치자면 전문가 양성과정이라고 볼 수 있습니다. 당시 공동체는 기술을 지혜의 일부로 바라보았기 때문에 기술 발전을 지혜의 통제 아래 놓고 제어하려고 했지요. 특히 장인이 주도하는 도제조합은 적정 수준의 기술만을 유지하고 전수하던 시스템이었습니다. 기술 발전이 결국 인간의 일을 빼앗는다는 것을 본능적으로 알고 있었던 거지요. 스피노자는 대부분의 생활을 이 도제조합과 하숙집에서 했습니다. 극도로 제한된 범위에서 삶을 배치하는 것, 바로 범위한정기술을 몸소 실천한 것이지요.

사랑, 욕망, 정동이 탈색된 위생적인 관계망에서는 순간의 감정과 기분, 우발적인 것에 대한 취향, 향유를 위한 화폐 등이 결정변수겠지요. 도시에서는 관계망이 주는 복잡성과 탄력성의 시너지 효과가 워낙 강하다 보니 기하학적인 그림의 구도를 그릴 만큼 삶의 자기원인이 드러나지 않게 됩니다. 그것은 우발적인 사건으로만 드러납니다. 그 우발성은 복잡하게 얽힌 선 또는 그물망의 형태를 띱니다. 요즘의 네트워크나 생태계 같은 것입니다. 하지만 우리가 감지하지 못하는 네트워크겠지요. 그러나 시골에서 작은 공동체를 이루고 있던 스피노자는 지혜와 사색을 통해 사랑과 욕망, 정동의 기하학을 그려내고 그것에 공리와 정리, 각주 등을 달면서 삶의 자기원인이 갖는 역학관계를 그려냅니다. 그리고 이를 필생의 역작 『에티카』에 오롯이 담아냅니다. 스피노자가 만약 시골이 아니라 도시에서 살면서 상업에 종사했다면, 그러한 지도 그리기를 수행할 수 없었을지도 모릅니다.

그런 점에서 스피노자의 『에티카』는 단순하고 소박하고 절제된, 어쩌면 촌스럽게 느껴지는 정서의 기하학을 담고 있습니다. 하지만 도시에서의 익명의 자유와 개인의 사생활을 중요하게 여기는 사람에게는 정서의 기하학이 귀찮기만 하겠지요. 정서의 기하학은 곧 관계 맺기의 기하학이고, 필연적으로 간섭이 동반될 수밖에 없기 때문입니다. 어쩌면 시골 사람 특유의 단순한 삶이 마음에 안 들지도 모르겠습니다. 짐작하건대 스피노자의 사랑, 욕망, 정동, 무의식이라는 개념은 도시 사람, 즉 차도남/차도녀의 감정이나 기분과는 거리가 먼 것입니다. 특히 도시에서 감각적이고 자극적인 것을 추구하는 사람에게 사랑과 욕망의 자기원인을 그려나간다는 구상은 관계의 표현양식, 관계의 성숙, 관계의 윤리와 미학 등을 만들기 위한 시간과 노력이 지극히 지루한 일처럼 느껴질 수 있습니다.

스피노자가 갈았던 렌즈는 우리의 삶을 들여다보는 투명한 응시와 발견의 눈일지도 모릅니다. 그런 점에서 들뢰즈의 발견주의, 즉 서로의 잠재성과 깊이를 응시하는 것은 스피노자의 렌즈로부터 유래하지 않았나 하는 추정도 가능합니다. 도시의 복잡성은 여러 가지 변수 속에서 삶의 자기원인을 감추거나 드러내지 않고 최대한 자유롭게 선택지를 넓히려고 노력하는 삶을 만들어냅니다. 반면 스피노자는 삶의 자기원인이 만든 지도를 그려내고 그 위에 사랑과 욕망, 정동의 특이점들을 만들어냅니다. 어쩌면 복잡한 도시에서 길을 잃고 쩔쩔매는 그런 사람처럼 느껴질 수도 있습니다. 무엇보다도 사랑, 욕망, 정동의 기하학, 즉 지도 그리기를 하고 있는 이상 스피노자는 영원한 시골 사람입니다.

위생적인 만남 대신 뜨거운 열정으로

요즘 1인 가구가 참 많습니다. 서너 명 중 한 명꼴로 1인 가구라고 합니다. 이들 중에는 관계로부터 단절된 삶이 많습니다. 미디어나 인터넷 등을 기반으로 혼자서 할 수 있는 일이 많아졌고, 굳이 불편한 관계를 맺기보다 혼자서 위생적으로 살아가는 삶에 더 익숙해져 있습니다. 스피노자도 당시 흔치 않은 1인 가구였다지요. 평생 하숙을 하며 살았고, 혼자서 지내는 시간이 참 많았겠지요. 그럼에도 불구하고 스피노자는 친구와 이웃들과의 관계를 소중하게 여겼던 사람입니다.

스피노자는 관계에서 파생되는 정동, 사랑, 욕망, 무의식 등에 대해 많은 이야기를 합니다. 그의 철학을 살펴보면 그가 사람들과의 관계를 소중하고 절실하고 뜨겁게 생각한 사람이라는 확신이 듭니다. 그가 말하는 정동의 종류에는 기쁨과 슬픔이 단연 중요한 개념으로 등장합니다. 그렇지만 증오, 사랑, 공포, 희망 등 인간관계에서 파생되는 다양한 감정들도 모두 정동으로부터 비롯됩니다. 스피노자는 1인 가구이긴 했지만, 오늘날 1인 가구로 살아가는 사람들의 위생적이고 쿨한 만남과는 거리가 멀었습니다. 물론 외로웠겠지만, 주변에 친구들이 있었고 하숙집 주인 부부가 있었고 이웃들이 있었습니다. 사실 스피노자의 외로움은 기성교회로부터 파문을 당한 사람으로서 느끼는 시대적인 깊은 고립과 고독 같은 것이었지요. 삶과 죽음의 경계에 선 철학자의 실존적인 외로움 같은 것입니다. 시대로부터 버림받은 사람이 느끼는 고독은 상상을 불허할 것입니다. 그래서 그에게 친절을 베푸는 이웃과 따뜻한 정동으로 대하는 친구들과의 관계가 너무도 절실하게 다가왔을 테지요. 그렇기 때문에 그는 정동, 사랑, 욕망과 같은, 당시에는 매우 생소한 개념을 핵심으로 삼아 자신의 철학을 전개할 수 있었던 것입니다.

간혹 스피노자가 합리론자이고, 지극히 합리적이고 위생적인 만남을 추구했던 철학자로 오해하는 사람들도 있습니다. 그러나 증오에 대한 사랑의 영구적인 승리, 슬픔에 맞선 기쁨의 해방을 말하는 그의 『에티카』를 읽다 보면, 뜨거운 가슴을 가진 혁명가의 모습을 발견하게 됩니다. 그리고 그 혁명적인 열정의 자기원인이 정동을 움직이고 사랑을 움직이고 욕망을 움직이게 하는 것을 상상하기란 어렵지 않습니다.

스피노자는 자신을 나폴리의 혁명가로 여겼다고 합니다. 아는 화가에게 부탁해서 혁명가 복장을 한 자신의 모습을 그리게 해서 그 그림을 거실에 걸어두었다지요. 실제로 그는 사랑의 혁명가이자 정동의 혁명가였습니다. 그는 혁명가이지만, 시대에서 배제된 자, 추방당한 자, 이단아, 별종이었습니다. 당시 정치, 종교, 문화, 경제 그 어떤 분야에서도 그는 인정받지 못한 존재였습니다. 그러한 스피노자에게서 뜨거운 열정의 원천이 되었던 작은 공동체의 정동을 읽어내기란 어렵지 않습니다. 그래서 위생적인 만남이 아닌 뜨거운 사랑과 정동의 만남을 가졌던 스피노자를 우리는 기꺼이 상상할 수 있습니다.

촌스럽게 보이던 돌봄과 살림이 삶의 핵심이 되기까지

서울 생활에 어느 정도 적응하고 촌티를 조금 벗어났을 때, 저는 고향에 계신 어머니의 살림과 돌봄 등의 정동노동을 촌스러운 것으로 치부하기 시작했습니다. 막 직장생활을 시작한 때였습니다. 그런데 저는 밤마다 사무치는 고독과 외로움을 감내해야 했습니다. 쥐꼬리만 한 월급을 받으며 1인 가구로 살아가던 저는, 아는 사람이나 돌보는 사람 하나 없는 혼자만의 삶을 살아가야 했습니다. 당시 제가 상당히 쿨하고 차가워서 멋있어 보였다는 친구도 간혹 있습니다. 그러나 제 생활이나 내면은 굉장히 외롭고 고독했지요. 그때 왜 정동을 촌스럽다고 생각했을까요? 왜 욕망보다 환상을, 사랑보다 이미지를, 지혜보다 정보를, 정동보다 감정이나 기분을 중시했는지 지금 생각해보면 이해가 잘 안 되는 면도 있습니다. 저는 방황하고 배회하며 정동의 기하학이 주는 소박함과 순수함, 열정적인 측면과는 단절한 채, 혼자서 할 수 있는 일, 혼자서 향유할 수 있는 문화, 혼자만의 사생활을 생각했던 것 같습니다. 그리고 반전의 기회는 반드시 찾아오기 마련입니다. 아내를 만나고 나서 저는 완전히 다른 삶을 살게 되었으니까요.

아내는 저의 인생에 정동의 기하학, 즉 기쁨의 인과관계를 구성해낸 주인공입니다. 그동안 정동(돌봄, 살림, 보살핌, 모심, 섬김) 등 공동체의 자기생산 활동을 별것 아니라고 생각했던 선입견은 여지없이 깨졌습니다. 왜냐하면 아내가 저에게 살림의 의미에 대해서 가르쳐주고 함께 하도록 권유했기 때문입니다.

그전까지 저는 그날 밥상에 오른 반찬 가짓수의 선택지가 그저 주어진 것이라고 생각했을 뿐, 사랑이 만들어낸 경우의 수라는 것을 생각지 못했습니다. 그러던 어느 날 새벽에 잠이 깬 적이 있습니다. 아직 밖은 깜깜한데 주방에서 달그락거리는 소리가 들렸습니다. 문을 열고 나가 보니 아내가 미역국과 내가 제일 좋아하는 잡채를 만들고 있었습니다.

어제 늦게까지 야근하고 와서 아침 일찍 출근할 사람이 웬 잡채며 미역국이냐고 물었더니, 그날이 내 생일이라는 겁니다. 손이 많이 가는 잡채를 만들다가 손가락을 베었는지, 아내는 피가 배어나온 밴드를 붙인 채 제 생일상을 준비하고 있었습니다. 부끄럽게도 저는 그동안 아내가 새벽에 일어나 음식을 만들어왔다는 것을 생각하지 못했습니다. 아내가 그려낸 정동의 기하학이 저를 웃게도 울게도 했던 날이었습니다.

그전까지 정동을 촌스럽게 생각했던 내가 부끄럽기도 하고, 철부지처럼 느껴졌습니다. 어느새 저도 아내를 위해 요리를 하고, 아내를 위해 기꺼이 빨래를 개는 사람이 되어 있었습니다. 아내에 대한 고마움은 정동의 기하학에 충실해야겠다는 나의 다짐과도 같은 것이 되었지요. 물론 어머니의 정동노동에 대해서도 다시금 생각하는 계기가 되었고, 제가 돌려드릴 수 있는 길이 무엇인지 항상 고민하게 되었습니다. 이러한 저의 변화는 우발적이고 일시적인 감정생활을 구성하는 미디어나 인터넷, 스마트폰이 아닌, 정동의 기하학에 따르는 소박하고 단순하면서도 근본적인 삶의 형태로 바뀌게 되었지요.

삶(life)과 생명(life)은 동의어입니다. 삶을 정의하기란 참 힘듭니다. 흔히 우리는 상투적으로 "내 삶은 이런 거야"라고 정의하려는 습관이 있지요. 특히 직분, 기능, 역할에 따라 자기 삶을 규정하는 경향이 있습니다. 이들은 "나는 군인이다", "나는 변호사다", "나는 학생이다" 같은 정체성이 삶의 전부라고 생각합니다.

그러나 삶은 조용히 우리 곁에 서식하고 있다가, 군인 혹은 학생이라는 직분과 역할이 끝났을 때 갑자기 정동이라는 이름으로 등장합니다. 스피노자는 정동을 정서라고도 불렀습니다. 우리의 삶을 구성하는 돌봄, 사랑, 욕망은 그것의 다른 이름입니다. 우리 삶의 주변에 정동이 서식하고 있습니다. 그래서 무슨 일이 끝나거나 가만히 옆 사람의 손을 잡았을 때 정동은 우리에게 말을 걸지요. 삶은 그렇게 예기치 않은 순간에 문을 두드립니다.

스피노자는 삶의 주변과 곁으로 간주되었던 정동을 가장 핵심적인 철학적 주제로 삼았던 사람입니다. 정동은 사랑입니다. 하지만 그것은 쉽게 모습을 드러내지 않고 삶의 곁과 가장자리를 감싸는 방식으로 존재합니다. 정동은 또한 돌봄, 모심, 살림, 보살핌이기도 합니다. 우리의 삶을 구성하는 것은 그저 '~은 ~이다'라고 단정할 수 있는 본질이나 기능이 아니라, 돌봄, 모심, 살림, 보살핌, 섬김과 같이 우리 삶의 주변에 있던 정동이었다는 점이 드러납니다. 그리고 정동의 영역은 중심보다는 주변이나 곁이 되는 것입니다.

그렇다면 우리에게 정동의 기하학은 어떻게 원인과 결과를 만들어낼까요? 그 출발점은 따뜻한 말 한 마디, 사랑이 넘치는 관계, 서로의 욕망에 대한 배려 등입니다. 그렇기 때문에 "왜 사는가?"라는 본질적인 질문은, 다시 "네가 원하는 게 무엇이냐?"라는 정동과 욕망의 질문으로 순식간에 바뀔 수 있습니다. 욕망은 정동이 흐르는 방향을 결정합니다. 나의 삶을 지속시켜주는 것은 정동과 돌봄, 사랑의 손길, 눈길, 말 등입니다. 그런데 우리는 본질이나 정체성을 바라보고 삶에 대해 단정하고 뻔한 것으로 여기는 시각, 또는 우리의 삶의 곁과 가장자리에 있는 정동을 촌스러운 것으로 보는 시각, 그리고 엄청난 상냥함, 부드러운 흐름, 따뜻한 감쌈 등으로 나타나는 정동, 돌봄, 사랑을 쿨하지 않은 것으로 보는 시각 속에서 살아가고 있습니다. 그러한 통속적인 문명을 넘어서는 유력한 방법으로 스피노자가 말한 정동의 기하학을 가만히 떠올려봅니다.

05

사랑의 실존적인 의미

인생의 유한성을 자각하는 순간

오랜만에 은사님에게 전화를 걸었습니다. 그런데 은사님은 다른 날과 달리 힘없는 목소리로 "건강하게 잘 지내렴, 내가 많이 아프다"라고 말씀하셨지요. 나중에 알고 보니 말기 암으로 이미 시한부 판정을 받은 상태였다고 합니다. 그 사실을 알고 난 후 저는 방황하고 주저하고 배회하는 사람과 같았습니다. 은사님이 돌아가시기 전에 무언가를 얘기해야 한다고 생각했습니다. 그런데 전화를 해서 무슨 얘기를 해야 할까? 죽음에 대해서 이야기해야 하나? 아니면 삶에 대해서 이야기해야 하나? 그 어떤 것도 답이 아닌 듯했습니다. 그래서 몇 번이나 통화버튼을 누르려다 말곤 했지요. 나중에 들어보니, 은사님은 마지막으로 가장 친한 친구를 만났다고 합니다. 그 친구분에게 "살아갈 자신이 없다. 뒷

일을 잘 부탁한다"라고 마지막 말을 남기셨다고 합니다. 그다음 날 긴 잠과 같은 죽음의 길에 들어섰습니다. 이 글을 쓰기 불과 두어 달 전의 일이고, 저는 아직 그 충격에서 벗어나지 못한 듯합니다. 삶이 유한하다는 사실을 인정해야 하며, 끝이 있다는 것은 그저 불안하고 두려운 것이 아니라 살아가는 동안 최선을 다해야 하는 숙제로 다가옵니다.

흔히 사람들은 말합니다. "내려놓아라!" 저는 아직까지 내려놓는다는 것의 의미를 잘 모릅니다. 내려놓는다는 말은 어찌 보면 인생이란 게 덧없고 부질없고 무망한 것이라는 느낌을 주기 때문입니다. 그렇다고 인생에 대해 아예 생각을 하지 않는 게 나을까요? 그렇지는 않을 것입니다. 삶이 유한하다고 느끼는 것은 자신의 삶의 좌표에 큰 변화를 초래할 수도 있기 때문입니다.

저는 한때 눈에 병이 생겨 한동안 지팡이를 짚고 다녀야 했습니다. 세상 모든 것이 두루뭉술한 색깔의 덩어리로 보였습니다. 작은 돌부리에도 걸려 넘어지기 일쑤였고, 거리에 나가면 위험한 일투성이였습니다. 그때 저의 소원은 책을 읽는 것이었습니다. 특히 철학사 책을 앞에 놓고 하루에도 몇 번이고 샤워를 하고 정신을 차리려 해도 시력의 한계를 피할 수 없었습니다. 다행히 지금은 시력을 회복했지만, 본다는 것이 얼마나 중요한 것인지를 새삼 깨달았던 시기였습니다. 인간이 얼마나 유한한지도 알게 되었지요. 내 신체의 한계를 느끼게 되면 잠시도 함부로 살 수 없습니다. 매 순간 충실하게 되지요. 유한하다는 것, 그로부터 나 자신의 색다른 사랑의 행동이 시작되는 것을 느끼게 됩니다. 스피노자가 말한 특이성이라는 개념이 그것입니다.

스피노자에게 사랑이란

스피노자는 사랑을 신적 속성으로 보았습니다. 신이 세상을 창조하는 능동적인 힘을 가진 것처럼 사랑도 세상을 재창조하는 능력을 갖고 있다는 의미이지요. 스피노자의 신은 저 높은 하늘 위에서 세상을 내려다보는 전능한 신이 아니라, 세상만물에 내재하고 깃들어 있는 신입니다. 이러한 범신론적인 사유는 당대에 파문을 일으켰습니다. 사물, 식물, 광물, 자연, 생명, 인간 등에 신적 속성이 내재해 있다고 생각한다면 어떤 일이 생길까요? 신은 세상을 초월하여 멀리 바라보는 존재가 아니라, 세상만물 그 자체이지 않을까요? 그런 점에서 신은 도처에 이미 존재하는 현실의 작동원리입니다. 기독교에서는 하나뿐이라는 의미에서 '하나님'이라 부르고, 가톨릭에서는 하늘에 계시다는 의미에서 '하느님'이라고 부르지요. 그런데 영어 단어 'God'를 한국어로 번역하는 데 모태가 되었던 것이 '한울님'이라는 단어입니다. 한울님의 어원은, 동학 교주였던 해월 최시형 선생의 '한 알' 사상에서 유래한다는군요(장일순, 『나락 한 알 속의 우주』, 녹색평론, 2016). 즉 씨앗 한 알에 깃들어 있는 신이 그 원형이었던 것입니다. 스피노자의 사상과 통하는 부분이 있습니다.

스피노자에게 사랑은 신적 속성임과 동시에 신체변용이기도 합니다. 아이와 대화를 할 때 나도 모르게 몸을 낮추어 아이의 눈높이에서 소통하려는 것도 사랑에 의한 신체변용의 일종입니다. 몸을 낮추는 것은 누가 시켜서 하는 것이 아니라 능동적으로 이루어지는 행동입니다. 이러한 신체의 능동적인 변용이 갖고 있는 모습이 바로 사랑이라는 것이지요. 사랑한다는 것은 사랑하는 대상을 향한 '되기'의 움직임과 흐름을 만들어냅니다. 노숙인 되기, 아이 되기, 여성 되기, 장애인 되기 같은 신체변용은 바로 사랑으로부터 시작합니다. 살짝 미소를 짓는 것, 걸음을 멈추고 길을 비켜주는 것, 박수를 쳐주는 아주 사소한 행동도 신체변용입니다. 되기는 완성되거나 고정된 것이 아니라 잠깐 나타났다 사라질 수도 있는 것이기에, 매 순간 우리는 되기의 과정 중에 있습니다. 그런 점에서 우리는 아직 우리의 몸으로 무엇을 해낼 수 있는지 잘 모르는 사람들이기도 합니다. 우리의 몸이 변용되어 색다른 몸으로 재탄생할 가능성은 도처에 존재합니다. 특히 공동체와의 접속은 사랑을 촉발해 춤추는 몸, 노래하는 몸, 이야기하는 몸을 만들어내지요.

더불어 스피노자에게는 사랑이 자기보존 욕구, 즉 코나투스이기도 합니다. 사물, 동물, 인간, 미생물 등은 자기보존의 욕구를 자기원인으로 합니다. 생명, 우주, 자연이 자기를 보존하려는 힘을 갖고 스스로를 구성하고 생산할 때, 그것이 곧 사랑의 능력인 셈입니다. 자기 자신을 파괴하고 와해시키고 해체하는 것이 아니라, 자기 스스로를 결정하고 보존하고 자기생산하는 것이 바로 사랑입니다. 상대방과 자신의 신체를 파괴하는 것에서 오는 사랑은 성립할 수 없습니다. 그것은 사랑이 아니라, 증오와 폭력이지요. 사랑은 스스로의 결정력을 높이고, 자존감을 고무하고, 자신을 보존하고 생산하는 힘입니다. 그런 점에서 사랑은 우주, 자연, 생명, 사물의 자기원인으로도 깃들어 있습니다.

생명이 있는 한 사랑은 지속된다

스피노자의 사상은 단순하고 담백하고 소박합니다. 모든 것을 설명하겠다는 과도한 자신감을 보이지도 않습니다. 그의 사랑 개념은 인격신처럼 세상을 유능하게 관할하는 것도 아니고, 수난과 희생 이후에 오는 것도 아니고, 기적처럼 등장하는 것도 아닙니다. 스피노자의 사랑은 호수에 잔잔한 파문을 일으키는 돌멩이 하나처럼 우리 삶의 자기원인으로 동심원을 그립니다. 그 돌멩이의 파동과 입자는 자기를 보존하고 자율적으로 행동하고자 하는 모든 생명에게 해당하는 것입니다. 생명이 있는 한 지속되는 사랑, 그것은 사랑으로서의 삶이 지속되는 한 영원하다는 약속과도 같은 것입니다. 분명 스피노자는 순수, 겸양, 소박을 초월적인 신의 것으로 두지 않고, 삶의 내재적인 것으로 보았던 사람입니다. 그래서 스스로가 가장 먼저 그러한 내재적인 신, 범신론적인 신에 입각한 삶을 살아갔습니다. 그것은 개인도 수행을 하면 신이 될 수 있다는 영지주의와는 거리가 멉니다. 그렇게 생각하기 이전에 사물, 생명, 식물, 광물에도 신이 깃들어 있다는 것이 범신론이기 때문입니다. 그런 세계에서는 모두가 소중하고 유일무이하고 특이한 것으로 가득합니다.

어쩌면 마치 종교적인 사랑이나 인류애처럼 거대하고 완벽한 무언가로 느껴질 수도 있겠군요. 하지만 스피노자의 사랑은 무한한 우주와 자연에 대한 깨달음이나 존재의 유한함에 대한 깨달음과 같이 도(道)를 터득하는 것이 아닙니다. 오히려 더 작은 것들에 깃들어 있지요. 예를 들면 친구에게 받은 선물을 볼 때마다 친구를 생각한다면 그 선물에는 사랑이 서식하고 있는 것입니다. 고양이의 갸르릉 소리에 감응하고 쓰다듬는 행위에도 사랑이 서식하고 있습니다. 옆 사람에게서 색다른 면을 발견하는 순간에도 사랑은 서식하고 있습니다. 이러한 사랑은 초월적 신이 아니라 삶에 내재된 것입니다. 그래서 도처에서 발흥하고 생산되는 것입니다. 그것은 온 우주와 자연에 사랑이 깃들어 있고, 사람들 사이에 그리고 도처에 사랑이 서식하고 있으므로, 사랑을 하자고 말하는 것입니다.

그런 사랑은 자신의 끝과 폐지와 유한성으로부터 시작합니다. 독일 철학자 하이데거(Martin Heidegger, 1889~1976)는 유한성을 깨닫는 것을 강조합니다. 존재의 끝이나 유한성을 모른 채 '그저 될 대로 되라'는 식으로 사는 속인(Das Man)으로부터 벗어나 자신의 끝과 유한성을 인식하는 현존재(Dasein)가 되어야 한다고 말하지요. 유한하기 때문에 이 사랑은 단 한 번밖에 오지 않을 것이고, 가슴 절절한 사랑이 가능하고, 끝이 있다는 것을 알기에 매 순간 최선을 다하게 됩니다. 그러나 하이데거는 사랑이라는 되기(becoming)의 흐름을 바라보지 못하고 철저히 '이기(being)', 즉 존재(Sein)의 전통에 서 있습니다. 그렇기 때문에 유한하다는 것이 특이한 것으로 변용되어 나타날 사건의 가능성이나 잠재성으로 보는 것이 아니라, 유한한 것은 주어져 있는 것, 미리 전제된 존재로 등장합니다. 하이데거는, '존재'와 '시간'의 사이, 다시 말하면 '지금 이 사람이 유일무이한 존재다'라는 '유일무이한 존재로서의 특이성'과 '이 순간은 단 한 번뿐인 시간이다'라는 '유일무이한 사건으로서의 특이성' 사이의 딜레마를 해결하지 못합니다. 그런 점에서 하이데거는 존재와 시간 사이에 과정적이고 진행 중인 사랑의 흐름, 즉 '되기를 통해 다시 특이해지는 과정'이 있음을 바라보지 못합니다.

또한 사랑은 유한하지만, 그것이 진행되는 과정은 무한하게 전개될 수 있습니다. 즉 접속하고 연결되는 과정, 접촉하고 교감하는 과정을 통해 유한한 것들이 점점 무한한 능력으로까지 성숙해가기 때문입니다. 이를테면 75억 인류가 마치 1인 가구처럼 각기 흩어져 산다면 75억 개의 가능성만이 존재하겠지요. 하지만 서로 연결되고 접속하고 사랑과 되기의 과정을 거치면 변용의 가능성은 기하급수적으로 늘어납니다. 서너 명 단위였다가 100명, 1000명, 만 명 이상의 대규모 무리로 묶이기도 하고, 한 번 만들어진 무리가 해체됐다가 다른 조합을 이루기도 하면서 셀 수 없이 많은 조합이 계속 만들어집니다. 이는 거의 무한에 가까운 가능성입니다.

스피노자의 '유한에서 무한으로의 이행'에 대해 독일 철학자 헤겔(Friedrich Hegel, 1770~1831)이 많이 탐을 냈다고 합니다. 헤겔은 절대적이고 무한한 신의 영역으로 유한한 인간이 접근할 수 있는 비밀열쇠를 스피노자가 갖고 있다고 보았습니다. 하지만 스피노자의 사상은 헤겔에 의해 참담한 왜곡이 이루어집니다. 사랑이라는 신체변용을 뺀 무한은 관념 속 문제가 되어버립니다. 그는 사랑이나 변용 없이도 변증법이라는 관념의 자기운동을 통해 절대정신에 도달하고 무한으로 진입할 수 있다는 관념적인 사상을 설파합니다. 그래서 헤겔을 골방철학자 혹은 변신론자라고 부르는지도 모르겠습니다.

그러나 스피노자는 그런 관념론 사상과는 아무런 관련이 없습니다. 철저히 몸의 변용, 즉 사랑에 입각한 유한에서 무한으로의 이행입니다. 따라서 만약 무한이 있다고 하더라도 '유한자의 무한결속'으로서의 공동체 내부의 관계 방식으로만 존재할 것이 분명합니다. 이것은 연결, 접속, 변용, 사랑 없이는 공동체의 무한한 시너지가 생기지 않는다는 것을 의미합니다.

자유인은 죽음이 아닌 삶을 성찰한다

은사님의 장례식장으로 향했습니다. 늘 그랬던 모습 그대로 활짝 웃고 계신 그분의 영정사진을 보고, 저는 아내와 가족을 먼저 떠올렸습니다.

이 한 번뿐인 삶을 얼마나 충실하게 살고 있는지 돌아보게 되었지요. 특히 가장 가깝게 사랑의 감정을 나누는 가족들을 너무 뻔하게 생각하지는 않았는지, 비루하게만 대하지는 않았는지, 일상에 파묻혀 서로의 존재를 망각하지는 않았는지 돌아보았습니다. 끝이 있다는 것이 더 절실한 사랑을 만드는 것인지도 모릅니다. 은사님의 장례식은 그것을 깨닫게 해준 시간이었습니다. 그분은 허무를 남긴 것이 아니라, 삶에 최선을 다해야 한다는 숙제를 남겼습니다.

무엇이 최선일까요? 바로 사랑과 욕망, 정동이 최선이 아닐까요? 지위도 명예도 이름도 없이 그저 우주의 먼지와도 같은 존재가 된 그분에게 삶이라는 소풍의 의미는 무엇이었을까요?

장례식을 다녀온 이후, 저는 혼란스러웠습니다. 입술이 타들어가고, 심장이 마구 뛰곤 했습니다. 다시 정신을 차리고 조심스럽게 스피노자의 『에티카』를 펼쳐보았습니다. 삶에 대한 긍정, 욕망과 사랑, 정동에 대한 긍정이 절박한 삶을 살아가는 사람들에게는 이정표 같다는 생각도 들었습니다. 죽음 또한 두려움이나 공포의 대상이 아니라, 자신의 유한함을 알리는 좌표가 될 수 있겠지요. 삶이 유한하다는 것은 우리에게 주어진 시간이 한정되어 있다는 의미로도 읽히지만, 사실은 사랑과 욕망의 긍정과 생성이 우리가 살아가는 데 필요한 진정한 삶의 좌표가 아닐까요?

『에티카』가 전제하는 '삶에 대한 무한한 긍정'은 어떤 의미일까요? 저는 한참 동안 생각했습니다. 그것은 매사에 긍정적인 마인드를 가지라는 자기계발의 원리가 아니었습니다. 그렇다고 체제나 현존 자본주의 문명을 긍정하자는 것도 아니었지요. 그것은 우리 안에 있는 생명과 자연의 에너지와 힘에 대한 긍정이었습니다. 그리고 삶이 지닌 생명력과 활력에 대한 긍정이었습니다.

스피노자는 이렇게 일갈합니다. “자유인은 죽음을 사유하지 않는다. 그의 지혜는 죽음에 대한 성찰이 아니라 삶에 대한 성찰이다”라고 말이지요. 인간의 유한함에 대한 인식은 죽음에 대한 어쩔 수 없는 수용이 아니라, 더 특이해지고 더 다채롭고 풍부한 삶을 살아가려는 삶의 욕망과 열망을 의미합니다. 그런 점에서 스피노자에게는 유한성이 바로 특이성과 동의어라고 할 수 있겠지요.

내려놓은 사람의 과제

어릴 적부터 생활기록부에 ‘주의가 산만하다’는 평가가 빠진 적이 거의 없었습니다. 저는 뒤도 보고, 옆도 보고, 앞도 보는 삶이 좋습니다. 그저 앞에 있을 끝만을 응시하는 것이 아니라, 주변과 가장자리, 미래와 과거, 현재를 넘나들며, 상상력을 발휘하고 사랑의 미소를 보내는 그런 삶을 살고 싶습니다. 저에게는 스피노자라는 특이점이 자유인으로 살아갈 수 있는 가능성을 보여준 삶의 좌표입니다.

사람들은 ‘내려놓으라’고 말합니다. 욕심을 내려놓고, 세상일에 얽매이지 않는 초탈한 삶을 살라는 의미이지요. 하지만 내려놓았다고 해서 금욕, 우울, 침잠에 빠지는 것이 아니라, 내려놓았기 때문에 작은 생명력, 욕망, 활력, 정동 등에도 기뻐하고 삶의 의미와 재미를 찾는 것도 가능해집니다. 이제 사랑과 욕망이 자기원인인 사람, 내려놓은 사람, 유한성을 응시하고 최선을 다하는 사람들이 나서야 할 때입니다. 즉 내려놓은 사람이 나서서 공동체의 판을 짜고 새로 배치해서 다가올 사람들을 위한 환대와 돌봄의 장을 마련해야 합니다.

이제는 삶을 재창안해야 할 시기입니다. 내려놓은 것으로 멈추는 것이 아니라, 그것을 시작점으로 삼아 사랑의 사건의 순간을 만들어내는 것으로 나아갈 필요가 있습니다. 스피노자가 말한 사랑의 구도는 바로 그것을 의미합니다. 내려놓는 것은 종결이 아니라, 내려놓는 삶의 작동에 대해 생각해야 할 출발점입니다. 이제 내려놓는다는 것은 종결 지점이 아니라 시작점입니다. 유한성에 대한 응시는 완결이 아니며, 사랑의 사건을 위한 전제조건입니다. 이렇듯 유한한 세상이지만 사랑과 변용을 통해 보면 다른 삶, 다른 생각, 다른 세상이 언제든 가능합니다. 또한 그것은 사랑을 자기원인으로 하는 영원성의 약속입니다.

06

늘 새로운 삶이 가능하려면

올빼미족, 아침형 인간으로 거듭나다

대학원에 다닐 때였지요. 지도교수님이 저에게 꼭 필요할 것 같다면서 선물을 건넸습니다. 보아하니 책인 것 같은데, 왜 그렇게 진지하게 말씀하시나 싶어 설레는 마음으로 집에 가서 풀어보았습니다. 저는 책 제목을 확인하고는 하마터면 마시던 물을 뿜을 뻔했습니다. 그 책은 사이쇼 히로시의 『아침형 인간』(한스미디어, 2003)이었지요. 문득 머릿속에 스쳐 지나가는 장면들이 있었습니다. 대학원 수업은 아침 10시부터인데 오후 3시에 나타나 늦잠 잤다고 말하던 그때, 발제자인데도 불구하고 자느라 전화 벨소리도 듣지 못하던 그때, 꼬박 밤을 지새운 채 학교에 나가 세미나 자리에서 손이 떨렸던 기억들이 파노라마처럼 지나갔습니다. 지도교수님에게 감사하다고 전화를 드리자, 호탕하게 웃으시면서

"자네에겐 공부보다 그게 더 필요할 거야"라고 말하셨지요. 그때 저는 올빼미족인지라 그 선물이 그다지 고맙게 느껴지지 않았습니다. 누구나 자기만의 생활방식이 있다고 생각했기 때문이죠.

그러다 박사과정을 마치고 아내와 함께 살기 시작했습니다. 새벽 5시에 일어나는 아내와 새벽 5시에 잠자는 제가 서로 마주치는 순간은 늘 새벽녘이었지요. 밤에만 찾아오기에 얼굴을 볼 수 없는 에로스와, 그의 실체를 궁금해하던 프시케가 만나는 것과 비슷했습니다. 아내와 저는 새벽에 밥을 같이 먹었는데, 저는 아침에 자기 위해 먹는 것이었고, 아내는 하루 일과를 시작하기 위해 먹는 것이었습니다.

하지만 그런 생활은 그리 오래가지 않았습니다. 밤마다 부스럭거리며 아내의 잠을 깨우는 것이 미안해서 저는 아침형 인간이 되기로 결심했습니다. 처음에는 도무지 잠이 오지 않아 머릿속으로 양의 수를 세거나 한 편의 영화를 만들기도 했습니다. 그렇게 1년 동안 노력한 끝에 저는 저녁이 되면 눈꺼풀이 무거워지고 새벽이 되면 일어나는 아침형 인간이 될 수 있었습니다. 라이프스타일을 바꾼다는 것이 그렇게 힘든 거라는 걸 깨달았지요. 아침에 운동을 하고, 책을 읽고, 음악을 듣기 시작했습니다. 어느덧 저는 아침시간을 굉장히 중요하게 여기는 사람이 되었습니다.

단순하게 반복되는 삶에서 차이를 발견하다

고백하건대 저는 스피노자의 내재성이라는 개념에 익숙지 않았습니다. 단조로운 공부와 반복되는 일상을 살던 저로서는 삶에 내재한 것이 무엇인지 알 수 없었습니다. 그런데 결혼을 하고 아내와 마주앉아 모닝커피를 마시면서 도란도란 담소를 나누거나, 저녁에 퇴근하고 맥주 한잔 마시면서 오늘 있었던 일에 대해 대화하면서 삶의 내재성이라는 개념을 조금씩 알아갔습니다. 삶이 풍부해야 생각도 다양해질 수 있다는 것을 그때 깨달았지요. 이를테면 제가 책에 자주 썼던 생명사상의 바탕에는 연구실에 있는 고양이들에 대한 애정과 관심이 있었고, 농업과 생태계에 대한 생각의 바탕에는 고양이들을 위한 캣글라스와 상자텃밭에 대한 관심이 있었습니다. 생활과 연관되지 않은 사유나 사상은 없었습니다. 자신의 삶과 완벽히 무관한 것을 아는 것은 불가능에 가깝고, 일상 속 소재와 주제가 사유의 원천이라고 할 수 있겠지요.

저는 최근 새로운 삶의 형태를 고민하고 있습니다. 특히 아내와 함께 살림을 해나가는 과정이 저의 여성관에 큰 변화를 주었습니다. 설거지와 빨래 널고 개기, 걸레질, 화장실 청소가 제 몫으로 배정되었습니다. 요리를 잘하지 못하지만 가끔은 주방을 사용할 수 있도록 아내에게 허락을 구했습니다. 한국 남성의 가부장적인 생각에서 벗어나 조금은 대안적인 삶의 태도를 갖추기 위한 노력입니다. 이제야 일정표에 화장실 청소하는 날, 분리수거하는 날 등이 하나둘 표시되고 있습니다.

가끔 삶이 단조롭게 반복되는 것처럼 느껴질 때도 있었습니다. 어제 했던 운동을 오늘 또 해야 하고, 어제 걸었던 출근길을 오늘도 걸어야 하니까요. 하지만 어제와 오늘은 분명 달랐습니다. 우주, 생명, 자연, 사물의 움직임은 차이 나는 반복에 의해 화음과 율동, 음율, 리듬을 가지고 나타난다고 합니다. 그래서 늘 똑같은 상황이 반복된다는 것은 있을 수 없지요. 물론 저도 어떤 상황에서는 기시감이 들 때도 많습니다. 그러나 연구실에서 맞이하는 삶의 반복은 여러 가지 다양한 모습이었습니다. 사계절의 반복, 아침·점심·저녁의 반복, 생과 사의 반복 등은 매 순간마다 차이가 났습니다. 커피가 일찍 식는 것을 보고 겨울이 다가온 것을 느끼고, 작업하다가 땀이 이마에 송골송골 맺히는 것을 보고 여름이 찾아오는 것을 느꼈지요. 그러나 그 새로운 겨울이나 여름은 이전의 겨울이나 여름과는 완전히 다른 것이었습니다.

저는 한때 헤겔과 마르크스 사상에 기반한 동일성, 통일성, 통합 등에 사로잡혔던 적이 있습니다. 그때는 반복이, 세상만물이 다 똑같고 통일되어 있다는 증거처럼 느껴졌지요. 그러나 살아가면서 그것의 미세한 차이를 느끼게 되었습니다. 그리고 차이가 단지 '다르다'에 머무는 것이 아니라 '달라지다'라는 분기로 향하는 지점들을 발견하곤 했습니다. 가재는 유충 때 줄무늬 정도였던 것이 크면서 울퉁불퉁한 지절로 나타납니다. 마찬가지로 타인과 나의 작은 차이가 시간이 지나면 엄청난 차이로 발전해 있는 것을 발견하곤 합니다. 특히 비슷한 생각을 가졌던 후배와 동기들이 시간이 가면서 많이 달라지는 것을 발견할 때면 그런 생각이 더 많이 듭니다. 그리고 제 삶이 늘 변화의 과정에 있다는 것도 발견했지요.

어떻게 특이성을 만들어낼 것인가

몇 년 전 동물보호단체에서 활동한 적이 있습니다. 동물보호 무크지 『숨』을 편집하면서, 생명에 대한 생각을 정리할 기회가 있었지요. 그전까지 저에게 생명이라는 개념은 추상적이고 신비롭고 영성적인 것이었습니다. 함석헌의 생명사상, 동학운동의 생명사상, 김지하의 생명사상 등의 영향을 받았기 때문이겠지요. 그러나 동물들을 만나면서 이들 각각이 모두 다른 마음과 몸을 갖고 있다는 점을 발견하게 됩니다. 비록 공장식 축사에서 번호로 불릴지라도 하나의 특이한 존재로서 제각각 다른 마음과 몸을 갖고 있다는 것입니다. 이를테면 공장식 양계장에서 비육되다가 4주 만에 도살되기 위해 화물차로 수송되던 닭 한 마리를 한 동물보호활동가가 발견합니다. 크기는 이미 묵직한 한 마리 닭이었지만, 털도 채 다 나지 않고 삐악삐악 울던 어린 닭이었죠. 우리가 무심코 먹었던 치킨의 진실이 밝혀지는 순간이었습니다. 지금 그 닭은 동물보호활동가의 돌봄을 받으면서 자기 이름도 알아듣고 자연에서 건강히 자라고 있습니다.

또 어떤 농부는 기르는 소들에게 이름을 붙여주었지요. 그는 소와 교감하고 매번 이름을 불러주었습니다. 저 역시도 송아지가 얼마나 정이 많은지 알고 있습니다. 어릴 적 시골에 살 때 송아지를 쓰다듬으면 좋아서 껑충껑충 재주를 피웠으니까요. 그런데 이 농부가 소에 이름을 붙여주자, 세상에 단 하나밖에 없는 소가 되었습니다. 물론 이름 짓는다는 것이 유일무이성을 갖게 하는 원천은 아닙니다. 이름이 없었을 때도 그 송아지는 세상에 단 하나밖에 없는 존재였으니까요. 그러나 이름 짓는다는 것의 의미는 색다릅니다. 그만큼 의미를 부여하고 돌보고 교감하고 있다는 증거니까요.

제가 이름을 붙여준 고양이도 여럿 됩니다. 저를 피하는 길냥이를 소심이, 저의 손길에 살갑게 몸을 맡긴 고양이를 '큰마음을 갖고 있다' 해서 대심이라고 붙여주었지요. 그리고 대심이를 자주 부르다 정이 들어 연구실 안으로 들여와 같이 잘 살고 있습니다. 그 길냥이 대심이는 저에게는 단 하나밖에 없는 존재가 되었습니다. 이렇듯 생명의 유일무이성은 스피노자가 말한 특이성이 무슨 의미인지를 넌지시 알려줍니다. 그러한 생명의 유일무이성에 대한 발견이 헤겔주의의 동일성 위주의 철학으로부터 벗어나게 한 궁극적인 동기가 되었습니다.

특이한 것, 유일무이한 것과 마주칠 때 여러분은 어떻게 반응하나요? 먼저 재미와 놀라움, 흥미를 느낄 것입니다. "너에게 이런 면이 있었네!" 하면서 나도 모르게 미소가 번집니다. 이렇듯 특이성은 우리 삶에서 촉매제이자 효모이자 감초입니다. 우리는 발견의 시각에서 특이성을 응시할 수 있습니다. 그러나 그 발견은 외부에서 바라본 것이 아니라, 내부 관찰자의 발견일 수밖에 없습니다. 우리는 우주를 본다고 말하지만, 우주 안에 우리가 있습니다. 우리는 상대방과 떨어져 있다고 생각하지만, 사실 마음 깊은 곳에서는 상대방과 공유하는 면이 많습니다. 이렇듯 특이성의 발견은 자신의 내부에 특이성을 가지고 있기에 가능한 것입니다. 또한 우리 안에 자연과 생명이 있기 때문에 자연과 생명의 특이성, 즉 유일무이성을 발견할 수 있게 되는 셈이지요.

늘 보던 친구에게서 어느 날 색다른 면을 발견하게 되면 어떤 일이 생길까요? 재미가 생깁니다. 갑자기 둘 사이에 자극이 되고 활력이 생기고 생명 에너지가 발산됩니다. 단조로운 일상 속에서 갑자기 변화가 생깁니다. 그래서 우리는 특이성을 사랑할 수밖에 없는 사람들입니다. 아이들, 젊은이들, 청소년들이 보이는 특이한 행동이나 특이한 활동, 특이한 예술창조 등은 우리에게 자극과 영감을 줍니다. 그 다름을 발견하는 것은 대립과 차별의 감정이 아니라, 차이가 낳은 다양성이 우리의 삶을 풍부하게 만들지요. 그래서 우리는 특이성 속에서 욕망과 희망, 열망을 품게 됩니다. 우리 삶의 특이성은 다양함, 충만함, 풍부함의 소재임에 분명합니다. 그 특이성이, 삶의 유일무이함과 소중함, 존엄함을 재발견하게 해줍니다.

또한 축제나 파티처럼 삶을 특이하게 만들 때는 어떤 느낌이 드나요? 공동체에서 축제와 놀이를 할 때, 우리는 특이하게 몸을 움직여 평화의 춤을 춥니다. 손짓 발짓으로 자신의 특이함을 연출하지요. 흥겨운 사람들 속에 섞여 있다 보면 이제까지 한 번도 경험해보지 못한 흥을 느끼고 비로소 자기만의 춤을 추게 되는 것처럼 말이지요. 이는 자기만의 특이성을 재발견하는 순간이지요. 그럴 때면 아이든 노인이든 젊은이든 자신의 특이성을 만들어냄으로써 공동체의 난장 속에 녹아들어갑니다. 그것은 특이성이 단지 주어지는 것이 아니라 재창조해야 하는 것임을 알려줍니다. 삶의 재발견은 서로의 특이성을 응시하고 발견하는 것이지만, 이미 주어진 특이성이 고갈되고 침묵이 감돌 때 특이성 자체를 만드는 것은 삶을 재창안하는 행동이라고 할 수 있습니다.

통속적인 문명은 똑같은 미디어, 인터넷, 문화 향유, 심리치료, 힐링, 웰빙 등으로 단조롭게 일상을 빵 찍어내듯 만들어내는 경향이 있습니다. 그런 통속적인 문명의 동질화로 인해 우리의 삶은 비루해지고 단조로워집니다. 그래서 우리는 함께 있으면서도 침묵하는 순간이 많아지게 됩니다. 이때가 바로 색다른 삶을 재창안해야 하는 순간입니다. 외적으로는 아무리 화려하고 시끄럽고 복잡해도 내면세계는 너무 조용하고 비루하고 지긋지긋하기 때문입니다.

특이성을 만들어내는 것은 어떻게 가능할까요? 우리는 협동하고 연대하고 단결하고 연합하는 과정에서 더 많은 차이를 발견해야 하고 더 다양해져야 합니다. 이전까지 동일성의 철학들은 협동할수록 같아지고 닮아져야 한다고 말했지요. 그러나 우리는 연대하고 협동할수록 더 달라져야 합니다. 다양한 사람을 만나는 것은 다양한 사람 그 자체를 인정하고 확인하는 데 머무는 것이 아니라, 완전히 색다른 차이, 미세한 차이, 특이성의 창조와 생산, 다양성의 판을 만드는 소재가 되어야 할 것입니다.

강렬한 사랑은 삶을 변화시킨다

사랑하는 사람을 만나면 특이해집니다. 강렬한 사랑은 삶을 변화시킬 에너지와 힘의 원천이 됩니다. 그래서 용기가 생기고, 활력이 생기고, 아이디어가 생깁니다. 우리 문명이 직면한 문제들의 해법은 어떻게 사랑을 만들어낼 것인가로 압축할 수 있습니다.

우리 주변에 우울한 사람, 고독한 사람, 좌절한 사람들이 참 많습니다. 할 수 있는 일이 없다고, 해낼 힘이 없다고, 외롭다고, 우울하다고 말합니다. 그 해결책은 자신을 특이하게 만들었던 사랑이 아닐까 하는 생각이 듭니다. 사랑을 통해 특이해진 사람은 외롭지 않고, 강건하며, 에너지가 넘치니까요.

한 번은 제가 엄청나게 특이한 사람이라는 느낌이 들었습니다. 고양이와 생명, 식물, 침, 뜸, 생태주의, 공동체, 채식 등에 관심이 많다는 이유로 친구들은 저를 별종처럼 취급하기 때문입니다. 그런데 그 이유가 무엇인지 파고들어가 보니 제가 원래 특이한 사람은 아니었고, 아내와 연애하면서 지금의 저를 만들어냈다는 것을 알게 되었습니다. 즉 아내가 사랑할 만한 사람이 되기 위해 점점 특이해지는 방향으로 향했던 것이지요.

사랑이 저를 특이하게 만들자 변화가 찾아왔습니다. 텔레비전을 멍하게 보거나, 인터넷과 게임에 빠져들거나, 스마트폰을 자꾸 들여다보는 삶, 즉 소비와 향유의 삶으로부터 멀어진 것입니다. 저는 원래 중독에 약해서 미디어나 스마트 기기에 중독이 돼도 여러 번 중독될 만한 사람입니다. 그러나 지금은 오히려 소비와 향유가 아닌 생산과 창조에 더 관심을 갖게 되었습니다. 사랑을 통해 특이해지는 것이 더 재미있어졌기 때문입니다.

스피노자가 말한 특이성 개념은 굉장히 딱딱하게 느껴지거나 별종들의 전유물처럼 느껴지는 개념이지만, 잘 생각해보면 사랑할수록 특이해진다는 점에서 사랑, 욕망, 정동의 비밀을 알려주는 키워드에 가깝습니다. 물론 스피노자의 특이성 개념은, 원래부터 존재가 특이하다는 의미와 사랑하기 때문에 특이해진다는 의미 모두 갖고 있는 것 같습니다. 물론 저는 사랑하기 때문에 특이해진다는 점에 더 주목하게 됩니다. 가타리는 되기의 사랑을 '재특이화 과정'이라는 말로 다소 어렵게 설명했습니다. 결국 삶의 변화는 사랑으로부터 시작된다고 생각하기 때문입니다. 삶은 사랑을 통해 심원한 변화, 돌이킬 수 없는 변화를 일으킵니다. 그리고 그것은 왁자지껄하고 흥이 넘치고 놀이와 재미가 있는 삶으로 나타납니다.

3장
사랑할수록 지혜로워진다

01
사랑은 '지금 여기'를 바꾸는 행동

사랑은 환상이 아니다

아내와 처음 데이트를 하던 날, 밥을 먹은 곳은 감자탕 집이었습니다. 저는 채식을 하고 있던 터라 약간 주저했지만, 이미 한 시간쯤 근처를 돌다 겨우 발견한 식당이어서 선택의 여지가 없었습니다. 주문한 감자탕이 나오고 나서 저는 조심스럽게 채식을 하고 있다는 얘기를 꺼냈습니다. 그러자 아내는 되도록 국물이 묻지 않게 감자만 골라서 제 접시에 놓아주었습니다. 그렇게 차근차근 문제를 해결하려는 아내가 참 지혜로워 보였습니다. 그날부터 제 채식은 피치 못할 경우 고기국물은 용인하되 덩어리 고기를 먹지 않는 '비덩'으로 바뀌었지요.

그리고 함께 사는 내내 사랑과 정동의 자기원인에 따라 움직이는 아내의 모습을 발견했습니다. 아내는 저의 채식을 지원해주기 위해 집에서는 고기 요리를 하지 않고 밖에서 친구를 만날 때 가끔씩 육식을 하는 방식으로 식생활을 바꿨습니다. 그때 저는 사랑이 맹목적인 정념이 아니라, 자기원인을 가진 정동이라는 생각이 들었습니다. 사랑한다는 것은 그 사람을 위해 삶의 자기원인을 바꾸어나가는 것이 아닐까요. 결혼생활을 하면서 저는 스피노자의 『에티카』의 전모를 조금씩 깨달은 것 같습니다. 사실 저에게는 『에티카』가 인생의 숙제였습니다. 고등학교 때 윤리 선생님이 『에티카』를 소개한 이후부터 수차례나 도전했지만, 그 사상의 전모를 도대체 이해할 수 없었으니까요. 아주 천천히 삶의 자기원인에 따라 이해하기 시작했던 것 같습니다.

스피노자에게 신체변용, 다시 말해 되기는 능동적인 것으로 간주됩니다. 사랑과 욕망에 따라 움직이는 것을 혼란과 혼돈, 불안정성, 맹목성으로 생각하기 쉽지만, 사실은 삶의 내재성, 삶의 자기원인, 삶의 일관된 흐름을 만드는 매우 중요한 것이라는 점을 깨달았습니다. 저는 아내를 위해 커피를 내릴 때도, 빨래를 널 때도, 설거지를 할 때도 사랑과 정동의 자기원인에 따라 움직입니다. 그래서 조금 더 따뜻하고 가지런하고 깨끗하고 부드럽게 만드는 지혜를 터득하곤 합니다. 사랑하는 사람이 마실 커피이고, 입을 옷이고, 사용할 그릇이기에 항상 정성을 다하고 싶다는 마음이 그렇게 만들어가는 것 같습니다. 사랑한다는 것은 자신의 신체, 삶, 행동을 변화시켜 천천히 그리고 꾸준히 지혜를 얻는 과정이라고 할 수 있습니다.

사랑은 저기 저편을 향한 환상이 아니라, 지금-여기를 바꾸는 행동이 아닐까 합니다. 그날 아내가 감자를 골라주며 저를 배려한 것도 사랑과 정동의 용기 있는 행동이고, 제가 아내를 위해 설거지를 깨끗하게 하는 것은 사랑과 정동의 부드러운 행동입니다. 그리고 그 사랑의 행동은 우리를 지혜롭게 해주며, 완고해지려는 마음과 고정되려는 삶, 경직되려는 신체를 부드럽게 해주고 변화시키는 원동력이 됩니다.

욕망과 정동의 지도 제작법

스피노자를 합리론자로 규정하는 사람들은 스피노자가 논리 전개를 위해 사용한 기하학적 방법론을 그 근거로 들곤 합니다. 스피노자는 필시 "삼각형 세 각의 합은 180도다"처럼 원인과 결과가 정확히 맞아떨어지는 인과론에 따라 논증을 전개했다는 것이지요. 하지만 스피노자가 사용한 인과론의 내용을 자세히 들어가 보면 의외의 결과를 만나게 됩니다. 스피노자 이론이 합리적인 인과관계라고 제시한 원인의 항목부터가 아주 수상합니다. 왜냐하면 지극히 비합리적인 것으로 치부될 법한 사랑과 욕망, 정동을 인과론의 원인으로 제시하고 있기 때문입니다. 즉 스피노자가 제시하는 삶의 자기원인으로 사랑, 욕망 같은 비합리적 동기가 차지하고 있는 것이지요. 이쯤 되면 스피노자를 합리론자로 보는 주장이 살짝 난망해집니다.

'사랑은 무엇이다'라고 한 마디로 정의할 수 없듯이, 스피노자의 이론은 우리가 흔히 알고 있는 합리론처럼 사물의 본질로서 '~은 ~이다'라는 의미화의 논리만으로 모든 것을 설명하지 않습니다. 더욱이 스피노자가 말하는 사랑과 욕망, 정동이라는 자기원인이 사물의 본질이 아닌 결과 주변, 가장자리에서 서식하는 것이기 때문에 본질을 적시해야 하는 인과론이 과연 성립할 수 있는지도 의문이 듭니다. 스피노자는 삶, 사랑, 정동, 욕망을 하나의 의미로 단정 내리지 않은 상태에서 논리와 추론을 전개해나가는데, 그것은 삶이 살아지고 욕망이 발생되는 현실의 원리를 따릅니다. 결코 전문가들이 사용하는 '의미화=모델화=표상화'의 방법을 따르지 않습니다. 그 이유는 "너의 사랑은 이런 것이야!"라고 의미의 핵심을 규정할 수 없는 것이 삶이고, 사랑이며, 정동이기 때문입니다.

스피노자의 기하학적 방법론은 '사랑과 욕망의 지도 그리기'라고 할 수 있습니다. 펠릭스 가타리는 기하학이라는 인과론적 방법론 대신 '지도 그리기(cartography)'라는 말로 사랑과 욕망의 흐름을 설명하려고 했습니다. 가타리의 지도 그리기 방법론은 스피노자의 기하학적 방법론이 갖고 있는 인과론, 합리론, 주지주의로부터 벗어나기 위한 하나의 경로가 될 수 있다는 생각도 듭니다. 『에티카』가 논증, 정리, 공리, 증명 등으로 가득하다 보니, 지극히 논리적이고 인과론적인 책으로 오해될 소지가 충분합니다. 그러나 그것은 합리성을 가장한 사랑과 욕망, 정동의 전략적 지도 제작의 방법이라는 것이 『에티카』를 읽다 보면 금세 드러나게 됩니다. 이 책에는 관계의 윤리학과 미학, 즉 관계가 얼마나 풍부하고 다양해질 수 있는지를 보여주는 지도 제작법이 들어 있습니다.

꼼짝 안 할 때와 움직일 때 마음이 왜 이렇게 다른가

대학 시절 친구와 오해가 생긴 적이 있었습니다. 나에게 모진 말을 했던 그 친구의 얼굴도 보기 싫었고 마음은 한없이 우울했습니다. 학교에 나가면 그 친구를 만날까 봐 자취방에 틀어박혀 생각에 생각을 거듭했습니다. 그 녀석이 왜 그런 식으로 말했는지, 왜 그때 나는 더 독한 말로 받아치지 못했는지, 평소에 그가 나를 어떻게 대했는지, 모든 기억을 하나하나 복기했습니다. 하지만 아무리 고민해도 생각은 다시 그 자리로 돌아왔습니다. 오히려 기억은 더 부풀려져 오해가 오해를 낳았습니다. 녀석이 아무리 무릎 꿇고 사과해도 절대 받아주지 않겠노라 혼자 다짐하기도 했습니다.

하루 종일 이불을 뒤집어쓰고 있었더니 배가 고파졌습니다. 일어나서 밥을 챙겨 먹자 기분이 조금 나아졌습니다. 슬슬 학교에 가보기로 했습니다. 동아리방에서 그 친구와 딱 마주쳤고, 그는 내 얼굴을 보자 무안한 듯 멋쩍게 웃으며 머리를 긁적였습니다. 밤새 했던 다짐과 달리 그 친구의 사과를 쿨하게 받아주었습니다. 순식간에 이루어진 변화에 저도 놀랐습니다. 몸을 움직여 밥을 먹고, 걷고, 버스를 타고, 무엇보다 그 친구를 만나서 눈빛을 보고 표정을 헤아리고 목소리를 들으니 수만 가지 생각들이 한꺼번에 머릿속을 스쳐 지나갔던 것이지요. 집 안에 콕 박혀 있을 때의 생각과 집 밖으로 나와서 움직일 때의 생각은 어쩌면 이렇게 다를까요?

스피노자의 평행론을 잘 살펴보면 꼼짝 안 할 때의 마음이 '감정'이고, 움직일 때의 마음이 '정동'이라는 것이 드러납니다. 그의 말처럼 몸과 마음이 한 세트라면, 함께 움직여야 맞겠지요. 하지만 꼼짝 안 하고 있을 때 떠오르는 감정은 망상과도 같아서, 일시적이고 돌발적으로 찾아와 머릿속에서 공회전합니다. 저 역시 혼자 방에서 꼼짝 안 하고 있을 때 생각의 덩어리들이 뭉쳤다가 사라지고 공회전하고 가지를 뻗어나갔습니다. 불교의 지관법은 '마음을 응시하는 마음'을 통해 망상을 일으키는 꼼짝 안 할 때의 마음을 정지와 멈춤 상태로 놓고 찬찬히 들여다보는 것이라고 합니다. 스피노자의 평행론은 마음의 지도 제작에서도 혁명적인 선언을 하는 것만 같습니다. 움직일 때의 생각만이 정동, 무의식, 욕망의 자기원인에 따른 마음이라는 것을 선언하니까요.

혹시 주변에 망상증에 걸려 쩔쩔매는 사람이 있다면, 꼼짝 안 할 때의 생각을 멈추고, 움직일 때의 생각들, 즉 정동과 무의식의 흐름을 해방시키는 것이 망상증을 치유하는 길이라고 조언할 수 있겠지요. 사실 가타리의 말처럼 보통 사람들은 여러 가지에 미쳐 있는 사람이지만, 망상증에 걸린 사람은 하나에 미쳐 있는 사람이라는 점이 다를 뿐입니다. 따라서 정동의 자기원인과 흐름에 따라 여러 가지에 미치는 것이 어쩌면 치유 방법일지 모릅니다.

우리는 각종 미디어와 인터넷, SNS, 스마트폰 등으로 가득 찬 문명의 시대에 살고 있습니다. 몸을 움직이지 않고 가만히 앉아서 천리를 보겠다는 온갖 도구가 망상과 감정의 덩어리가 생기게끔 유도하는 주범이지요. 그러나 삶의 자기원인, 정동의 흐름에 따라 생각해보면 덧없고 가식적이고 무망한 것들입니다. 신체변용을 거치지 않은 생각을 자신의 것으로 여기지 않는 태도가 정동과 사랑의 자기원인에 따르는 삶의 방식이지요. 결국 『에티카』는 정동의 윤리학인 셈입니다.

사례를 한 번 들어볼까요? 어떤 사람이 특정 지점까지 가려면, 말을 타고 한 시간을 간 후 자동차를 운전해서 한 시간을 더 가고, 자전거를 타고 다시 한 시간을 가야 합니다. 그는 말 되기, 자동차 되기, 자전거 되기로 신체를 차례로 변용해나갈 것입니다. 신체변용은 여러 양태로 드러나며 행렬을 그려나갈 것입니다. 여기에 맞춰 정신의 속성에도 변화가 일어날 것입니다. 즉 승마법, 운전법, 경륜법 등의 공통관념이 형성되면서 평행궤도 위로 행렬을 그릴 것이기 때문이지요. 다시 말해 신체의 '변용양태의 증가'가 정신 속의 속성의 증가, 즉 '공통관념의 증가'를 초래합니다. 이 모든 부분의 자기원인으로서의 신체변용, 즉 되기는 사랑과 욕망의 다른 이름입니다. 결국 스피노자의 평행론은 "사랑할수록 지혜로워진다"라는 말로 압축할 수 있습니다.

그런데 질문이 하나 떠오릅니다. 사랑할수록 지혜로워진다면 수많은 정보와 지식은 필요 없다는 얘기일까요? 경험하고 체험하지 않고서는 알 수 없다는 얘기일까요? 초연결 사회, 집단지성의 사회, 다중지성의 사회에서 벌써 답답함을 느끼는 분들이 생길 수 있겠네요. 여기서 마음을 움직이는 마음, 마음을 응시하는 마음, 이성이 알지 못하는 이성에 대해 스피노자는 주저 없이 말하기 시작합니다.

욕망은 이성이 알지 못하는 이성이다

철학사에서 이성은 욕망을 철저히 배제해왔지요. 그 시작은 고대의 형이상학으로 거슬러 올라갑니다. 플라톤은 『국가』라는 책에서, '이성이라는 마부가 끄는 쌍두마차'를 등장시킵니다. 이성이라는 마부는 정념이라는 맹목적인 흰 말과 욕망이라는 사나운 검은 말을 통제하면서 앞으로 달려갑니다. 이러한 플라톤의 사상은 근대로 이어지면서, 욕망을 맹목적인 정념이나 파괴적인 충동으로 폄하하는 방향으로 나아갑니다. 이러한 형이상학적 전통을 계승한 근대철학도 욕망을 빛이 아닌 어둠으로, 선이 아닌 악으로, 이성이 아닌 감성으로 보았습니다. 이처럼 욕망을 배제하는 것이 바로 철학사를 관통하는 흐름입니다. 그러니 주류 철학에서 욕망이란 '이성이 알지 못하는 이성'이라는 스피노자의 말을 인정하는 게 어려울 수밖에 없지요.

혹시 뭔가 조금 이상하다고 느끼셨나요? 그렇습니다. 스피노자는 욕망도 일종의 이성이라고 생각했습니다. 이성은 이성이지만, '이성이 알지 못하는 이성'인 것이지요. 이 비밀을 풀기 위해서는 평행론에 대한 설명이 필요합니다. 스피노자의 평행론은 신체로서의 욕망과 정신으로서의 이성이 평행을 달리는 색다른 구도를 그려냅니다. 욕망의 자기원인이 되는 질문, 즉 "네가 원하는 게 뭐냐?"라는 질문이 던져졌을 때, 이성 역시도 합리적 이유를 찾게 된다는 것이지요. 내가 뭘 원하는지 아는 것은, 곧 내 실천과 행동의 이유를 파악하는 것이기 때문에 가장 이성적인 것이라는 논리입니다. 그것은 감각적인 것, 신체적인 것, 정념적인 것을 복권하는 시도이기도 합니다.

스피노자는 이성이 알지 못하는 이성, 즉 무의식, 욕망, 사랑, 정동의 지도를 그려나가는 이단적인 노선, 혁명가만이 그려낼 수 있는 지도 그리기를 합니다. 결국 더 욕망할수록, 더 사랑할수록 공통관념으로서의 지혜가 더 많이 생긴다는 것입니다. 이를테면 우리가 목수가 되려고 한다면, 목수 매뉴얼, 도구 사용법, 설계, 기능, 돈 버는 법 등을 배우는 것보다 먼저 목수 일을 사랑하고 욕망하는 것에서부터 출발해야 합니다. 우리가 하는 행동의 이성적이고 합리적인 이유를 찾으려면 '이성이 알지 못하는 이성'인 욕망의 자기원인을 먼저 살펴야 합니다. 더욱이 '삶의 내재성'이라고 표현되는 사랑과 욕망, 신체변용이라는 자기원인을 잘 들여다보면 우리가 살아가는 이유도 알게 될 것입니다.

이성적인 것을 잘 들여다보면, 그 이성의 원칙이 되는 준거집단이 있음을 알게 됩니다. 준거이성에 대한 탐색은, 이탈리아의 정치가이자 대안적인 정신의학의 선구자인 프랑코 바자리아(Franco Basaglia)의 중요한 주제이기도 합니다. 예를 들어 쉴 새 없이 일하며 자기계발에 전념하는 사람은 성공한 개인을 롤모델로 삼거나 부유한 집단을 준거집단으로 삼습니다. 남보다 더 똑똑해지고 싶어서 지식을 체득하는 사람은 박사학위를 가진 사람들을 준거집단으로 삼을 것입니다. 특히 "그가 이성적이다"라는 규정 뒤에는 합리적 사고를 하는 정상인들의 준거 집단을, 즉 소비와 문화생활, 중산층 이상의 소득을 영위하는 표준적인 집단을 준거로 삼는 경우가 많습니다. 그런데 스피노자는 그런 준거이성의 빛깔 좋은 포장지를 뜯어내고, 자신의 욕망과 사랑의 흐름을 유일무이한 준거로 삼으라고 말합니다. 즉 어떤 일을 할 때 밖에서 준거를 찾기보다는 자신이 이 일을 얼마나 사랑하고 욕망하는지를 들여다보아야 한다는 것이지요.

이탈리아의 정치철학자 안토니오 네그리(Antonio Negri, 1933~)는, 스피노자를 '야만적 별종'이라고 불렀습니다. 그 야만성 혹은 야성성은 삶의 자기원인으로서의 사랑과 욕망이 아주 특이한 것을 만들어내고 특이한 것에 의해 활성화되고 풍부해지기 때문에, 이성이 만들어낸 문명으로부터 벗어나 있다고 보는 것이지요. 혹시 색다르고 특이한 무언가를 사랑해본 적이 있나요? 엄청난 활력과 에너지가 발생하지 않던가요? 그런 사랑과 욕망의 강렬한 흐름을 자신의 기준점으로 삼는 것은, 삶을 비루한 것으로 보는 것이 아니라 욕망과 사랑이라는 '이성이 알지 못하는 이성'을 삶의 자기원인으로 삼는 것입니다. 스피노자의 야성적 사유는 세계를 재창조하는 원동력이며, 삶의 진정한 이유와 의미, 가치를 정립하는 윤리학의 전모입니다.

이제 스피노자의 평행론을 정리해볼 시간입니다. 욕망과 이성이 평행선을 달린다는 것은 무슨 의미일까요? 이미 누군가 정해놓은 딱딱하고 경직된 책임, 의무, 당위, 믿음의 합리성으로 삶을 구성하는 것이 아니라, 스스로의 욕망을 기반으로 만들어낸 별난 것, 특이한 것, 차이 나는 것을 통해 삶을 재창안하겠다는 것은 아닐까요? 스피노자는 사랑과 욕망이 많아질수록 가장 이성적이고 합리적으로 생각할 수 있다는, 서로 모순되는 것처럼 보이는 논리로 평행론을 주장합니다. 그리고 그 평행론의 끝에는, 사랑할수록 지혜로워진다는 결론이 있습니다. 그래서 유별난 것을 사랑할 때 우리는 활력과 풍부함, 다양성을 갖게 되며, 결국 지혜가 성숙해가는 과정으로 지도를 그릴 수 있습니다.

뜨거운 욕망이 차가운 이성을 만든다는 평행론의 역설은 이 시대에도 여전히 유효합니다. 폐색과 의고주의, 쪼그라듦, 비루함에 사로잡히고, 획일적인 문화와 소비, 삶의 방식을 가진 현대인에게는 스피노자의 야만적 별종의 노선이 필요한지도 모르겠습니다. 우리는 스피노자의 평행론의 윤곽 너머로 미래를 응시할 작은 창을 만들 필요가 있습니다.

생태적 지혜와 아카데미의 차이점

스피노자의 『에티카』를 생태적 지혜와 연결해볼 수 있습니다. 생태적 지혜는 할머니의 지혜, 공유지에 싹튼 지혜, 연결망의 지혜라고도 불립니다. 반면 아카데미에서의 남성적 지식은 분리와 격리, 분석, 잘게 쪼갬 등을 기본으로 하여 이상화된 데이터나 지식을 추출하는 방식으로 이루어집니다. 사실 근대 문명은 아카데미가 사유한 이상적인 평균상태를 구성하기 위해서 외부와 격리된 실험실을 만들었습니다. 그리고 더 나아가 실험실 유형의 모델을 모든 사회의 영역에 적용하지요. 공장, 학교, 감옥, 병원 등 근대적 규율모델은 바로 아카데미가 꿈꾸었던 '사회의 실험실화'의 다른 모습입니다.

반면 생태적 지혜는 삼림, 하천, 바다, 갯벌 등의 공유지와 여성들이 접촉하면서 만들어낸 집단지성, 아이디어, 노하우, 암묵지(暗默知, Tacit Knowledge) 같은 것입니다. 생태적 지혜는 종합, 전일성, 연결과 접촉

등의 원리로 구성됩니다. 생태적 지혜는 세계녹색당(Global Greens)의 아홉 가지 원칙 중 하나일 정도로 생태운동의 기본 원칙이기도 합니다. 생태적 지혜는 살림과 돌봄의 과정에서 터득한 무정형적이고 비계산적이고 암묵적이고 비구조화된 지식체계를 특징으로 합니다. 이를테면 어머니들이 찌개를 끓일 때 소금을 '적당히' 넣으라고 말하는 것도 생태적 지혜입니다. 그 간단하고도 모호한 단어 안에는 오랜 세월 축적된 경험과 가족에 대한 사랑이 담겨 있지요. 이처럼 여성들은 공유지로서의 삼림, 하천, 바다, 갯벌 등과의 접촉과 연결, 신체변용을 통해 저장, 종자, 요리, 발효, 식생, 재생, 살림, 순환 등의 지혜를 쌓아왔습니다. 그런 점에서 지혜는 우리 안의 여성성을 어떻게 성숙시킬 것인가에 달려 있습니다. 성 평등의 실천은 우리에게 지혜로운 삶을 살도록 하는 생태적 지혜의 원천입니다. 하지만 근대 이성은 생태적 지혜를 철저히 배제했습니다. 생태적 지혜를 마법, 주문, 구습, 낡은 것, 몽상, 애니미즘 등으로 규정하고 철저히 짓밟아왔습니다.

스피노자의 범신론은 생태적 지혜의 기본적인 작동 방식을 담고 있다고 할 정도로 생태주의자들에게 많은 영감과 아이디어, 단서를 제공해주었습니다. 그것은 생태적 지혜로 가는 징검다리라고 할 수 있습니다. 그의 범신론은 '신, 즉 자연'이라는 개념의 구도를 통해, 자연을 살아 있고 능동적이고 창조적이고 생산적인 것으로 바라봅니다. 스피노자는 생태적 연결망이 갖는 능동적인 속성을 '능산적 자연'으로, 생명·자연·사물·인간 등의 양태를 '소산적 자연'으로 보았습니다. 단어부터가 너무 어렵고 비호감을 주는군요. 조금 풀어 설명하자면, 독립적으로 존재하는 나무 그 자체(소산적 자연)와 서로 연결되어 숲을 이룬 나무들(능산적 자연)을 생각해볼 수 있습니다.

이를테면 각각 떨어져 있는 가로수 100그루와 숲을 이룬 50그루의 나무 중 어느 쪽이 항상성이 강할까요? 물론 50그루의 나무로 이루어진 숲입니다. 50그루의 나무는 그저 산술적 합으로서의 나무가 아니라, 서로 연결되어 항상성을 유지할 수 있는 내부 환경을 능동적으로 조성하여 새, 벌레, 미생물, 버섯, 동물 등의 부수효과를 만들어내고 생산하고 창조합니다. 그런 점에서 자연생태계를 통해서 보면 스피노자의 '신, 즉 자연'의 구도나 소산적 자연, 능산적 자연을 한결 쉽게 이해할 수 있습니다.

초기 자본주의 시대에 마르크스가 원시적 축적기라고 규정했던 인클로저(enclosure), 즉 종획운동이 벌어집니다. 이는 공동체가 함께 공유하던 대지에 중산층이 구획을 긋고 양을 사육하면서 농민을 몰아내고 공유지로부터 여성을 분리시키려 한 역사적 사건입니다. 이때 강, 숲, 늪 등의 공유지에 기대어 살아가던 많은 여성들은 마녀로 몰려 죽었습니다. 약초를 사용하고, 종자를 관리하고, 음식을 저장하는 등의 생태적 지혜는, 마녀들의 비밀스러운 주문이나 주술, 의례로 간주되었지요.

그런데 놀랍게도 마녀사냥에 의해 희생된 여성들 중에는 스피노자의 외할머니도 있었습니다. 스피노자의 외할머니는 생태적 지혜로 충만한 사람이었으나, 마녀사냥의 피비린내 나는 시대적 상황에서 희생당한 비극적 인물이었습니다.* 스피노자는 이 같은 종교의 맹목성에서 벗어나 생태적 지혜가 갖고 있는 풍부하고 충만한 자연관을 『에티카』에서 계승하고자 했습니다. 이런 배경이 있기에 스피노자의 범신론은

* 「개인의 탄생」, 『딴지일보』, 2018년 2월 19일. https://www.ddanzi.com/ddanziNews/502503052.

생태적 지혜와 떼어놓고 설명할 수 없습니다. 스피노자는 시대와 역사를 넘어선 인물로 평가되지만, 동시에 자신이 겪었던 시대적 상황을 사유의 도구인 개념을 통해 생태적 지혜를 가장 극한까지 전개했던 인물이기도 합니다. 그는 소박하고 담백하고 순수했지만, 누구보다 뜨거운 가슴과 열정을 가졌던 사람임에 틀림없습니다.

02

신체변용 없이는 앎도 불가능하다

친구란 무엇인가

하루에 세 시간 스마트폰을 하고, 두 시간 TV를 보고, 여덟 시간이나 컴퓨터에 매달리는 삶. 대부분의 현대인이 그러하듯 저도 예외가 아닙니다. 수많은 미디어를 통해 온갖 정보들을 접하고 있지만, 정작 친구들의 소식은 SNS로 겨우 알고, 인간관계에도 가성비가 천연덕스럽게 자리 잡고, 심지어 전화보다 카톡으로 대화하는 게 더 자연스러운 시대가 되었습니다.

얼마 전 SNS로만 대화하던 대학 친구들을 큰맘 먹고 연구실로 초대했습니다. 처음에는 달라진 모습에 서먹하기도 하고 너무 오랜만에 만난 친구에게 사생활을 묻기가 부담스러웠습니다. 하지만 이야기를 나누다 보니 어느새 대학 때 마음으로 돌아가서 새벽 3시까지 술잔을 부닻치며 젊은 시절 못지않은 뜨거운 공감의 시간을 가질 수 있었습니다. 사실 정보량으로 보자면 SNS를 통해 듣는 편이 더 많겠지만, 술잔을 앞에 두고 천천히 조금씩 얘기하는 것보다 더 생생하지는 않겠지요.

그날 밤 저는 스피노자가 현대에 살았다면 어땠을까 하는 상상을 해 보았습니다. 낮에는 렌즈 세공 일을 하고 밤에는 연구와 집필을 하는 생활을 했겠지요. 검소하고 소박하고 담백한 성격 때문이기도 하고, 교회로부터 파문을 당해 은둔자처럼 살아야 하는 운명 탓이기도 했을 겁니다. 책에서는 스피노자의 친구들이 어떤 사람이었는지 자세히 나오지 않습니다. 다만 그 친구들과의 소중하고 긴밀한 정동, 사랑, 욕망의 관계 속에서 책이 나올 수 있었을 거라는 생각이 듭니다. 범신론자라는 이유로 파문당한 스피노자가 평화롭고 안정적인 삶을 영위할 수 있었던 것도 친구들이 근접거리에서 보호해준 덕분이었을 것입니다. 그런 점에서 스피노자와 그의 친구들이 만든 공동체의 힘이 그의 삶을 구성하지 않았나 하는 생각도 듭니다.

우리에게 필요한 건 수많은 정보가 아니라 하나의 사건

이러한 스피노자의 삶은 은둔의 삶, 검소하고 담백한 삶, 외부로부터 유입되는 정보 값을 한없이 낮춘 삶이라고 할 수 있습니다. 은둔자라 불릴 정도로 우리 생활의 정보 값을 낮추면 어떤 일이 벌어질까요? 외부로부터의 작은 마주침도 획기적인 사건으로 느껴지지 않을까요? 지나가는 강아지 한 마리와 노파, 꽃, 새, 모든 것이 획기적인 사건으로 다가오지 않을까요?

현대인은 수많은 정보를 접하면서 살아갑니다. 하루에도 수십 수백

건의 온라인 기사를 읽고, 미처 읽을 새도 없이 수십 개의 새로운 메시지들이 SNS를 채워갑니다. 하지만 우리는 그것들을 그저 흘려보냅니다. 스쳐 지나가고 소비되고 향유되는 가십거리로 간주합니다. 그래서 어떤 정보도 신체변용, 즉 설레고 떨리고 감동하고 기쁨과 슬픔을 유발하는 데는 이르지 못합니다. 하지만 정보의 양을 낮춘 은둔자에게는 하나하나의 정보가 새로운 현실과의 마주침이며 자신의 삶을 심원하게 변화시킬 모티프가 될 것입니다.

정보의 양을 줄임으로써 앎이 가능하다고 보는 관점이 지혜의 노선이라면, 정보의 양을 늘림으로써 앎이 가능하다는 노선은 계몽주의, 정보주의 노선입니다. 그러나 자신이 느끼고 감각하고 변용하지 않은 정보가 아무리 많다고 해도 그것을 진정한 앎이라고 할 수 있을까요? 그러한 정보는 인생을 바꿀 사건이 아니라, 그냥 건너뛰는 무의미한 것이 되어버릴 가능성이 큽니다.

이를테면 주말에 책을 읽기 위해서는, 옆에서 끓고 있는 주전자 소리와 텔레비전 소리, 아이들의 오고 가는 기척 등에 대해 측방경계를 하면서도, 책이라는 작은 세계로 범위를 한정시켜야 합니다. 이렇듯 범위한정기술은 현상학 같은 학문에서도 언급됩니다. 우리에게 필요한 건 수많은 정보가 아니라, 우리를 감동시키고 신체를 변용시킬 하나의 사건입니다.

정보의 양을 극도로 낮춘다고 해서 그 삶이 단순하고 비루할 것이라고 생각하는 것은 오산입니다. 오히려 가장 근접거리에 있고 늘 마주치는 사람들 사이에서 살아 있는 정보, 사건으로서의 정보, 삶을 바꾸는 정보가 유통되니까요. 그리고 그 살아 있는 정보는 냄새, 색깔, 음향, 몸짓, 표정, 맛 등의 정보 값이 더 많다고 할 수 있겠지요. 여기서 관계의 윤리, 관계의 미학의 입장에서 삶을 바꾸는 정보의 의미를 생각해볼 수 있습니다. 지금 내 옆에 사랑하는 사람이 있다면, 나는 그의 표정 하나, 말투 하나에 집중할 것입니다. 그래서 미세한 변화에도 예민하게 감응하겠지요. 한 사람이 기쁨을 표현하는 방식에도 수백 가지 방식이 있다는 것을, 함께 있는 시간이 길어지고 관계가 깊어질수록 알게 되겠지요. 하지만 그것을 단지 '기쁘다', '조금 기쁘다', '매우 기쁘다'라고 단 몇 단계로만 표현한다면, 과연 우리는 복잡하고 미세한 사랑, 정동, 욕망에 대해 감응하고 느끼고 이에 변용할 수 있을까요?

스피노자는 몇몇 친구들과의 관계를 성숙시켜 삶의 자기원인으로서의 정동과 사랑, 욕망이 흐를 수 있는 관계의 미학, 관계의 윤리학을 만들었습니다. 그리고 그것을 온전히 『에티카』에 담아냈습니다. 그래서 스피노자가 살육의 현장으로 달려가려 했을 때, 친구들이 그를 붙잡고 애원하고 설득했을 터이지요. 그리고 스피노자는 그 친구들의 말을 들은 덕분에 『에티카』 후반부를 집필할 수 있었습니다. 그래서인지 『에티카』 후반부는 마치 혁명문건 같다는 평가를 받습니다. 어찌 보면 친구들의 사랑과 욕망이 곧 혁명이라고 스피노자의 입을 빌려 말하는 것만 같습니다.

스피노자는 비록 혁명을 위해 목숨을 바치지는 않았지만, 『에티카』 후반부에서 쩌렁쩌렁한 음성으로 후대 사람들이 '자유인의 해방전략'이라고 말하는 사랑, 욕망, 정동의 전략적 지도 그리기를 수행합니다. 그래서 스피노자의 삶은 작은 마을에서 친구들과 생긴 사소한 일들에서 출발하여, 지금 우리 시대에도 혁명이 가능하다는 지점으로 놀랍도록 눈부시게 도약하고 이행합니다. 그것은 국지적 영역에서의 작은 파동과 진동, 울림이 전체 역사와 사회의 균열과 파열로 나아가도록 만드는 삶과 생명의 지평입니다. 그 점에서 스피노자의 그러한 작업은 사랑과 욕망의 자기원인이 생명과 자연, 우주의 자기원인과 일치하는 지점, 즉 영원성을 유감없이 드러내 보입니다.

의자에서 벗어나 움직여라

신체변용에서 양태의 증가와 공통관념의 속성의 증가가 평행을 이룬다는 평행론은 솔직히 난독증을 일으키기 쉽습니다. 하지만 말 되기, 자전거 되기, 자동차 되기가 평행하게 승마법, 경륜법, 운전법을 만든다는 구절을 보면 약간 고개가 끄덕여집니다. "사랑할수록 지혜로워진다"는 테제로 요약되는 이 구절에 대해 언젠가 강의를 한 적이 있습니다. 조용히 듣고 있던 청중석에서 갑자기 "사랑에 눈멀 수도 있다고요. 사랑은 위험해요. 사랑은 맹목적이에요"라는 말이 터져나왔습니다. 물론 맞는 말입니다. 사랑과 욕망에 대한 의심과 회의의 눈빛과 목소리를 사회 곳곳에서 발견할 수 있습니다. 우리 시대의 사랑과 욕망의 현주소일지도 모릅니다.

하지만 스피노자가 가리키는 사랑의 모양새는 조금 더 복잡합니다. 스피노자의 평행론을 더 파고들면 신체변용, 즉 사랑을 거치지 않은 지식이나 정보는 결코 자신의 것이 아니라는 생각에 도달하게 됩니다. 그런 점에서 스피노자는 신체변용으로부터 분리되어 객관적 진리를 추구하던 기존 철학의 전통과는 다른 궤도를 그려나갑니다. 즉 앎이라는 문제는, 나와 별개로 존재하는 수많은 진리를 내가 얼마나 많이 수용하고 취득하느냐의 문제가 아니라 나와 밀접히 관련되어 있는 지혜를 나의 신체변용을 통해 얼마나 사랑하고 욕망하느냐의 문제로 귀결됩니다. 이는 곧 사랑, 욕망, 변용, 접촉, 접속으로부터 분리된 객관적 지식과 앎에 대해 문제 제기를 하는 것입니다. 그래서 느낀 만큼 더 지혜로워지고, 사랑한 만큼 더 지혜로워지고, 욕망한 만큼 더 지혜로워지게 됩니다.

주류철학에 몸담고 객관적 진리론을 따르는 사람들에게는 반역적이고 이단적인 내용이 아닐 수 없습니다. 학교 교육을 통해 우리는 "객관적 진리는 정동과 욕망, 사랑의 자기원인으로부터 거리를 두고 분리되어야 한다"라고 배웠습니다. 즉 공부를 하려면 몸을 오락가락 움직이지 않고 책상과 의자에 딱 고정시켜 움직이려는 욕망으로부터 벗어나야 한다는 것입니다.

그런데 스피노자는 반대로 몸을 움직이려는 욕망에 따라야 앎에 이를 수 있다고 말했습니다. 즉 꼼짝 안 할 때의 생각이 아니라, 움직일 때의 생각이 진짜 앎이라는 것입니다. 화가가 되기 위해 그림 그리는 기술이 필요한 것이 아니라, 색채와 형상, 재료에 대한 애정과 더불어 그림을 사랑하는 욕망이 더 중요합니다. 화가가 된다는 것은, 그림에 대한 욕망과 사랑이 더 많아지고 몸이 근질근질해서 결국 손을 움직여 그림을 그릴 수밖에 없는 그림쟁이가 된다는 것입니다.

첨단기술 사회에서 필요한 생태적 지혜

스피노자가 추구한 생태적 지혜의 노선은 어쩌면 생명과 삶이 던지는 문제 제기일 수 있습니다. 물음표, 호기심, 문제의식, 질문이 많아질수록 더 지혜로워지기 때문입니다. 적어도 세상을 뻔한 것으로 보지 않으려면 질문을 던져야 합니다. 반면 객관적 진리론에 입각한 정보와 지식은 일정한 상황이나 문제 속에 답이 있다고 보는 관점에 사로잡혀 있습니다. 그래서 어떤 상황에 자율적으로 대처하기보다는 답을 제시하는 전문가들에게 의존하게 됩니다. 그 과정에서 생명이라면 갖고 있기 마련인 야성적인 질문의 능력, 호기심, 물음표 등이 대부분 사라져버리고, 대답으로서의 정보들을 체득하고 외우기만 하면 된다는 식의 정보주의가 등장합니다. 전문가만이 "문제의 핵심과 본질은 이것이다"라고 답할 수 있는 것은 아닙니다. 어떤 문제 제기는 답이 없을 수도 있고, 여러 개일 수도 있습니다. 특히 삶, 사랑, 실존에 관한 질문이라면 더욱 그렇지요.

우리는 일상에서 많은 가전제품을 사용하지만, 그것이 어떻게 작동하는지를 모릅니다. 그래서 가전제품이 고장나면 기계의 작동 원리를 잘 아는 전문가에게 의존할 수밖에 없지요. 저는 어릴 적 라디오나 간단한 가전제품을 고칠 줄 알았습니다. 물론 여러 번의 시행착오를 거쳐 터득했지요. 그러나 매뉴얼조차도 외울 수 없는 최신 가전제품의 등장은 저를 위축시킵니다. 특히 컴퓨터로 작업을 하고, 정보를 찾고, 평생의 작업이 담긴 하드디스크를 떠받들며, 하루 종일 컴퓨터 앞에 앉아 있음에도 불구하고 갑자기 컴퓨터 부팅이 안 되면 당장 멘붕에 빠지고 맙니다. 이처럼 우리는 날로 발전하는 기술을 제어할 지혜를 갖지 못한 채 살아가고 있습니다. 스스로 지혜를 통해 문제를 해결할 능력을 잃어버린 채 답을 제시하는 전문가들에게 환호할 뿐이지요.

지식과 정보와 기술에 의존하는 요즘의 우리는 공동체의 생태적 지혜로부터도 너무 멀리 와 있습니다. 특히 우리와 전혀 상관없는 연예인 뉴스, 소비에 대한 찬양과 향유, 전문가들의 취향 등에 관한 정보는 사람들의 삶을 풍부하게도 윤택하게도 해주지 못합니다. 그럼에도 불구하고 현대인들은 수많은 지식과 정보를 소비하면서 살아가고 있습니다.

물론 정보생태계의 다양성과 풍부함, 탄력성, '차이를 낳는 차이'로서의 정보의 긍정적인 의미와 가치에 대해서도 얘기할 수 있을 것입니다. 하지만 삶의 지혜, 문제 제기와 질문들의 야성적 능력, 정동과 욕망의 질문으로부터 분리된 지식과 정보는 오히려 우리를 더 위생적이고 탈색된 관계로 인도함으로써 더 외롭고 소외된 현대인을 양산하는 듯합니다. 그렇기에 스피노자에 더 주목하게 되는 것인지도 모르겠습니다.

헤겔의 변신론, 몸을 통과하지 않은 관념의 유희

기술진보와 역사발전은 끝이 없을 것만 같습니다. 특히 사랑의 무한성을 말하면 왠지 신체의 가능성과 잠재성이 극대화되어 우주로 뻗어나가는 것을 상상하게 됩니다. 스피노자의 무한성의 개념은 이후 철학자들에 의해 지속적으로 거론되었습니다. 특히 독일 철학자 헤겔은 무한성 개념을 자신의 철학에 슬쩍 끌어옵니다. 하지만 그의 커닝은 다소 비뚤어진 방향으로 진행됩니다. 스피노자의 무한성 개념은 신체변용과 삶의 내재성을 거치지 않고는 불가능한 것입니다. 그럼에도 불구하고 헤겔은 접속, 접촉, 변용 등으로부터 무한성을 분리합니다. 그 결과 스피노자 식의 범신론이 아닌 변신론이라는 이상야릇한 이론이 되었지요.

헤겔의 변신론에 따르면, 정신은 구체적인 상황, 인물, 사건과의 접속, 접촉, 변용을 거치지 않고 반성이라는 관념의 자기운동을 통해 절대이성으로 도달할 수 있습니다. 헤겔은 여기서 정/반/합이라는 관념의 사고실험을 동원하지요. 느끼고 사랑하고 욕망하고 감각하지 않고도 생각만으로 철학자가 절대이성에 도달할 수 있다는 이야기는 관념적일 수밖에 없습니다. 마치 골방에서 우주의 진리를 탐구하던 철학자가 갑자기 밖으로 뛰쳐나가 내 안에 우주만물이 있음을 알았다고 외치는 모습을 떠올려보게 됩니다. 그래서 헤겔을 두고 절대적 관념론자라고 말하나 봅니다. 이처럼 오만한 관념의 유희는 스피노자의 사상과는 아무런 관련이 없습니다. 스피노자에게 정신은 신체변용을 거치지 않고 스스로 전개되거나 성숙하거나 발전할 수 없습니다.

스피노자는 이렇게 물었습니다. "참을 참이라고 생각할 능력과, 거짓을 참이라고 생각할 능력은 같은가?" 참을 참이라고 생각하는 것은 삶을 통해 진리를 깨닫는 능력입니다. 참을 참이라고 생각하는 것은 행동에 나설 수밖에 없으며, 떨림과 울림에 공명하고, 밤잠을 설치게 되고, 외치고 말하고 쓰지 않고서는 배겨낼 수 없는 상태이며, 이것이 삶을 변화시키는 진리의 진정한 모습입니다.

반면 거짓을 참이라고 생각하는 능력은 이와 다릅니다. 그저 관념이 꼬리에 꼬리를 물면서 관념의 허상을 만들어내는 상태이지요. 자신이 만든 관념에 스스로 속아버리는 허언증의 상태가 그것입니다. 앞서 얘기했던 움직일 때의 마음이 참을 참으로 보는 능력으로서의 정동이라고 한다면, 꼼짝 안 할 때의 마음은 거짓을 참으로 보는 능력으로서의 감정이나 망상, 환상입니다. 헤겔은 거짓을 참으로 보는 능력과 참을 참으로 보는 능력을 혼동했을 뿐만 아니라, 거짓을 참으로 보는 능력을 극대화함으로써 관념이 관념을 낳는 질서의 가능성을 통해 세상을 설명합니다.

물론 헤겔의 변신론은 자본주의와 근대국가의 진보적 세계관에 심원한 영향을 주었습니다. 근대국가주의의 성립과 발전의 지적 토대를 헤겔이 제공했다고 볼 수 있습니다. 헤겔은 철저히 국가주의를 기반으로 주권체제인 국가 이성의 완성과 발전을 추구했습니다.

그러나 스피노자는 이러한 국가주의와는 아무런 상관이 없으며, 오히려 다중(multitude)이라는 국가의 반대편에 있는 주체성의 사유를 전개했습니다. 다중은 단순히 많은 수의 일반인을 지칭하는 '대중'과 다르고, 동일한 목적의식을 가진 '민중'과도 구분되는 개념으로, 다극적이고 다중심적이고 다실체적인 삶의 내재성을 가지고, 군주에게 종속되지 않은 자율적인 주체성입니다. 스피노자는 헤겔의 국가이성 논의와는 전혀 상관없는 다중의 '이성이 알지 못하는 이성', 즉 사랑과 욕망의 흐름에 대해 발언했던 것입니다.

성장이 불가능해진 시대, 스피노자 다시 읽기

자본주의 성장의 무지막지한 추동력의 근저에는 유한이 무한으로 직접 이행할 수 있다는 헤겔주의의 변신론이 숨어 있었습니다. 스피노자의 범신론은 그 반대편에 위치해 있습니다. 유한이 접속, 접촉, 변용을 거쳐야 무한으로 이행할 수 있다는 노선에 입각해 있는 것이지요. 유한한 자원이나 부, 에너지가 무한으로 이행하는 이유는 사랑, 욕망, 정동이라는 삶의 자기원인이 만들어낸 시너지 효과 때문입니다. 그런 점에서 스피노자의 철학은 철저히 공동체적 관계망의 성숙의 노선에 있습니다. 즉 헤겔의 변신론이 성장(growths)의 화신이라면, 스피노자의 범신론은 공동체의 성숙의 노선, 즉 발전(development)의 노선에 기반하고 있는 셈이지요.

여기서 발전의 노선과 성장의 노선의 차이가 무엇인지 궁금할 수도 있습니다. 발전은 공동체와 지역사회의 관계망의 성숙과 그것의 시너지를 추구하는 질적이고 내포적이고 관여적인 방향성으로 향합니다.

스피노자에게는 '유한자의 무한결속'을 통해서만이 무한성으로의 이행이 가능한 것으로 드러납니다. 그리고 그것은 발전노선을 의미합니다. 즉 공동체의 관계망이 성숙해서 그 내부에서 무한한 시너지가 발생하는 것을 상상해볼 수 있습니다.

이를테면 골목상권이 살아 있을 때, 이발소 주인이 만 원을 들고 구멍가게에서 물건을 사고, 구멍가게 주인이 만 원을 목욕탕에 가서 쓰고, 다시 목욕탕 주인이 만 원을 가지고 철물점에 가고, 철물점 주인이 만 원을 주고 안경을 사는 것입니다. 이처럼 내부에서 결속과 접촉의 경우의 수가 무한히 순환하는 상황을 생각해볼 수 있습니다. 이때 만 원은 단순히 지폐 한 장이 아니라 엄청난 시너지 효과, 승수효과를 담은 만 원이 되겠지요.

반면 성장노선은 양적이고 실물적이고 외양적인 방향성을 가집니다. 예를 들면 만 원이 대형마트를 통해 외부로 빠져나가면 그것은 딱 만 원의 가치밖에 갖지 못합니다. 끊임없이 부동산과 주식 가격이 오를 것이고, GDP는 더 높아질 것이라는 전망 속에서 움직이는 자본주의 경제의 형태가 성장의 경제입니다. 이 과정에서 성공신화가 퍼지면서 사람들로 하여금 자기계발에 몰두하게 만들지요. 이렇게 헤겔의 변신론은 근대 자본주의와 근대국가의 영구적인 성장과 진보를 관념의 자기운동을 통해 생각함으로써, 그가 바라던 근대성을 완성하고자 합니다. 반면 스피노자는 탈근대의 예수라고도 불릴 정도로 탈근대 사회의 전망과 방향성을 말하고 있습니다. 그리고 먼 회귀의 여행 끝에서 다시 생태적 지혜가 복권되었지요.

스피노자를 불완전하게 계승한 마르크스

19세기 독일의 혁명이론가 카를 마르크스(Karl Marx, 1818~1883)는 스피노자 재해석을 시도합니다. 그는 『독일 이데올로기』와 『경제학철학수고』에서 자본주의 체제에서는 인간의 감성적 실천으로서의 노동이 소외된다고 주장했습니다. 이러한 소외된 노동은 인간다움을 잃게 하는 원천이라고 했습니다. 그래서 '자유인의 연합'으로서의 공산주의가 잃어버린 전인성을 회복하게 할 것이라고 전망했습니다. 여기서 마르크스의 '감성적 실천'이라는 대목이 바로 스피노자를 수용하여 만들어진 개념입니다. 즉 스피노자의 신체변용 개념이 마르크스에 이르면 감성적 실천으로 나타난 것이지요. 헤겔의 변신론 노선에서 벗어나 접촉, 접속, 변용을 통한 감성적인 변화를 복권해낸 셈입니다.

또한 초기 마르크스는 『포이어바흐 테제』에서 "철학자들은 세계를 이리저리 해석해왔다. 그러나 중요한 것은 세상을 변혁하는 것이다"라고 주장하면서 실천철학의 노선을 개방했습니다. 마르크스의 이러한 급진적인 테제는, 인간 본성으로서의 사랑과 우정, 믿음을 말하는 인간학적 유물론자 포이어바흐가 인간이 갖고 있는 유적 본성(보다 실천적이고 살아 움직이는 측면)을 간과했다는 주장으로 이어집니다. 그래서 감성적 실천이라는 프리즘을 통해 인간을 사유하기 시작하지요. 이쯤 되면 경이로운 변화가 시작된 것처럼 느껴집니다. 마르크스가 단숨에 감성적 실천을 통해 스피노자의 신체변용의 능동성을 언급하면서 스피노자의 계승자를 자처하기 시작했으니까요.

그러나 마르크스는 곧 방향을 잃고 맙니다. 감성적 실천을 사랑, 욕망, 정동이 아니라, 과학적 측면이나 계급투쟁이라는 측면에 천착하게 된 것입니다. 결국 신체변용으로서의 사랑, 욕망, 정동이 갖는 능동적인 측면은 대부분 사상됩니다. 안타깝게도 초기 마르크스가 이루어낸 색다른 지평의 개방은 계속 이어지지 못합니다. 스피노자의 사유는 마르크스에 의해 전유되지만, 곧 마르크스에 의해 도구화되고 맙니다. 게다가 후대 마르크스주의자들에 의해 더 극단적인 방향으로 나아갑니다.

마르크스의 사상을 속류화하려는 다양한 시도 가운데 가장 직접적인 시도는, 바로 좌파 버전의 성장주의입니다. 여기서 우리는 『공산당 선언』에서 언급된 역사발전의 두 계기, 즉 계급투쟁의 계기와 생산력의 발전에 의한 생산관계의 변화라는 이중적인 구도를 생각해볼 수 있습니다. 마르크스가 품고 있던 생산력의 발전이 세상을 바꾼다는 생각은, 헤겔이 주장하는 성장주의나 자본주의적 진보와 하등의 차이가 없습니다. 그러한 잔재가 지금도 여전히 성장을 기반으로 한 일자리와 복지 문제를 생각하는 우리나라의 진보진영인지도 모르겠습니다. 이런 점에서 마르크스주의는 스피노자를 복권하면서도 다시 헤겔로 돌아가는 우를 범하고 맙니다.

스피노자의 진정한 계승자, 바렐라의 구성주의

그로부터 한 세기가 지나면 칠레의 인지생물학자인 프란시스코 바렐라(Francisco Varela, 1946~2001)가 마르크스와는 전혀 다른 노선으로 스피노자의 변용 개념을 복권시킵니다. '앎=삶=함'이라는 구성주의의 구도를 통해서 스피노자의 생태적 지혜의 노선을 풍부화한 것입니다. 즉 '안다'는 것은 그렇게 '산다'는 것이고, 그렇게 '한다'는 것이라는 의미입니다. 바렐라는 그의 스승 움베르토 마투라나(Humberto Maturana, 1928~)와 함께 쓴 『앎의 나무』라는 책에서 앎이란 무엇인가라는 근본적인 질문을 던집니다. 그는, 앎은 생명의 외부에서 정보로 주어지는 것이 아니라, 생명 내부의 자기원인에 의해 가능한 것이라고 말합니다. 즉 "자신이 아는 것만 알 수 있다"라는 역설적인 테제가 가능하게 되는 것이지요.

바렐라의 획기적인 측면은 구성주의의 지평을 개방했다는 점에 있습니다. 구성주의는 객관적 진리론이나 실재론과 달리, 우리가 각각 세계, 인식, 앎을 스스로 구성한다는 사상입니다. 이런 질문이 가능합니다. "1000명이 모여 공동체를 만든다면 그 공동체는 몇 개인가?" 보통 한 개의 공동체라고 생각하기 쉬운데, 사실은 1000개 혹은 그 이상의 공동체라고 말하는 것이 바로 구성주의입니다. 즉 각자가 구성한 앎과 세계는 각각 다르고 다양할 수 있다는 의미입니다. 들뢰즈도 "한 사람의 죽음은 하나의 세계의 소멸과도 같다"라는 아포리즘을 남겼다고 합니다. 바렐라의 구성주의는 스피노자의 특이성, 유일무이성, 단독성이라는 생명에 대한 사상의 직접적인 계승 작업인 셈입니다.

이런 점에서 마르크스와 같이 "책상은 객관적으로 주어져 있기 때문에 실재다"라는 방식으로 객관적 진리를 주장하는 유물론의 전통에서는 찾아볼 수 없는 차이와 다양성의 질서가 바렐라에 의해서 개방됩니다. 마르크스는 스피노자의 변용 개념을 감성적 실천이라는 개념으로 받아들였지만, 그것이 세계와 앎을 구성하는 근원이라고 보지 않음으로써 스피노자를 소극적으로 받아들였을 뿐입니다.

반면 바렐라는 스피노자의 변용 개념을 '앎=삶=함'의 구도로 재해석함으로써 스피노자를 적극적으로 받아들였습니다. 마르크스와 바렐라 두 사람은 각기 '유물론적인 실재론'과 '비실재론으로서의 구성주의'의 양편에 서서 스피노자의 두 극을 형성합니다. 그리고 스피노자주의라는 역사적 노선은 더욱더 진화하게 됩니다. 스피노자의 신체변용 노선은 분명 마르크스의 객관적 진리론보다는 바렐라의 '앎=삶=함'의 노선에 손을 들어줄 것입니다.

03

사랑은 흐름에 몸을 싣는 것

흐름은 특이한 사건의 원천

흐름(flux)은 고대 철학자 헤라클레이토스에 의해 제안된 이후로 생성과 창조, 불가역적인 변화를 설명하는 개념이 되었습니다. "역사는 흐른다." "사랑은 움직인다." "어제의 나와 오늘의 나와 내일의 나는 다르다." 이 모두가 흐름에 대한 설명입니다. 특히 역사의 진보를 설명할 때, 무의식의 행렬에 따라 돌이킬 수 없는 시간의 흐름이 작동하는 것으로 표현하기도 합니다. 스피노자가 주목했던 것은 사랑, 욕망, 정동의 흐름이었습니다. 삶의 자기원인에 따라 움직이는 사랑, 정동, 욕망의 흐름이 우리를 감싸고 미지의 곳으로 우리를 인도한다는 것입니다. 특히 스피노자는 사랑과 욕망이라는 삶의 자기원인에 따라 감정과 정동이 어떻게 작동하는지를 설명하려고 했습니다. 그리고 이 과정에서 흐름이라는 생성과 창조의 순간을 인과관계의 구도로 그려볼 것을 요구했습니다.

그렇다면 정말 사랑, 욕망, 정동이 원인과 결과 같은 각각의 항들을 차지하면서 움직일 수 있을까요? 우리의 존재를 감싸는 사랑과 욕망을 내재성의 평면 위로 그려보겠다는 스피노자의 생각은 분명 흥미로운 발상입니다.

일단 우리가 일상적으로 접하는 부엌이라는 공간으로 가보겠습니다. 부엌에도 온갖 흐름이 존재합니다. 물의 흐름, 불의 흐름, 음식의 흐름, 쓰레기의 흐름. 무엇보다도 사랑, 욕망, 정동의 흐름이 그 흐름들 각각에 내재해 있겠지요. 가타리에 따르면, 부엌은 오페라의 공간과도 같습니다. 온갖 흐름이 교차하고 어우러져 화음을 이루는 오페라 말입니다. 엄마가 아이를 위해, 남편이 아내를 위해, 형이 동생을 위해 요리를 합니다. 더 맛있는 음식으로 상대방을 행복하게 해주고 싶은 마음에 레시피를 찾아보기도 하고, 재료를 정성껏 손질하고, 튀기고, 볶고, 구워냅니다. 부엌에서 각각의 흐름들은 색다르고 특이한 음식을 만드는 사건의 원천입니다. 요리 과정은 사랑과 욕망, 정동의 흐름을 따라 이루어집니다.

흐름은 특이한 사건, 유일무이한 사건을 생성시키는 과정적이고 진행형적인 것입니다. 우리가 특이성, 즉 유일무이성을 설명할 때 보통 "이 세상에서 단 하나밖에 없는 존재"라는 점에서 특이성을 생각하는 게 가장 쉽습니다. 또한 특이성은 사건 차원에서도 설명될 수 있습니다. "인생에 단 한 번뿐인 이 순간"이라는 실존적인 순간, 사건의 순간이 그것입니다. 그리고 특이한 사건을 만들어내는 것이 바로 사랑, 욕망, 정동의 흐름입니다. 즉 특이성은 존재 차원에서도 설명될 수 있지만, 사건 차원에서도 설명될 수 있는 것입니다. 그리고 사건 차원에서의 특이성을 생성하고 창조하는 원천에는 사랑, 정동, 욕망의 흐름이 있는 셈입니다. 그래서 스피노자의 특이성 개념은 단지 실존적 의미, 즉 유일무이한 존재로서의 의미로 한정되지 않습니다. 지금 이 순간에 벌어지고 있는 사랑의 작동 방식에 대해 설명하고자 하는 야심찬 기획이라고 할 수 있습니다.

이것은 마치 보조국사 지눌의 돈오점수(頓悟漸修)를 떠올리게 합니다. '단 한 번의 깨달음이 지속된다'는 돈오가 유일무이한 존재로서의 특이성이라면, '매 순간마다의 수행을 통해 깨달음을 얻는' 점수는 유일무이한 사건으로서의 특이성입니다. 예를 들어 원효대사가 해골 물을 시원하게 마셨다는 설화는 돈오의 순간을 강조하고 있지만, 그 이후 원효대사가 끊임없이 정진하고 노력했다는 점수의 과정은 간과되는 경우가 많습니다. 그런 점에서 매 순간 최선을 다해 유일무이한 사건을 만들어내는 원천에는 사랑과 욕망, 정동의 흐름이 있다는 것을 염두에 둘 필요가 있습니다.

기하학에서 지도 제작으로

스피노자는 일련의 흐름의 과정이 어떤 원인과 결과를 가지고 작동하는지를 제대로 설명하기 위해 기하학이라는 방식을 사용했습니다. 공리, 정의, 정리, 증명 등을 일목요연하게 번호를 붙이며 서술해나간 것입니다. 삶이 가진 내재성의 평면 위에서 세모, 네모, 원, 별표와 같이 다양하게 아로새겨지는 사랑, 욕망, 정동의 일련의 작동양상을 그려내고 이를 통해 관계의 미학, 관계의 윤리학을 정립하기 위함이었습니다. 그렇다고 해서 정동의 기하학이 인과관계에 따라 작동하는 함수적 행렬을 의미하지는 않습니다. 단지 삶이 갖는 내재성의 구도를 신비주의, 영성주의가 아닌 방법으로 설명하고자 하는 하나의 지혜이자 방법론으로서의 의미를 갖습니다.

최근에 한 출판사에서 마련한 강의를 취소한 적이 있습니다. 굉장히 이례적인 상황이었습니다. 사실 강의는 그다지 어려운 일이 아니었지만, 강의와 별개로 그 출판사와 후속작업으로 진행할 또 다른 책의 원고를 약속한 분량만큼 완성하지 못한 상태였기 때문입니다. 강의를 준비하는 과정에서 머리가 아프고 우울하고 힘들었습니다. 처음에는 체력이 떨어져서인 줄 알았는데, 나 자신의 정동이 생겨나게 된 배치를 살펴보니 이유가 분명히 있었지요. 출판사에 대한 책임을 다하지 못했다는 죄책감과 미안함이, 자꾸 제가 가진 능력을 끌어내리는 슬픔의 상황이었습니다. 그래서 일단 강의를 취소하고, 원고부터 완성한 후에 다시 일정을 잡기로 했지요. 사실 정동의 흐름에 사로잡혀 있는 사람들은 무의식의 행렬과도 같은 일련의 흐름에 자신도 모르게 휩쓸리는 경우가 많습니다. 그러나 찬찬히 자신의 마음과 정동을 응시하다 보면 그 이유가 뚜렷이 보입니다. 어쩌면 스피노자의 정동의 흐름을 기하학적 구도에 따라 설명할 여지도 있을 듯합니다. 그러나 모든 정동, 사랑, 욕망의 흐름이 과연 지적이고 이성적인 인과관계에 따라 작동하는 것인지는 의문이 들기도 합니다.

유아기에는 흐름의 사유가 삶을 지배합니다. 너와 나, 자아와 대상의 구분이 없는 0~2개월 아동에게는 모든 것이 흐름이지요. 아동심리학자 대니얼 스턴이 '출현적 자아'라고 부른 이 시기는 어머니와 자신을 구분하지 않는 우주 되기의 합일의 상태입니다. 문제는 사물을 분별하기 시작하면서 사물이나 타인에 대해 '~은 ~이다'라고 본질을 적시하게 된다는 점입니다. 그럼에도 불구하고 사랑, 욕망, 정동의 흐름은 여전히 사물의 곁과 가장자리에만 위치합니다.

예를 들면 컵을 인식할 때 "이 컵은 내 거다" 혹은 "컵은 물을 먹기 위한 손잡이가 달린 그릇이다"라는 표상이나 관념이 생기지만, 그 컵으로 물이나 음료를 마시는 것이 컵을 닦고 아끼고 정돈하고 관리해온 사람의 정동과 사랑, 돌봄을 통해서 가능했다는 점에는 관심을 갖지 않습니다. 그러므로 그러한 사랑, 정동, 욕망, 돌봄의 과정을 드러내려면 스피노자처럼 원인과 결과에 대한 기하학적인 방법론을 통해서 이를 그려낼 필요가 있습니다. 이러한 스피노자의 기하학적인 방법론은 사물의 곁과 가장자리, 주변에 위치한 사랑, 돌봄, 욕망, 정동의 흐름을 그려낸다는 점에서, 사물에 대해서 '~은 ~이다'라고 정의 내리고 단정하는 의미화의 논리와는 다를 것입니다.

그럼에도 불구하고 오해의 소지를 없애기 위해, 가타리는 사랑, 욕망, 정동의 흐름을 그려내는 지도 그리기(cartography)를 제안했습니다. 기하학의 '~은 ~이다'라고 규정하는 방법론에서 벗어나 '~이거나 ~이거나', '~그리고 ~그리고' 등의 사유방식이 지도 그리기 방법에 포함될 여지가 생깁니다. 즉 합리성에 의해 배제된 잉여, 군더더기, 잔여 이미지로 남았던 영역들을 지도에 포함시키고자 했던 것이지요.

이를테면 저는 우리가 일상생활을 하는 일련의 과정과 기후변화의 관계에 대해 그 흐름을 그려보려는 야심찬 기획을 추진한 적이 있습니다. 그 과정에서 냉난방기가 기후변화 때문에 작동하면서도 동시에 기후변화를 초래한다는 역설에 직면하게 됩니다. 결과가 다시 원인이 되는 이런 상황은 인과관계를 한 마디로 단정해 설명할 수 없게 했습니다. 이처럼 스피노자의 기하학적 방법론으론 상관관계와 인과관계가 복잡하게 얽힌 현대 사회를 설명하는 데 한계가 있기 때문에, 가타리가 지도 그리기라는 새로운 방법을 제안한 것이겠지요. 하물며 "왜 사랑하느냐?"라는 질문에 대해 "사랑하기 때문에"라는 본질 적시가 아니라, 더 복잡하고 난해한 양상과 작동에 주목하는 것이 당연하지 않을까요? 그렇게 복잡하고 난해한 작동을 어떤 식으로든 설명하기 위해 기하학을 넘어서는 방식이 필요했던 것이지요. 그런 점에서 가타리는 스피노자 사상을 현대적으로 계승한 철학자입니다.

흐름과 공동체

어떤 마을이나 공동체, 협동조합에 대해 알고 싶다면, 그곳에 흐르는 정동의 흐름을 따라가 보면 됩니다. 누군가 구워낸 머핀이 어디서 어디로 이동하는지, 어느 집에서 구입한 옥수수 한 상자가 비닐봉지에 나뉘어 몇 집으로 흩어지는지, 옥수수가 담겼던 봉지에 무엇이 담겨 되돌아오는지, 오늘 수제비누 만들기 모임에 참가한 사람은 누구누구인지, 모였다가 흩어지고 온 길을 다시 되짚어 돌아가는 흐름의 양상이 바로 그 공동체를 말해줍니다.

그런데 사랑, 욕망, 정동의 흐름이 왜 물질적인 것들, 이를테면 머핀이나 옥수수 봉지, 수제비누의 흐름과 일치하는 걸까요? 늘 우리 주변을 감싸고 있지만 눈에 보이지 않는 정동의 흐름을 눈에 보이게 만드는 것이 바로 선물을 비롯한 모든 물질적인 자원, 부, 에너지이기 때문입니다. 외부에서 유입된 자원, 부, 에너지는 사랑, 욕망, 정동의 흐름에 실려 공동체 곳곳에 전달됩니다. 그것들은 단번에 없어지지 않고 공동체 내부를 강렬하게 흘러 다닙니다. 공동체나 마을, 협동조합에서는 외부의 자원, 부, 에너지를 받아들여 내부에 일자리를 만들고 시스템을 유지시키고 자기 자신을 만들어나가는 데 그것을 온전히 다 사용합니다. 이윤을 남기거나 축적하는 데 사용하지 않습니다. 이를 '제로회계'라고 합니다.

마을이나 협동조합에서 특이한 욕망, 정동의 강렬한 흐름, 사랑과 돌봄의 목소리가 생겼다는 것은 매우 중요합니다. 그 지점에 바로 자원과 에너지가 대량 투입되어야 하기 때문입니다. 결과적으로 돌봄을 필요로 하는 아이, 장애인, 소수자, 여성 등의 특이점이 바로 강렬한 정동의 흐름을 만들 뿐만 아니라, 그 특이점에 모든 자원-부-에너지의 흐름이 관통하게 됩니다. 바로 강렬한 정동의 흐름은 그것이 발생하는 순간, 모든 자원과 부의 흐름을 실어 보냅니다. 그런 점에서 어떤 특이한 사랑과 정동이 공동체에서 나타났느냐가 중요합니다. 그것은 공동체가 진정으로 원하는 것이 무엇인가의 다른 표현이라고 할 수 있습니다.

마을, 공동체, 협동조합은 해방, 혁명, 자유, 평등 같은 그럴듯한 이념으로 모인 곳은 아닙니다. 술 한잔 기울이면서 육아와 이웃과 마을 대소사에 대해 이야기하고, 한솥밥을 먹으면서 협동조합과 먹을거리 등을 얘기하는 조용한 일상이 펼쳐지는 곳입니다. 그 과정에서 유일하게 우리 자신을 움직이는 것은 사랑과 돌봄, 정동의 흐름입니다. 미리 결정된 대의명분이나 기획보다는 우리 자신이 무엇을 원하고, 어떤 것에 끌리고, 어떤 것을 사랑하는지가 우리를 움직이게 하는 자기원인입니다. 따라서 이러한 마을, 공동체, 협동조합에서 주목받는 사람은 바로 사랑의 능력, 욕망의 능력, 정동의 능력을 가진 사람들입니다. 그들은 많이 보살피고, 많이 웃고, 많이 움직입니다. 그런 점에서 스피노자의 역능이 바로 욕망과 사랑의 능력이라는 것을 깨닫게 됩니다. 물론 사랑과 욕망의 흐름은 누구에게나 있는 것이지만, 그것을 더 강렬하고 밀도 있고 뜨겁게 느끼는 것은 순전히 그 사람의 변용 능력에 달려 있습니다.

공동체에는 화려한 언변을 구사하는 사람도, 세련된 논리로 현혹하는 사상가도, 혁명적 이념에 따라 움직이는 혁명가도 없습니다. 오직 사랑과 욕망이 흐르고 순환하는 삶의 과정이 활동의 중심이기 때문입니다. 공동체가 가진 내재성의 평면 위로 흐르는 사랑과 욕망, 정동, 돌봄이 있기에, 강건하고 활력 있고 에너지가 넘칩니다. 그리고 사랑과 욕망의 자기원인과 생명과 자연의 자기원인이 함께 흐를 때 스피노자가 말한 영원성을 깨닫게 되는 일련의 과정이 있습니다. 그런 점에서 공동체에서 영원성을 맞이하는 순간은 바로 생명평화와 기쁨이 하나 되는 순간일 것입니다.

흐름을 해방시킬 것!

그렇다면 우리가 가진 사랑, 욕망, 정동의 흐름을 그대로 세상에 드러낼 수는 없을까요? 옆 사람, 이웃, 친구, 가족에게 자신이 사랑의 감정을 느꼈노라고 솔직히 말하는 것은 불가능할까요? 아무래도 쑥스럽다고 느끼는 사람이 더 많을 것 같습니다. 우리는 사랑, 정동, 욕망의 흐름에 따라 행동하는 것에 익숙하지 않습니다. 흐름이 해방되는 순간을 상상하는 것은 어쩌면 힘들 수도 있습니다. 하지만 역사 속에서 그런 강렬했던 순간을 찾아볼 수 있습니다. 불과 반세기 전 유럽 사회를 뒤흔들었던 68혁명이 바로 흐름을 해방시켰던 대표적인 사례입니다.

"상상력에 권력을!" "일하지 마라!" "금지를 금지하라!" 소수자, 대학생, 청년, 여성, 아이, 정신질환자, 성소수자 등이 이런 구호를 외치며 거리를 가득 메웠지요. 그런 섬광 같은 순간은 다시 찾아오지 않을 것이라고 자조적으로 말하는 사람들도 있습니다. 그러나 흐름이 해방되는 것은, 강렬하면서도 부드럽게 사랑이 삶의 가장 중요한 원칙이 되는 상황을 의미합니다.

왜 우리는 "생명을 사랑하기 때문에 나는 동물보호운동을 하기로 했어"라거나, "평화를 지키는 평화운동가가 되려고 해"라거나, "지구를 위해 환경운동을 시작하겠어" 하는 식으로, 사랑이 행동의 원칙이 되는 삶을 살지 못하는 것일까요? 왜 우리는 젊은이들에게 연애도 하지 않고, 결혼도 하지 않고, 육아도 하지 않는다고 훈계하듯 말하면서도, 그 젊은이들이 정말로 사랑하는 여행이나 반려동물, 게임, 네트워크형 관계망에 대해선 하찮게 생각하는 것일까요?

사랑의 종류나 방식은 정해져 있지 않습니다. 시대와 가치관이 변함에 따라 우리는 인간이 무엇을 사랑할 수 있는지 점점 더 많은 영역을 발견해나가고 있습니다. 저는 사랑이 갈수록 더 미세해져서 하나의 고정된 틀을 제시할 수 없다고 생각합니다. 필요한 것은 각자의 사랑의 차이와 다양성을 인정하는 것만이 아니라, 사랑과 정동의 흐름을 해방시켜 "사랑하기에 나는 이렇게 행동한다"라고 떳떳이 말하는 삶의 방식입니다.

흐름이 해방된다면, 사랑할수록 더 미세하게 달라지는 삶의 방식이 우리 사회와 우리 삶에 자리 잡게 될 것입니다. 그렇다면 책임, 의무, 권리, 당위로서의 삶이 아니라 사랑, 욕망, 정동, 돌봄으로서의 삶을 살게 될 것입니다. 상대에게 자신을 맞추는 것이 아니라, 사람을 만나고 사랑할수록 미세한 차이가 더 많아져서 다양성의 화음으로 더 풍부해진 관계를 상상하는 것은 그리 어렵지 않습니다. 그런 점에서 스피노자가 보여주었던 '특이성을 사랑하는 공통성'의 구도는 공통성에 방점이 있는 것이 아니라, 특이성을 통해서 얼마나 공동체를 풍부하고 다양하게 만드느냐에 방점이 있는 것 같습니다. 이제 용기를 내야 할 때입니다. 사랑하기 때문이라고 말하는 것을 주저하지 말아야겠습니다. 흐름을 해방시키는 삶을 만들어봐야겠습니다.

04

비밀의 발견, 사랑할수록 사랑은 증폭된다

감정과 정동은 어떻게 다를까

“강의를 망쳐버렸어!” 저는 땅에 몸을 떨어뜨리듯이 털썩 주저앉았습니다. 그러고는 연달아 담배를 피우고, 먹고, 자고, 우울해하고, 음악을 크게 틀어놓고 방에서 나가지 않았습니다. 밖에는 비가 쏟아지고 있었습니다. 학기의 마지막 강의라서 방심했는지, 그날따라 집중하지 못하고 횡설수설하다가 학생들에게 인사도 하는 둥 마는 둥 강의를 마쳤습니다. 그러고는 자책을 하며 혼자 생난리를 쳤지요. 저의 마음속에는 감정 덩어리, 망상 덩어리, 온갖 잡념 덩어리가 공회전을 했습니다. 저는 멍하니 천장을 쳐다보면서 자는 것도 아니고, 쉬는 것도 아니고, 그냥 누워 있었을 뿐입니다. 돌발적이고 일시적인 감정의 기복에 따라 혼자서 웃기도 하고 울기도 하면서 실성한 사람처럼 굴었습니다. 그날 저는 감정생활, 내면생활, 사생활이라도 있다는 듯 서재 문을 걸어 잠갔지요.

얼마 후 우당탕 문이 열렸습니다. "내 이럴 줄 알았어!"라고 외마디 소리가 들렸지요. 아내의 손에는 걸레가 들려 있었습니다. "책장 다 닦고, 먼지 털고 깨끗이 해놔! 어서!" 명령인지 지령인지 칙령인지가 저에게 떨어졌습니다. 저는 굼뜬 몸을 이끌고 책장을 정리하고, 걸레로 닦기 시작했습니다. 그런데 한참 동안 책을 정리하고 닦다 보니 아까와는 전혀 다른 종류의 생각이 떠올랐습니다. 책을 정돈할수록 마음도 가지런히 정돈되었고, 책상과 가구를 닦으면서 일관된 방향으로 저의 생각이 움직였습니다. 그렇게 한 시간이 지나자 저는 밥을 먹고, 설거지를 하고, 빨래를 개는 일상으로 돌아갔습니다. 그리고 이 새로운 생각의 정체가 뭔지 참 궁금했지요.

나중에 스피노자를 뒤져보다가 그 정체를 알게 되었습니다. 일시적으로 다가와 마음에서 공회전하는 생각이 '감정'이고, 그 감정 중에서도 자기원인에 따라 움직이는 생각이 '정동'이라는 점을 말이지요. 스피노자가 제시한 철학이라는 것이 몸을 움직이면서 생각하는 것, 그중에서도 돌보고 살피고 살림하고 모시고 되살리면서 하는 생각이 일관되고 가지런하고 정돈된 생각이라는 점을 깨달았습니다. 그 사건 이후로 저는 서재의 방문 잠금장치를 아예 없앴습니다.

감정노동과 정동노동의 분열

겉으로 친절해야 하는 감정노동자들이 있습니다. 백화점 점원, 텔레마케터, 카페 아르바이트생, 보험회사 외판원, 회사의 부하직원 등이 모두 고달픈 감정노동자입니다. 그들은 갑(甲)질에 속수무책이며, 성희롱과

성추행에 쉽게 노출되며, 자신의 밥줄을 쥔 고객에게 심지어 무릎을 꿇기도 합니다. 영원한 을(乙)일 수밖에 없는 그들의 일상을 보면, 감정은 삶을 소진시키는 것이라는 생각이 듭니다.

저 역시도 감정노동자였던 적이 있습니다. 대학 등록금을 벌기 위해 온갖 종류의 아르바이트를 전전했거든요. 예식장에서 서빙을 하면서 하객들의 심부름을 하기도 했고, 삼류극장에서 표를 팔거나 청소를 하기도 했고, 경비 아르바이트를 하면서 주차장에 들어오는 자동차에 연신 경계를 했던 적도 있습니다. 고객이 작은 불만을 표시하기만 해도, 혹시 잘리지나 않을까 걱정하며 심장이 콩닥콩닥 뛰었습니다. 그래서 그 불만이 아무리 터무니없는 것이라고 해도 겉으로는 친절하게 응대할 수밖에 없었지요.

그러나 그런 감정노동에 돌보고 아끼고 보살피려는 마음이 아예 없었던 것은 아닙니다. 즉 감정노동 내부에 정동노동의 과정이 숨어 있었지요. 이를테면 예식장에서 물건을 찾아달라고 하면 저는 물건을 잃어버린 사람의 마음에 공감했기 때문에 이리저리 뛰어다니며 물건을 찾으려 했습니다. 위생적이고 기능적이고 탈색된 관계로만 대했던 것은 아닌 거죠. 그것은 나와 그것(it)의 관계로 포장된 나와 너의 관계였습니다. 물론 돌보고 아끼고 보살피는 정동노동에 비할 바는 아닙니다. 살림과 보살핌의 영역에 있는 정동노동은 오랫동안 우리의 무의식 속에서 꿈틀대는 생명과 대지의 약속과도 같습니다.

그러나 문제는 경제와 살림의 분열, 감정노동과 정동노동의 분열, 젠더 불평등 같은 상황에서 정동노동이 소외될 수밖에 없었다는 점입니다. 정동노동이 기존의 돌봄과 보살핌의 영역에서 멀어지고 기능적이고 위생적인 형태로만 남아서 갈수록 평가절하되고 있다는 것이지요. 특히 정동노동이 가부장제로부터 억압받아온 여성들의 고정된 성역할이라는 낙인 때문에, 최근 매우 민감한 젠더 문제로 떠오르고 있습니다. 분명한 점은, 정동노동 없이 우리의 삶은 지속될 수 없다는 것입니다. 그가 남성이든 여성이든 누구든 말이지요. 스피노자가 말한 "정동은 곧 사랑이다"라는 문장은 "사랑할수록 사랑이 더 증폭된다"라고 표현할 수도 있습니다. 아마 남성들이 이 구절을 더 새겨들어야 하지 않을까 합니다. 정동이 필요하지만 대부분 정동에 무능한 존재들이니까요. 그런 의미에서 남성은 '여성 되기'가 필요하고, 여성은 더 '여성 되기'를 해야 한다는 가타리의 말이 의미심장하게 다가오는군요. 어쩌면 스피노자의 정동의 기하학은 바로 정동노동의 긍정성과 생산성으로부터 삶의 내재성이 구성되는 구도라는 점에서, 현재의 정동노동과 감정노동의 분열에 해독제가 될 수도 있다는 생각이 듭니다.

물론 스피노자가 살았던 시대에는 정동노동과 감정노동의 분열, 살림과 경제의 분열이 요즘처럼 심각하지는 않았을 것입니다. 스피노자의 렌즈 세공은 기나긴 숙련 과정이 필요한 장인-도제 수업의 전통 속에 있었습니다. 스승과 제자의 긴밀한 협업이 곧 교육과정이 되는 방식이었지요. 도제 관계 속에서 장인은 정동과 노동과 교육, 인성, 삶, 살림 등이 일치되는 상태를 향해 숙련된 기술을 고도로 조직하는 방향성을 갖습니다. 즉 정동노동이 갖고 있는 기하학적 구도를 고도로 조직화하여 기술 속에 녹아들게 만든 것이 바로 도제조합, 요즘 말로는 협동조합의 전통이었습니다. 그러한 스피노자의 지적 배경과 사회적·역사적 배치를 고려할 때, 정동노동을 어떻게 성숙시킬 것인가에 대한 영감과 단서, 아이디어를 얻을 수 있습니다. 그런 점에서 정동의 기하학은 오늘날 살림의 철학으로 재탄생할 여지가 충분합니다.

제자리에서 여행하는 법

오늘날 많은 철학자들이 스피노자의 정동 개념을 현대화하고자 합니다. 대표적인 철학자가 펠릭스 가타리입니다. 스피노자에게 정동은 사랑이면서 살림이고 흐름, 욕망이었다면, 가타리는 이 중 욕망 개념을 맨 앞에 둡니다. 삶을 살아가려는 의지로서의 욕망인 것이지요. 그리고 여기에 삶과 정동의 가장 큰 특성인 '반복' 개념을 더해 '욕망하는 기계'라는 개념을 고안합니다. 여기서 '욕망=정동'이고 '기계=반복'의 구도를 보여줍니다. 결국 욕망, 정동, 돌봄의 반복이 삶의 내재성을 구축하는 비밀입니다. 정동의 반복, 살림의 반복 등은 강건한 실존을 구성하는 원천인 것이지요. 그리고 욕망하는 기계는 각각의 욕망하는 기계들이 어우러져 만든 네트워크 사회로 진입하면서 정동자본주의를 구성하게 됩니다.

이러한 정동자본주의의 양상은 현실에서 플랫폼자본주의로 나타나기도 합니다. 플랫폼이라는 일종의 유통기업이 판을 깔아놓으면 개인들이 그곳에 진입해 꿈꾸고 욕망하고 접속하고 인기를 누리고 돈을 씁니다. 하지만 이러한 모든 행위는 결국 플랫폼만 돈을 벌게 해줄 뿐입니다. 나 스스로를 돌보고 보살피고 즐기는 일상적인 행위가 나도 모르게 자본을 살찌우는 데 기여하는 것입니다. 우리가 먹고 마시고 노는 일상의 기록들이 트위터와 페이스북의 기업가치를 높이는 데 이용되고, 우리가 궁금한 것을 검색하는 행위가 구글 같은 검색엔진을 살찌우는 것처럼 말이지요. 정동자본주의는 정동노동이라는 비물질적인 노동으로 유지되고 이를 질적으로 착취하는 양상으로 나타납니다. 정동노동의 오래된 약속이었던 살림의 영역이 그야말로 상업화하고 자본화된 셈입니다.

한 토론회에서 “사랑이 유한한가, 무한한가?”라는 다소 상투적인 질문을 던진 적이 있습니다. 정동자본주의라는 현재의 상황에도 불구하고, 사랑의 태곳적 약속이었던 무한한 가능성을 탐색하기 위한 질문이었습니다. 그런데 의외로 무한하다는 쪽도 상당히 많았습니다. 어떤 상황에서도 사랑에 대한 신뢰는 영원한 것일까요? 물론 한 학생이 자원, 시간, 여유의 한계에도 불구하고, 우리의 사랑은 무한으로, 심지어 우주로 뻗어나갈 수도 있다는 발언을 해서 좌중을 웃게 했지요. 여기서 저는 스피노자의 무한성 개념을 쉽게 포기해서는 안 된다는 점을 깨달았습니다. 정동을 일으키는 신체변용과 접촉이 유한한 개체를 무한으로 이끄는 원동력이라는 생각은 스피노자의 ‘유한에서 무한으로의 이행’의 구도라지요. 마치 이것은 유한한 자원으로 제시된 병뚜껑, 종잇조각, 깡통, 나뭇가지, 신발 끈 등을 가지고 새로운 예술작품을 만드는 것과 같다는 생각도 들었습니다. 오히려 자신이 유한하다는 것을 인정할 때, 무한한 변이와 무한한 신체변용, 우주로 뻗어나갈 사랑은 바로 이 한정된 장소, 인물, 사물 속에서 강렬하게 상호작용할 수 있다고 말하는 것만 같습니다. 그래서 지금-여기-가까이에 있는 유한한 사람들과의 사랑과 정동이 중요한 것일지도 모르겠습니다.

한 번은 심심해서 『주역(周易)』을 살펴보았던 적이 있습니다. 마치 무한한 경우의 수의 세계와 접속한 것만 같았지요. 주자와 같은 선비들은 황제에게 올릴 상소문을 쓴 후, 『주역』으로 점괘를 보고 상소문을 올릴지 말지를 결정했다고 합니다. 자신의 운명을 경우의 수로 놓고 생각한 것인데, 당시에는 분명 혁신적인 삶의 태도였을 겁니다. 문제는 ‘경우의 수로 나온 점괘를 벗어날 수 없다’는, 이른바 운명이라는 폐쇄된 유한의 감옥으로 자신을 가둔다는 점입니다. 그것은 무한에서 유한으로의 이행입니다.

반면 스피노자는 유한 속에 내재한 잠재성을 통해 무한으로 향하는 반대의 길을 걸어갑니다. 이는 『주역』과 정반대 삶의 태도라고 할 수 있겠지요.

스피노자의 이러한 태도를 이론적으로 잘 구현해낸 철학자가 질 들뢰즈입니다. 들뢰즈는 노마드이론을 내놓았는데, 여기서 노마드는 '제자리에서 여행하는 법'인 국지적 절대성입니다. 즉 "국지적인 영역에 있는 사람들의 깊이와 잠재성을 통해 새로움을 발견하라"는 것입니다. 국지적 절대성의 과제는, 국지적인 영역인 지금-여기-가까이에 무한한 잠재성이 내재한 삶과 신체가 있으며, 이를 어떻게 하면 촉매하고 고무하여 색다름을 생산하고 창조할 것인가입니다. 새로움을 찾아 전 세계를 여행하지 않고도 가까이에 있는 사람의 깊이와 잠재성 속에서 발견할 수 있다는 것이지요. 들뢰즈는 스피노자의 '유한에서 무한으로의 이행'이라는 철학적 의미를 훌륭하게 현대화한 사람이라고 생각합니다.

저 자신은 사랑이 유한한지, 아니면 무한한지에 대해 확실하게 대답하지 못합니다. 다만 그러한 질문에 담긴 화두가 저를 풍부하게 만들어주는 것만 같습니다. 그 토론회에서도 두 입장이 팽팽하게 맞섰습니다. 스피노자는 유한한 인간에게 사랑만이 무한을 약속한다고 말하는 것만 같습니다. 이렇게 얘기하면 누군가 옆에서 "아멘!" 하고 외칠지도 모르겠네요. '무한을 약속한다'는 말이 그동안 종교가 설파해온 메시지와 다르지 않다고 느낄 수도 있겠군요. 무신론자로 낙인 찍혀 파문을 당했던 스피노자인데도 말이지요. 그러나 사랑이 무한성과 영원성을 약속한다는 점은 스피노자의 『에티카』를 관통하는 핵심적인 주제의식입니다. 그래서 스피노자가 무신론자가 아니라 범신론자인지도 모르겠네요. 삶, 신체, 시간, 장소, 자원 등이 유한하지만, 우리는 아직 우리의 몸으로 무엇을 할지도 알지 못합니다. 더불어 우리의 시간으로 무엇을 할지도 알지 못합니다. 마찬가지로 우리의 장소로 무엇을 할지도 모르고, 다만 그 유한성 속에 잠재되어 있는 우주로까지 뻗어나갈 가능성에 대해서 생각하게 됩니다.

사랑하고 욕망하는 능력이 더욱 필요한 시점

최근 젊은이들의 소비 트렌드인 언택트(untact) 마케팅은, 판매자와 소비자의 만남(contact) 자체도 사라진(un) 비대면 방식의 위생적인 소비생활을 의미합니다. 얼마 전 혼밥과 혼술이라는 말이 유행하더니, 요즘 트렌드는 무인편의점이나 무인계산대를 이용하는 '혼자 쇼핑'이라고 합니다. 소비마저도 누구 눈치 보지 않고 혼자서 부담 없이 하고 싶어하는 심리를 엿볼 수 있습니다. 이렇게까지 정동이 귀찮고 촌스러운 것이 되어버린 시대입니다. 정동 대신 위생적이고 탈색된 관계, 공동체보다는 우주선 유형의 삶이 최신 트렌드로 간주되고 있습니다. 정동노동과 살림 역시 자동화된 가전제품이 알아서 척척해주고, 고독과 소외, 외로움마저도 인공지능이나 미디어가 해결해주는 시대입니다. 이쯤 되면 관계와 정동의 윤리학을 창안한 스피노자는 정말 옛날 사람으로 치부되고 말겠네요. "쿨하지 않으면 지는 거다", "차도남(차가운 도시 남자)이 대세다"라고 미디어에서 주입하는 것만 같습니다. 인간관계조차도 가성비를 따지는 시대가 되었나 봅니다.

스피노자에게 정동 개념은 삶의 내재성을 구축하는 핵심 개념입니다. 스피노자에 따르면 우리의 일상과 삶을 구성하는 것은 바로 정동입니다. 배고픈 길냥이에게 사료를 주고, 지구를 생각해 일회용품을 덜 쓰고, 공중화장실을 깨끗하게 사용하는 것이 정동입니다. 엄청난 노력과 배려가 필요하다기보다 나 자신의 삶을 조금 더 윤리적이고 미학적으로 만드는 과정이지요. 그렇기 때문에 정동으로부터 분리된 위생적이고 탈색된 관계는 결국 내 삶의 내재성을 해체하는 결과를 가져올지도 모릅니다. 게다가 누가 시켜서 혹은 법적 제재를 받을 것이 두려워 규칙(법)을 따르는 차원이 아니라, 내가 그렇게 하고 싶어서, 나 자신의 삶을 좀 더 아름답게 만들기 위해서 그러한 삶의 방식을 선택하는 것이죠. 그런 것이 삶의 내재성이 아닐까 합니다. 그것이야말로 자유로우면서도 미학적인 삶이죠.

하지만 정동의 소외 현상은 점점 우리를 갉아먹고 있습니다. 이러다가 결국 우리의 삶을 고독, 소외, 무위, 불안, 위기로 몰아넣지 않을까 걱정이 됩니다. 특히 스피노자가 말한 정동의 기하학 구도에 따라 공동체적 관계망이 없는 도시의 외로운 개인들에게 삶을 풍부하고 다양하고 충만하게 만들 소재가 무엇일까도 의문이 듭니다. 스피노자는 관계의 미학, 관계의 지도 제작, 관계의 윤리학을 그려냅니다. 그런데 관계 자체가 배제된 상황이라면 스피노자의 철학이 가진 장점도 사라지게 됩니다. 대신 소비, 가십거리, 잉여, 정보, 미디어 등이 우리의 삶을 지배하게 될 것입니다.

그나마 다행인 것은 1인 가구 중에서도 자신에 대한 정동노동, 돌봄, 살림, 보살핌에 능숙한 사람들이 등장하고 있다는 점입니다. 제 주변에서도 그런 사람들을 볼 수 있습니다. 매일 자취방에서 채식 도시락을 손수 싸서 등교하는 제자도 있고, 매달 한 번씩 지인들을 초대해 따뜻한 밥상을 차려놓고 특정한 주제로 대화의 시간을 보내는 비혼 후배도 있습니다. 어쩌면 신인류라고 할 수 있는 1인 가구의 살림살이는 스피노자의 정동의 기하학이 무엇인지 다시 한 번 곱씹게 하는 사례입니다.

위생적이고 탈색된 삶, 정동이 소외된 삶의 해독제도 역시 사랑입니다. 누군가를 진정으로 사랑해본 사람은 상대의 작은 움직임 하나하나가 가리키는 바에 대해 미세하게 반응할 줄 알고, 그럴수록 자신에 대해서도 더 강렬하게 정동을 그려낼 능력을 가지게 될 것입니다. 결국 우리에게 필요한 능력은 사랑과 욕망, 정동의 능력, 즉 스피노자가 말한 역능입니다. 물론 인간뿐 아니라 동물, 식물, 기계, 물건, 장소, 시간 등에 대한 사랑도 배제할 수 없습니다. 그것이 색다른 정동의 지도 제작에 포함되어야 한다는 점에는 이견이 없을 것입니다. 그러나 정동이 약속하는 넓은 대지를 포기한 채 작은 섬 하나에 올라앉아 둥둥 떠다닐 순 없는 노릇입니다. 나 자신을 만들고, 우리 이웃을 만들고, 우리 사회를 만들어낸 정동의 오래된 약속을 통해 미래를 생각하게 됩니다. 작은 씨앗에서 움튼 새싹에도 분명 정동의 비밀이 숨어 있습니다. 그러한 생명의 오래된 꿈은 언택트 마케팅의 시대에도 여전히 유효할 테니까요.

정동을 재창안한 소수자 되기

들뢰즈와 가타리가 함께 창안한 '소수자 되기'는 스피노자의 정동 개념을 현대적으로 혁신한 개념입니다. 정동의 흐름이 성공주의, 승리주의, 성장주의의 논리처럼 위를 향해 올라가는 것이 아니라, 오로지 소수자에 대한 사랑을 통해 아래를 향해 내려간다는 점에서 그러합니다. 소수자 되기는 오늘날 민중적 사유의 기반을 복원해냅니다. 더욱이 스피노자의 정동의 기하학은 프랑스 철학자 미셸 푸코가 말한 대로 자기관리, 자기통치, 자기계발처럼 자기배려를 통한 주체 형성의 방법론이 아닙니다. 소수자라는 특이점을 통과하면서 강렬해지는 정동의 흐름이기 때문에, 자기 자신과의 관계 이전에 타자로, 이방인으로, 외부로 간주되었던 생명과 자연과의 관계가 더 중요합니다.

펠릭스 가타리는 "우리 시대에는 어쩌면 소수자를 발명해야 한다"라고 역설했습니다. 정동과 사랑의 강렬한 흐름을 만들기 위해 소수자를 더 많이 만들어내고 창안해야 한다는 뜻입니다. 이를 통해 우리는 아래에, 저변에, 밑바닥에 있는 사람의 마음과 삶의 내재성에 접속할 수 있다는 것이지요.

소수자라는 특이점에 보이지 않는 사랑과 욕망, 정동의 흐름을 통과시켰을 때 어떤 일이 벌어질까요? 그것은 동정이나 연민이 아닙니다. 소수자가 단지 사회적 약자와 양적 소수, 피해자를 의미하지는 않기 때문입니다. 오히려 사랑과 정동의 흐름이 소수자라는 특이점을 통과하면서, 더 강렬하고 다채롭고 풍부한 방향으로 전개될 수 있고, 그 과정 속에서 정동의 강도, 밀도, 온도, 속도가 더 강렬해지는 경험을 할 수도 있습니다.

다문화교육을 예로 들 수 있습니다. 미국의 다문화교육학자 뱅크스(J. Banks)는 "다문화교육이 소수를 위한 것이라는 생각은 최악의 편견"이라고 지적하면서 "다문화교육은 소외된 사람들을 위한 복지 프로그램이 아니라 상호이해를 위한 모두의 교육"임을 강조했습니다. 타문화권의 사람들, 즉 소수자들을 배려하기 위한 것이 아니라 이 사회가 다 함께 풍부해지고 다양해지는 방법이라는 것이지요.

더 중요한 것은 사랑할수록 달라진다는 것을 알게 된다는 점입니다.

우리가 아이와 동물과 노인과 장애인을 사랑하는 것은 우리 자신이 더 미세한 그들의 삶의 잠재성과 접속하여 더 미세해지는 것을 의미하니까요. 이를테면 EBS 지식채널e 〈오늘의 급식〉 편에서 '다른 문화권의 친구들이 존중받는 것을 경험하고 배운 아이들이 소풍날 무슬림 친구를 위해 김밥 속 햄을 빼주었'던 것처럼, 소수자와 접속하고 사랑하게 됨으로써 삶의 미세한 부분에서 미학적인 인간이 될 수 있겠지요. 스피노자가 그려낸 관계의 미학, 관계의 윤리학, 정동의 지도 제작을 더 풍부하게 만들기 위해서 우리는 흑인도 되고, 아이도 되고, 왼손잡이도 되고, 장애인도 되고, 여성도 되고, 성소수자도 되어야 합니다. 그렇게 되면 우리 삶의 내재성의 평면에 네모, 세모, 별표, 동그라미 같은 정동의 그림들이 기하학과 같이 아로새겨질 것입니다. 이에 따라 우리의 생각의 경로나 행동의 경로는 더 다양해지고, 신체변용의 잠재성은 더 증폭될 것입니다.

최근 제 일상의 파편, 시간의 수평선 위에 그려진 입자가속기를 하나 소개해볼까 합니다. 바로 저를 들뜨게 하고, 강렬한 정동으로 인해 뭔가 해줄 수밖에 없게 만드는 네 마리 고양이입니다. 그중 모모라는 고양이는 아기 때부터 아주 아픈 상태로 들어온 녀석입니다. 녀석이 들어온 후 몇 달 동안 우리 연구실은 비상 상황이었습니다. 태풍이 상륙한 다음의 기후 상황실과도 같았지요. 아내는 아픈 아기 고양이를 치료하고 돌보느라 엄청난 시간과 에너지를 쏟아 부어야 했습니다. 모모가 먹고 싸고 울고 뛰어다니는 모든 행동이 '어디 아픈 건 아냐?' 혹은 '모모, 왜 그러는 거니?' 하며 발을 동동거리는 혼돈을 만들어냈기 때문에, 저와 아내의 정동을 더 강렬하게 만드는, 그야말로 입자가속기였지요. 엄청난 온도와 밀도, 속도, 강도를 자랑하는 입자가속기는 바로 정동을 더 미세하고 섬세하게 만드는 계기이기도 합니다. 모모가 어느 정도 건강을 되찾은 다음에는 어느새 세상의 더 미세한 부분들에서 정동의 지도 그리기를 다시 하고 있는 우리 자신을 발견하게 되었습니다. 지나가는 길냥이, 옆집 베란다의 화분, 깨진 보도블록, 거리에서 본 풀 한 포기 등을 통해 더 미세한 정동의 그림을 우리 삶의 내재성의 평면 위로 그리게 됩니다. 그것이 모모가 우리에게 준 선물이었습니다. 어쩌면 정동의 오래된 약속은 소수자 되기의 약속, 생명평화의 약속인지도 모르겠습니다.

05

자유인의 해방전략

위기와 질문의 시기에 『에티카』를 완성하다

스피노자가 가장 큰 위기를 맞은 것은 그를 후원하던 공화파 드 비트 형제가 잔인하게 피살당하고 헤이그에 야만의 무리가 판을 치던 바로 그날이었을 것입니다. 스피노자는 당장 그곳으로 달려가려고 했지만 극구 만류하는 친구들 때문에 결국 단념하고, 이러지도 저러지도 못한 채 방황하고 질문을 던지고 주저하는 상황에 처합니다. 『에티카』는 이미 3부까지 완성된 상태였지만, 처음의 계획대로 진행할 수 없게 되었지요. 그는 당대의 증오의 상황, '예속을 영예로 여기던' 상황, 맹목적인 신앙에 빠진 상황을 정면으로 돌파하기 위해 고민합니다. 그리고 긴 모색과 방황의 끝에 다시 펜을 들어 『에티카』를 집필해나갑니다. 그렇게 인생의 심원한 변화를 겪으면서 그의 필체와 내용도 많이 달라져 있었습니다. 사랑이 증오를 이기고 영구적인 승리를 하리라는 전망에 대해 그는 깊게 탐색합니다.

그 결과 『에티카』 전반부의 입구와, 후반부의 출구는 전혀 다른 것이 되어버렸습니다. 그것은 입구와 출구가 일치한다는 기하학적인 방법론과도 부합하지 않는 것입니다. 입구와 출구가 일치하는 것은 의사소통, 갈등, 투쟁을 통해 정확히 문제가 되었던 상황에 정면으로 대면하는 것입니다. 만약 입구와 출구가 일치했다면 스피노자는 야만의 현장에서 죽음을 선택해야 했을 겁니다. 그것이야말로 종교에서 파문당하고 세상으로부터 손가락질 받던 그가 은둔을 통해서나마 살 수 있도록 도와준 드 비트 형제에 대한 의당한 보상이자 행동이었을 테니까요. 그러나 결과적으로 헤이그 시내로 달려가지 못한 그는, 자신의 사상의 입구와 출구가 일치하도록 할 수 없었지요.

입구와 출구의 불일치는 그가 이미 기하학적 방법론을 벗어나 있었으며, 이는 후대에 펠릭스 가타리가 제안한 지도 그리기의 방법론으로 이행한 상황을 의미합니다. 입구와 출구의 불일치는 탈주와 지도 그리기의 원천이 됩니다. 이제 그의 전략은 어떻게 미래로 탈주하고 미래사회를 향한 전략적 지도 제작의 방법론을 선취할 것인가로 바뀝니다. 입구와 출구의 불일치는, 20세기 중반의 강력한 스피노자주의자 그레고리 베이트슨이 창안한 분열생성론의 배경이 됩니다. 입구와 출구가 다르다는 것은 무엇을 의미할까요? 이를테면 연애가 잘 안 풀릴 때, 우리는 어떻게 하나요? 절망의 밑바닥에 빠졌다가 올라온 사람은 시인이 되거나, 화가가 되거나, 혁명가가 되거나, 춤꾼이 됩니다. 입구와 출구 사이에서 엄청난 에너지가 발생하고, 미지의 곳으로 나아갈 지도를 그리기 시작했기 때문입니다. 시험을 망쳐 실의에 빠지거나 더 열심히 공부해야겠다고 다짐하는 것이 입구와 출구가 같은 대면이라면, 시험을 망치고 노래방에 가서 신나게 놀며 스트레스를 푸는 것은 입구와 출구가 다른 탈주 혹은 지도 그리기라고 할 수 있습니다.

스피노자가 그런 상황이었습니다. 『에티카』 후반부는 다른 사람이 썼다고 해도 믿을 만큼 필체나 내용이 전반부와 크게 차이가 납니다. 스피노자는 전방으로 탈주합니다. 미래로 탈주합니다. 미래로부터 온 편지를 씁니다. 이에 따라 스피노자는 혁명가로서만 발언하고 사랑의 완전한 승리를 위한 전략적 지도 제작을 수행합니다. 놀라운 변화, 돌이킬 수 없는 변화, 획기적인 변화가 『에티카』 후반부에서 엿보입니다. 그는 당대의 상황에서 상상하고 구상하고 형성할 수 있는 최대치로 자신의 내부에 감추어진 주름을 펼쳐냅니다. 그리고 입구와 출구의 불일치로 인해 발생했던 에너지를 완전히 소진한 그는 1675년 『에티카』를 완성한 지 2년도 채 지나지 않아 44세로 짧은 생을 마감합니다.

사랑과 욕망은 결국 승리한다

스피노자가 말한 정동의 기하학의 구도를 간단하게 요약해보면 어떨까요? 왜 스피노자를 혁명적이라고 할까요? 스피노자는 외부의 우발적 원인이 정신의 더 큰 완전성으로 이행하는 기쁨(수동의 능동)과 정신의 더 작은 완전성으로 이행하는 슬픔(수동의 수동)을 구분합니다. 일단 우발적인 상황에 처하면 모든 사람의 정동은 수동의 상태에 빠져듭니다. 그런데 만약 우발적인 수동의 상황에서도 자신의 욕망과 일치하면 기쁨이 되는 수동의 능동을 형성할 수 있고, 자신의 욕망과 불일치하고 예속과 무능력에 빠지면 슬픔이 되는 수동의 수동을 형성할 수 있습니다. 이런 구도를 이해하기 위해 서로 간의 욕망이 상승하는 윈윈의 상태에서는 기쁨이 형성되고, 서로의 욕망이 억압되면 우울, 침잠, 무기력의 슬픔이 형성되는 기쁨과 슬픔의 공식을 생각해볼 수 있습니다.

정호승 시인의 「슬픔이 기쁨에게」라는 시가 있습니다.

나는 이제 너에게도 슬픔을 주겠다
사랑보다 소중한 슬픔을 주겠다
겨울밤 거리에서 귤 몇 개 놓고
살아온 추위와 떨고 있는 할머니에게
귤 값을 깎으면서 기뻐하던 너를 위하여
나는 슬픔의 평등한 얼굴을 보여주겠다
내가 어둠 속에서 너를 부를 때
단 한 번도 평등하게 웃어주질 않은
가마니에 덮인 동사자가 다시 얼어 죽을 때
가마니 한 장조차 덮어주지 않은
무관심한 너의 사랑을 위해
나는 이제 너에게도 기다림을 주겠다
…

이 시를 읽다 보면 슬픔이 마치 능동적으로 다가와 기쁨에게 말을 거는 것을 느낄 수 있습니다. 슬픔을 느끼는 것은 자신의 무능력함과 한계, 끝이 있음을 자각하는 귀중한 정동입니다. 『에티카』의 정동의 기하학은 기쁨과 슬픔의 이분법을 통해 사랑과 증오, 명예와 치욕, 자기만족과 후회 등의 수평선을 그립니다. 스피노자는 사랑과 증오의 관계를 통해 기쁨과 슬픔에 대한 독특한 지도 그리기를 해냅니다.

우리는 종교의 관점에서 선/악의 이분법을 생각할 때, 선(善)의 세력과 마찬가지로 악(惡)의 세력을 떠올리게 됩니다. 천사와 악마의 이분법에 따라 생각을 전개하는 경우도 있지요. 그런데 스피노자는 이것을 좋음과 나쁨의 구도로 이행시킵니다. 좋음이라는 긍정 이외에도 나쁨이라는 부정이 있는 것이 아니라, 나쁨의 부정은 아무것도 할 수 없다는 것, 즉 존재의 긍정이 다가와 구성할 때까지 어떤 것도 할 수 없는 무능력하고 무기력한 빈 도화지와 같다고 말합니다. 즉 기쁨, 선, 좋음, 사랑과 대비되는 슬픔, 악, 나쁨, 증오는 백지 상태, 부재 상태, 무능력 상태라는 것이 스피노자의 해석입니다.

그래서 사랑은 사랑을 증폭시키고, 증오는 증오를 증폭시키기 때문에 증오는 증오를 통해 조절될 수 있겠지만, 사랑이 다가가서 증오를 감싸 안으면 더 큰 사랑이 되는 것입니다. 왜냐하면 증오는 독립적인 것이 아니라, 사랑을 기다리고 사랑이 그려나갈 백지이자 도화지이기 때문입니다. 따라서 사랑과 욕망은 영구적인 승리를 한다는 것이 스피노자가 말한 자유인의 해방전략입니다.

정호승 시인의 시처럼 슬픔이 기쁨에게 말을 거는 것이 아니라, 기쁨이 슬픔에게, 사랑이 증오에게 먼저 말을 걸 수밖에 없는 것입니다. 그런 점에서 무한한 긍정과 생성, 기쁨과 사랑의 영구적인 승리가 우리 앞에 기다리고 있음을 스피노자는 일갈하고 있는 셈입니다.

증오는 사랑을 이기지 못한다

지금까지 민중운동은 증오가 아닌 사랑의 힘이 역사를 만들어온 과정이었습니다. 그러나 우리 삶의 영역에서는 절규와 아우성이 들려오는 것도 사실입니다. 부정의 힘, 슬픔의 힘이 무언가를 바꿀 수 있다는 생각이 등장하고, 모순, 적대, 투쟁 등이 역사를 바꾸는 원동력이라는 주장이 전면에 나섭니다. 그런 사상을 가진 이들에게 스피노자가 제시하는 '전방으로의 탈주'는, 부정이 긍정에게, 슬픔이 기쁨에게, 증오가 사랑에게 가학적인 억압을 가하고 있는 작금의 현실과 맞지 않는다고 생각될 수도 있습니다. 착취와 억압의 역사를 돌아보면 더욱 그렇습니다.

그러나 스피노자는 『에티카』 후반부에서 삶의 긍정성, 생산성, 존엄성이 슬픔, 증오, 폭력, 차별, 착취와 같은 부정적인 힘에 심원한 변화를 가할 수 있고, 사랑의 영구적인 승리로 향할 것이라고 명료하게 말합니다. 그것은 생명의 승리, 삶의 승리입니다.

우리는 죽음을 또 하나의 독립항으로 생각하곤 합니다. 그러나 죽음은 삶에 어떤 영향도 미칠 수 없다는 것이 스피노자의 생각입니다. 죽음은 우발적으로 찾아오는 유한성의 증거일 뿐, 삶에 두려움과 공포를 유발하여 변화를 가하는 부정적인 힘이 결코 아니라는 말이지요. 죽음은 끝, 유한성, 한계로서의 의미를 가질 뿐입니다.

죽음에는 두 가지 유형이 있습니다. 공포와 두려움으로서의 죽음과 유한성으로서의 죽음이 그것입니다. 유한한 존재에게 죽음은 삶을 살아가는 시간을 더욱 소중하고 활기차게 만드는 비밀입니다. 끝이 있음으로 해서 생명력과 생명 에너지를 발아하고 긍정적인 힘을 최대한 펼쳐 보이는 생명의 비밀이 사랑과 욕망, 정동에 내재해 있는 셈이지요. 결국 죽음은 부정적인 힘을 갖는 것이 아니라, 삶의 한계일 뿐이지요. 그래서 스피노자는 "자유인은 죽음을 사유하지 않는다. 그의 사유의 삶에 대한 숙고다"라고 하지 않았을까요.

스피노자의 기하학적 방법론은 『에티카』 4부와 5부에서 이미 지도 그리기의 방법론으로 이행했다고 볼 수 있습니다. 즉 입구와 출구가 기하학적으로 딱 맞아떨어지는 것이 아니라, 정동의 지도를 그려나갈 때 입구와 출구가 분열된 상태에서 서술했기 때문입니다. 삶의 긍정성과 사랑의 무한성이 그려내는 색다른 출구를 응시했던 것입니다. 이를 통해 스피노자가 그려낸 정동, 사랑, 욕망의 지평은 생명 에너지와 활력으로 가득하고, 무한한 잠재성으로 가득한 사랑의 색다른 승리의 역사를 향합니다.

물론 세상에는 부정의 힘이 가득하다고 말하는 사람도 있습니다. 모순, 적대, 투쟁, 증오, 폭력, 차별, 착취로 가득하다고 말입니다. 그러나 그 순간에도 아이들은 젖을 먹을 것이고, 강아지들은 뛰어놀 것이고, 꽃들은 흐드러지게 필 것이고, 새들은 노래할 것입니다. 생명(life)이 존재하듯 삶(life)도 역시 찬연하게 긍정될 수밖에 없는 것이겠지요.

"증오가 사랑으로 바뀌면 더 큰 사랑이 된다"라는 『에티카』 4부의 구절을 이해하기는 쉽지 않습니다. 오히려 어떻게 그런 일이 가능하냐고 반문하겠지요. 『누가복음』에 나오는 탕아의 비유를 떠올리지 않더라도 현실에선 그런 일이 비일비재합니다. 증오범죄나 혐오발언, 차별 등의 원동력은 사랑의 능력이 부재하기에 변용에도 무능력한 앙상한 체계나 개인, 집단일 뿐이라고 스피노자는 말합니다. 결국 그런 체계나 집단, 사람은 '예속인'이며, 사랑과 욕망의 능력을 통해 증오를 사랑으로 바꾸는 사람은 '자유인'이라고 할 수 있습니다. 스피노자는 "사랑의 씨앗은 자유로운 삶과 정신이 있는 한 뿌리내릴 수 있다"라고 낙관적으로 전망했습니다. 그리고 그것이 바로 혁명을 선취한 스피노자가 그려낸 미래상이라고 할 수 있겠지요.

자유인의 해방전략을 접한 사람들은 동화 같다고 말하거나, 너무 순진하다고 말하기도 합니다. 그러나 "사랑이 곧 혁명이다"라고 일갈한 스피노자는 그저 동화나 공상으로 얘기하는 것만은 아닙니다. 헤겔은 부정의 힘을 통한 변화를 추구하면서, 인륜적 공동체가 인간 사회에는 전제되어 있으므로, 모순·적대·투쟁이라는 부정의 과정을 거치더라도 더 성숙한 사회로의 부정의 부정이 이루어질 수 있다고 보았습니다. 그러나 그런 생각이야말로 더 동화 같고 순진한 것이라는 점이 드러납니다. 인륜적 공동체는 미리 전제되어 있지 않기 때문에, 모순과 적대는 더 큰 사회 분열로 이어집니다. 오히려 삶의 긍정적인 역능인 사랑과 욕망의 능력에 따라 인륜적 공동체를 구성하고 생산하려는 사랑의 용기 있는 행동이 혁명에 필적한다는 점을 스피노자는 말하고 있습니다. 사랑과 욕망, 정동을 통한 공동체의 구성과, 삶과 생명에 대한 긍정적인 에너지의 발산이 자유인의 해방전략이라고 할 수 있습니다.

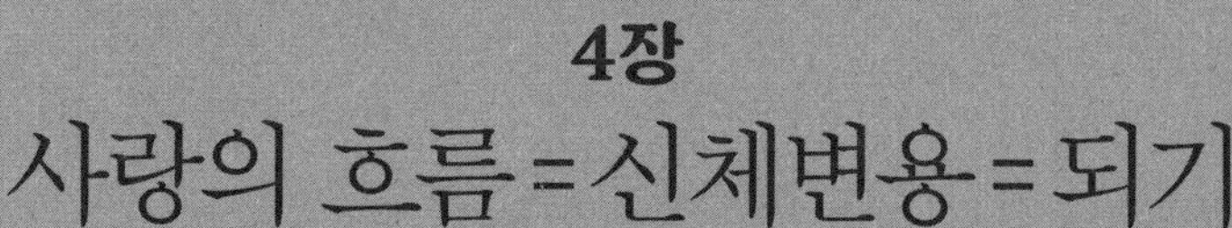

4장
사랑의 흐름=신체변용=되기

01

고원에 오른
두 명의 스피노자주의자

나와 아내, 비주류로 탈주하다

한밤중에 눈을 떠보니 옆자리에 아내가 곤하게 자고 있더군요. 누군가 옆에 있다는 것이 작은 평화를 줍니다. 두 사람이라서 참 다행이라 생각합니다. 그것을 앙상블라주(emsemblage)라고 하나요? 둘이 서로 얼굴을 마주 보면서도 멀리 전방으로 탈주하는 것, 문명이라는 엄청난 속도의 기관차에 타고서도 서로를 찬찬히 응시할 수 있다는 것이 참 좋습니다.

지난 10년 동안 아내와 저는 주류사회로부터 멀리 탈주했습니다. 직장이 있는 것도 아니고, 사회적 지위가 보장된 것도 아니고, 소득이 많은 것도 아니었습니다. 세상의 안정된 기준으로부터 멀찌감치 떨어져 있었지요. 우리는 그걸 일종의 '탈주'라고 표현합니다. 가타리는 "탈주하는 자의 표현양식에 주목하라!"라고 일갈했다지요. 탈주하는 자들이었던 우리 부부는 그 과정에서 수많은 철학책을 읽고 토론하고, 평범한 일상의 사건 속에서 추억을 만들고, 고양이들의 스토리를 써가면서 그것을 몇 권의 책에 담아냈습니다. 그것은 인생이 갖고 있는 질문의 입구로 들어서서 색다른 출구를 찾기 위한 필사적인 몸부림과도 같은 것입니다.

스피노자는 『에티카』를 집필하면서 인생의 탈주선 위로 사랑, 욕망, 정동의 지도를 그려나갔습니다. 그가 발견한 자유인의 해방전략은 이제 색다른 출구 중 하나가 되었습니다. 그리고 그 출구는 후대에 올 누군가의 입구가 되어 색다른 사상의 시작점이 되었지요.

들뢰즈와 가타리가 바로 그들입니다. 두 사람은 친구의 소개로 만났습니다. 파리의 거리가 68혁명으로 뜨거웠을 때였습니다. 그들은 마치 번개에 맞은 것처럼 만나자마자 서로에게 빠져듭니다. 며칠 내내 쉬지도 않고 대화하면서 서로에 대해 알아가고 관계를 형성했지요. 이후 그 때를 회상하며 두 사람은 "둘이서 여럿이었으며, 복수였고, 다양이었다"라고 말합니다. 그렇게 그들 사이에는 강렬한 밀도, 온도, 속도, 강도의 이야기들이 오갔을 것입니다. 스피노자에 매료된 사람이라는 점이 그들의 공통분모였습니다. 스피노자는 그 두 사람의 미지의 항로, 색다른 탈주선에 환한 불을 켜주는 등대와도 같았을 겁니다.

먼저 가타리는 당시 지식인들이 열광하던 라캉주의가 갖고 있는 반동적인 성격을 파악하고, 스피노자의 욕망과 무의식 개념을 혁신할 아이디어를 들뢰즈에게 들려주었습니다. "좋아! 그걸 책으로 써보세"라며 들뢰즈는 가타리에게 숙제를 내주었지요. 그렇게 해서 출간된 책이 바로 『안티오이디푸스』입니다. 그 후 두 사람은 누가 한 이야기인지, 누구의 아이디어인지도 모를 정도로 서로의 생각을 섞어서 책을 써나갑니다. 『천 개의 고원』과 『카프카』, 『철학이란 무엇인가』가 그런 과정을 통해서 세상에 나왔습니다. 그렇게 들뢰즈와 가타리는 둘이 만든 탈주선, 둘이 만든 지도 그리기에 많은 독자들을 동참시킵니다.

들뢰즈와 가타리의 사랑의 색깔

들뢰즈와 가타리는 스피노자의 신체변용, 즉 사랑과 욕망의 흐름을 '되기(becoming)'라는 개념으로 구현합니다. 스피노자에게 사랑과 변용은 신적 속성이기도 합니다. 두 사람의 작업은 스피노자의 신체변용이라는 개념을 현대화하는 지적 작업이었습니다. 물론 그전에 이미 독일 철학자 빌헬름 라이히(Wilhelm Reich, 1897~1957)가 스피노자 사상을 계승하여 욕망에 대한 해석 작업을 한 바 있습니다. 라이히는 스피노자의 코나투스, 즉 자기보존 욕구를 성-욕망 또는 오르가슴으로 해석했습니다. 그러나 라이히의 성-욕망을 통한 욕망의 해석 방식이 환원주의로 흐를 소지가 있음을, 들뢰즈와 가타리는 간파합니다. 이에 따라 두 사람은 리비도경제학에 대한 대대적인 혁신 작업에 착수합니다. 그 결과로 고안한 '되기' 개념은 흐름의 사유, 신체변용의 사유를 더 구체적으로 느낄 수 있게 합니다. 또한 되기는 신체변용을 성-욕망으로 환원하지 않고, 사회화학적인 변화와 생물학적 변이, 사물의 변화 양상, 불가역적 변화로서의 흐름 등으로 확장하여 사유할 수 있는 개념의 구도를 보여줍니다. 스피노자가 신체 속의 변용으로 한정했던 구도를, 세상 전부를 설명하는 특이점으로 만들려는 야심찬 기획이었지요. 그리고 스피노자의 능동적인 것, 즉 신적 속성으로서의 신체변용을 단순히 형이상학이나 신학적인 사랑의 논의로 한정하거나, 동시에 지극히 신체적인 성-욕망의 수준으로 한정하지 않는다는 장점이 있습니다.

제가 '되기'에 대해 이야기하면, 많은 사람들이 역지사지(易地思之)를 떠올리더군요. 남의 입장이 되어 생각하는 것이 사랑이 아니냐는 것입니다. 그것도 좋은 발상입니다. 그런데 역지사지는 엄밀히 말해 '동일시'에 가까운 되기입니다. 즉 남과 내가 같아지는 것이지요. 하지만 어떻게 내가 다른 사람과 같아질 수 있을까요? 그것은 높은 경지에 이른 현자이거나, 혹은 아무런 욕심도 번뇌도 없이 해맑은 아기에게나 가능한 일일 것입니다. 되기를 동일시로 보는 입장은, 우리는 언제든 남과 합일될 수 있고 통합될 수 있다고 말합니다.

그런데 여기서 통합(integration)은 '접촉하지 않은(not+touch)'이라는 뜻임을 곱씹어봐야 합니다. 즉 되기가 신체변용으로부터 파생되었듯이 접촉을 배제한 동일시와 거리가 멀기 때문입니다. 그런 점에서 되기는 영성적인 합일의 경지를 추구하는 통합이나 동일시의 논의와는 궤도를 달리합니다. 오히려 상대를 만나 내가 변화되고 상대방도 변화됨으로써 더 미세한 차이를 갖게 되는 것이 들뢰즈와 가타리의 '되기'입니다.

스피노자의 신체변용 개념에 대한 논의는, 신체-욕망 단계에서 기호-욕망 단계로 이행한 현대 자본주의 사회에서 다시 한 번 혁신될 필요가 있습니다. 즉 신체로부터 유래하는 생명 에너지와 달리 이미지, 영상 같은 기호로부터 유래하는 에너지의 작동에 대해서도 주목해야 합니다. 그러므로 되기를 신체 접촉의 수준뿐만 아니라 기호 접속의 수준으로까지 확장할 필요가 있습니다. 동시에 생명 간의, 사물 간의, 기계 간의 되기에 대해서도 사유의 지평을 확장해야겠지요. 그러므로 변이되고 변화되고 변용되는 '되기'의 사유는 신체, 기계, 사물, 생명, 자연으로까지 확장해나가야 할 때입니다. 그런 점에서 점점 접촉을 회피하고 위생적이면서 탈색된 관계를 지향하는 현대인의 삶에서도 사물, 기계, 생명, 자연과의 강렬한 상호작용으로서의 되기는 상존하는 것 같습니다. 되기를 피상적으로 부정한다 하더라도 감정과 정동의 지도를 그려내는 사회와 네트워크, 보이지 않는 공동체가 작동하기 때문입니다.

어떤 사람은 '되기'라는 사랑과 욕망의 능력을 촌스럽다고 느낄 수도 있습니다. 그러나 우주, 자연, 생명, 사물에 대한 사랑이 없이는 삶의 자기원인을 구축할 수 없다는 점도 분명합니다. 사랑, 다시 말해 되기는 삶의 다양한 면모를 보여줍니다. '되기'가 없는 위생적이고 탈색된 관계만이 만연한 이 시대에도 어디선가 누군가를 향한 되기, 둘 사이를 넘어선 다방향적인 되기가 있습니다. 모든 생명, 자연, 기계, 사물과의 되기도 있을 수 있겠지요. 물론 깊이 있는 접촉이 아닌 표면적인 빠른 횡단의 되기도 있습니다. 보이지 않는 미세한 것 되기 등도 빠질 수 없습니다. 그런 점에서 삶의 여러 가지 변용된 모습 자체가 되기가 재창조해낸 것들입니다. 세월이 흐를수록 젊은 세대들의 되기는 점점 더 촘촘하고 미세해져 이제 기성세대가 만들어놓은 인식의 그물에 걸려들지 않게 됩니다. 세대 차이가 생길 수밖에 없는 이유입니다. 그런 점에서 현대 사회는 들뢰즈와 가타리의 '되기'가 더욱더 혁신되어야 하는 시대에 직면해 있습니다.

번개(가타리)와 피뢰침(들뢰즈)의 만남

들뢰즈와 가타리의 만남을 '번개와 피뢰침의 만남'이라고 표현합니다.

번개는 가타리이고, 피뢰침은 들뢰즈입니다. 철학자이면서 심리치료사이자 사회활동가였던 가타리는 전방으로 탈주하여 색다른 영역을 개척하는 임무를 맡습니다. 이에 대한 설명과 해석은, 당시 이미 대석학이었던 들뢰즈가 맡습니다. 스피노자가 『에티카』 후반부에서 전방으로 탈주하여 미래로부터 전략적 지도 제작을 했던 것을, 이제 두 사람이 분담해서 하는 셈입니다. 스피노자는 미지의 곳으로 튕겨 나간 자신의 상황을 스스로 설명해야 한다는 점에서 이중적인 전략을 취해야 했습니다. 어쩌면 그는 기하학적 방법론에 의지해서 이러한 이중적인 상황을 혼자서도 해결할 수 있었을지 모릅니다. 이에 비해 들뢰즈와 가타리는 마치 서로의 분신인 양 역할을 분담합니다. 그게 앙상블라주 전략의 의미라고 할 수 있습니다.

가타리를 만나기 전 들뢰즈는 『차이와 반복』(민음사, 2004)을 통해 생명, 생태, 생활의 차이 나는 반복, 즉 아침-점심-저녁, 봄-여름-가을-겨울, 밀물과 썰물 등을 설명할 수 있는 차이의 형이상학을 완성합니다. 그런데 들뢰즈는 그때만 해도 차이가 어떻게 생산되고 반복되고 강렬해지는지를 설명하지 못했습니다. 당시 유럽 사회는 미디어와 소비생활, 문화생활 등이 동질화되면서, 차이 생산, 다양성 생산, 이질 발생의 중요성이 막 드러나던 때였습니다. 즉 들뢰즈는 차이 나는 반복이 어떻게 생성되는지에 대해서는 침묵한 채, 차이의 정치와 마찬가지로 차이와 다양성이 그냥 주어지는 것이라고 보았지요. 그러다가 가타리를 만나면서 난관을 돌파할 색다른 출구를 발견하게 됩니다. 바로 스피노자로부터 유래한 욕망 개념을 가타리가 들고 나온 것입니다.

가타리는 사랑을 욕망으로 통합하여 설명합니다. 그리고 차이 나는 반복의 원동력을 우리 내부에 갖고 있는 생명과 자연의 능력인 욕망으로부터 설명합니다. 그는 한 치의 망설임도 없이 '욕망하는 기계'라는 개념을 고안해냅니다. 여기서 기계는 반복을 의미합니다. 예를 들어 매일 밥을 먹는 입은 식사기계, 계속 담배를 피우는 입은 흡연기계, 연신 뽀뽀를 해대는 입은 애정기계입니다. 여기서 매일, 계속, 연신이라는 단어에 주목할 필요가 있습니다. 반복입니다. 스스로 원해서 하는 반복이지요. 즉 욕망이 반복으로 만들어진다는 얘기이며, 반복으로 작동한다는 얘기입니다. 내가 시원한 맥주를 마시고 싶은 욕망이 생겼다면 가까운 술집에 갈 것입니다. 그리고 시원한 맥주를 마시려는 계속되는 욕망은 맥주를 마시는 반복되는 행동양식으로 자리 잡을 것입니다. 즉 차이의 생산이나 반복의 설립, 강렬함의 증가 등에는 반드시 욕망이 개입합니다. 이제 욕망하는 기계라는 개념이 등장합니다. 이는 스피노자의 코나투스, 즉 자기보존 욕구라는 욕망 개념을 현대화하는 작업임에 분명합니다. 『안티오이디푸스』에서 가타리가 사용했던 '욕망하는 기계'라는 개념은 사랑과 욕망의 반복(=기계)적 성격을 밝히면서, 욕망하는 기계들 간의 메타기계체로서 존재하는 공동체, 네트워크, 사회체 등을 규명하는 전거가 됩니다. 이는 스피노자가 "우리는 아직 우리의 몸으로 무엇을 할 수 있는지 모른다"라고 했던 아포리즘에 대한 역사적인 대답이 될 수 있습니다. 이는 네트워크 사회를 앞둔 상황에서 욕망의 반복 양상을 규명하는 작업이라는 점에서 큰 의미를 가집니다.

들뢰즈는 가타리에게 숙제를 내주어, 훗날 방대한 저작이 된 『안티오이디푸스』(1972)의 초고를 쓰게 만들었습니다. 그리고 마치 한 사람은 전방을, 한 사람은 후방을 맡은 것처럼 분담하여 책을 썼습니다. 1980년대에는 조금 실험적인 작업을 합니다. 바로 『천 개의 고원』(1980)입니다. 여기서 두 사람은 본격적으로 '되기'라는 개념을 말하기 시작합니다. 특히 소수자 되기, 동물 되기, 아이 되기, 여성 되기, 분자 되기, 지각불가능하게 되기 등의 개념을 통해 스피노자의 사상을 발전시키고자 합니다. 두 사람은 스피노자가 보여준 기하학적 구도 속에서의 사랑과 욕망의 흐름을 되기의 다채로운 양상으로 설명합니다. 이를 통해 감속과 가속을 거쳐 공동체의 다양한 모습으로 변용된 신체의 여러 가지 모습을 보여줍니다. 스피노자의 『에티카』를 이토록 아름답게 현대화할 수 있을까 감탄하게 되는 대목이기도 합니다.

고원, 강렬함이 지속되는 관계

두 사람의 만남은 『천 개의 고원』에서 고원으로 묘사됩니다. 고원은 그레고리 베이트슨이 『마음의 생태학』(책세상, 2006)에서 처음 사용한 개념입니다. 고원(高原)의 사전적 의미는 '주위의 지형보다 높은 지대에 펼쳐진 넓은 벌판'입니다. 이미 일정 높이에 다다른 상황에서 더 정점을 향해 치달아가는 것이 아니라 편편한 상태에서 고도가 지속되는 지형지물인 것이지요. 또한 고원은, 발리의 이아트멀 원주민들이 사정하지 않고 강렬도를 유지한 채 운우의 정을 즐기는 오르가슴의 방법이기도 합니다. 들뢰즈와 가타리는 강렬도가 지속되는 고원의 상태에서 그 강렬함에 무언의 춤을 추듯 말하고 글 쓰고 개념을 창안했던 것으로 보입니다. 이는 스피노자의 삶이, 욕망을 억제하거나 또는 욕망이 분출되는 것이 아니라 욕망과 정동을 삶의 내재성에 배치하고 천천히 혹은 빠르게 지도 그리기를 했던 것으로 보는 입장입니다. 두 사람 사이에 오간 강렬한 욕망을 지도 그리기 하면서 이를 고원이라고 말합니다. 스피노자가 초월적인 신적 원리에 기대지 않고 검소, 소박, 겸양의 내재적 삶을 살았음에도, 그의 삶이 욕망을 억제한 상태가 아니라 오히려 욕망의 강렬도가 지속되는 고원과도 같은 것이었다는 들뢰즈와 가타리의 해석이 나오게 된 이유입니다. 둘이 아니었기 때문에 스피노자에게 고원은 삶 자체였고, 유일무이한 자기 삶의 내재성이었을 겁니다. 그러나 들뢰즈와 가타리는 둘이었기 때문에 분신처럼 서로의 욕망을 교차시키면서 강렬도가 지속되는 사이존재로서 위치 지을 수 있었습니다.

고원은 정점을 치고 내려오는 카타르시스가 있는 것이 아니라, 강렬도가 지속되는 상태입니다. 이는 동양의 방중술과도 유사합니다. 반면 카타르시스는 프로이트가 채택한 정신분석 방법론이기도 합니다. 즉 무의식의 심연에 감추어졌던 것이 의식의 표면으로 드러났을 때, 마치 깨달음에 이른 것처럼 해방감과 자유를 얻게 된다는 것입니다. 그러나 들뢰즈와 가타리는 그러한 깨달음의 신화를 거부했습니다. 오히려 절정에서 맛보는 깨달음이 아니라, 천천히 익어가는 술과 같이 강렬함이 지속되는 상태에 주목했습니다. 이는 스피노자주의에서 깨달음의 순간을 설정한 카타르시스의 방법론이 부재하다는 점과 일치합니다.

스피노자는 인식에는 세 가지 종류가 있다고 말했습니다. 본질직관으로서의 3종지와 공통관념으로서의 2종지, 그리고 표상, 기호, 감각으로서의 1종지입니다. 스피노자는 3종지의 영성적이고 직관적인 과정을 부정하지 않았습니다. 그러나 1종지를 거부하면서 2종지와 3종지만을 통해 카타르시스를 느끼는 과정으로 앎과 인식을 설정하지 않습니다. 이 부분에서 독자들은 스피노자의 서술 방식에 묘한 느낌을 받습니다. 1종지를 거짓된 인식으로 간주하면서도 이를 배제하지 않는다는 인상을 받기 때문입니다. 이러한 스피노자의 1종지, 2종지, 3종지의 구도를 이해할 수 있는 단서를 제공해주는 사람은 그레고리 베이트슨입니다. 베이트슨은 자극과 반응(S→D)의 1차적 앎의 과정과, 맥락화된 2차적 앎의 과정과, 탈맥락화된 3차적 앎의 과정과, 초맥락화된 4차적 앎의 과정에 대해 서술했습니다. 그런 다음 1차, 2차, 3차, 4차 과정이 감쌈(envelopment)과 횡단을 통해 전부 작동하는 것이 앎이라고 보았습니다. 스피노자가 카타르시스의 방법론을 채택하지 않은 이유도 여기서 드러납니다. 다시 말해 1종지와 2종지, 3종지가 전부 작동하는 것이 앎의 과정이며, 어느 하나도 배제하지 않는 것이 진정한 앎이라는 것입니다.

들뢰즈와 가타리가 말한 고원의 전모도 여기서 규명됩니다. 고원은 무의식과 의식에 차등을 두는 카타르시스가 아니라 무의식, 전의식, 의식, 욕망, 정동, 영적 직관 등이 어우러진 관계망이 두 사람의 만남이라는 것입니다. 들뢰즈와 가타리는 두 사람의 관계를 여럿, 복수, 다양이 만든 고원이라고 보았습니다. 두 사람은 서로에 대한 일치에서 강렬한 합일을 느끼는 종교적이고 신비적인 관계도 아니고, 의식이나 영성의 깨달음을 주는 상담자와 내담자의 관계도 거리를 두고 위생적으로 마주하는 관계도 아닙니다. 둘 사이에서 만들어지는 다양한 차이와 편차를 응시하고 발견하면서 그 속에서 다양체로서의 공동체와 사회의 맥락과 탈맥락 등을 발견하고 구성하는 관계망입니다. 즉 서로 달라짐으로써 더 강렬해지고 가까움과 거리감 사이에서 끊임없이 위치 조정이나 태도 변화 등을 수행하는 관계망, 즉 미학적이고 윤리적인 관계망으로서의 배치였던 셈입니다. 두 사람 사이에는 사랑과 욕망의 지도를 만들어내는 강렬도의 고원이 수없이 존재한다는 것입니다. 이것이 바로 '천 개의 고원'입니다.

탈주선, 입구와 출구가 다르다는 것

아내가 텔레비전을 보고 있을 때 저는 견딜 수가 없습니다. 물론 저보다 잘생긴 연예인을 보고 있기 때문만은 아닙니다. 서로 말 없이 앞만 보고 있는 배치가 저를 숨 막히게 합니다. 텔레비전은 둘이 나란히 앉아서 봐도 혼자 보는 것과 같은 개인적인 매체입니다. 그래서 텔레비전을 보고 있는 동안 저는 외로웠고, 그래서 실수인 척 텔레비전을 끄고 딴청을 피우곤 합니다. 특히 텔레비전은 앙상블라주를 방해한다는 점이 드러납니다. 즉 둘이 서로 얼굴을 보면서 분신을 분배하고 탈주선을 타고 함께 도망치면서 미래를 향한 미지의 항로를 만들 수 없습니다. 요즘 우리 부부는 텔레비전 볼륨을 가장 낮추어 수면을 유도하는 장치로만 이용합니다.

스피노자의 『에티카』는 영구적인 탈주선이었습니다. 스피노자는 혼자였지만, 가상의 독자를 설정하여 자유인의 해방전략, 즉 사랑이 곧 혁명이라는 것을 일갈했고, 민주사회와 다중에 대한 민주주의 전략을 얘기했으며, 사랑·욕망·정동의 지도 그리기를 했습니다. 들뢰즈와 가타리는 앙상블라주 전략을 통해 고원을 형성한 데 비해 스피노자는 미래로부터의 자신과 과거로부터의 자신을 분신과 같이 분배함으로써 고원을 형성할 수 있었습니다. 그리고 분신들과 함께 영구적인 사랑의 승리, 영구적인 욕망의 탈주선을 그려냈습니다.

그래서 두 명의 스피노자주의자 들뢰즈와 가타리가 만든 『천 개의 고원』이라는 창을 통해 스피노자를 독해하면서도 스피노자가 고독하고 힘든 삶에서 카타르시스를 느끼기 위해서 혹은 깨달음을 얻기 위해서 『에티카』를 썼다는 오해를 할 여지가 전혀 없습니다. 오히려 스피노자는 수많은 사람들, 즉 다중의 사랑, 욕망, 정동이라는 삶의 내재성에 접속한 사람이었기에 엄청나게 상냥하고 뜨겁고 열정적인 삶을 살 수 있었던 것 같습니다. 스피노자의 영구적인 승리, 영구적인 탈주선 위에서 들뢰즈와 가타리라는 특이점들을 만난 것은 참 행운이었습니다. 그것은 "탈주하는 자의 표현양식에 주목하라"는 말을 이해할 수 있는 작은 단서일지도 모릅니다.

02

들뢰즈와 가타리, 스피노자로부터의 편위운동

스피노자, 아카데미를 벗어난 반철학의 철학

모처에서 특강 요청을 받고 증빙서류로 제출해야 하는 이력서를 작성하다 보니, 문득 내가 속한 아카데미가 없다는 것을 깨달았습니다. 개인 연구실인 철학공방 '별난'의 공동대표직을 내걸고 특강이며 세미나며 회의에 다니고 있을 뿐이었지요. 그러다 보니 프로젝트를 하기에 어려움도 많고, 학문적으로나 경제적으로 난관과 한계에 봉착할 때도 있습니다. 그럴 때마다 시간강사 자리 같은 작은 끈이나마 붙잡고 싶은 생각도 들곤 합니다. 하지만 최근 대학에서도 인문학 자체가 구조조정되고 퇴출되고 있는 상황입니다. 인문학 연구자로서 이래저래 씁쓸한 현실이 아닐 수 없습니다.

펠릭스 가타리는 "아카데미에 목을 축이지 말 것"을 주문했습니다.

그 이유는 명백합니다. 아카데미는 체제와 문명이 요구하는 답을 내놓는 전문가들을 육성하기 때문입니다. 아카데미에서는 좋은 질문이나 날카로운 문제의식에는 그리 주목하지 않습니다. 그저 화려하고 세련된 대답이라는 고정관념을 논증과 추론으로 정리해서 전달하는 전문가를 원합니다. 어쩌면 그래서 제가 아카데미에 발을 담그지 못하고 있는 게 아닌가 싶기도 합니다.

스피노자는 대학 교수직을 거부했다지요. 당시 아카데미가 수용할 수 있는 최대치는 데카르트주의였다고 합니다. 대학에서는 스피노자를 조금 이단적인 데카르트주의자로 보았던 것 같습니다. 그래서 스피노자에게 교수직을 제안했지만, 스피노자는 렌즈 세공과 『에티카』 집필을 이유로 그 제안을 거절합니다. 아마도 그는 아카데미의 존립 근거를 간파하고 있었던 것 같습니다. 즉 모든 것을 편편하고 중화되고 탈색되고 뻔한 것으로 보편화하는 아카데미의 원리와 작동을 직감하고 있었던 것이지요. 아카데미가 어떠한 자유로운 사상에도 기여하지 못한다는 것이 교수직을 거절한 진짜 이유였을지도 모릅니다. 안정된 삶을 살면서 학문 발전에 이바지할 수 있다는 달콤한 유혹과 자유정신을 맞바꾸지 않았던 거지요.

대학의 기능 정지와 인문학의 죽음에 직면한 요즘, 스피노자는 연구자들에게 야성성을 상기시키는 측면이 있습니다. 시대가 받아들이지 못할 정도의 극한적 사유, 경계인의 사유를 함으로써, 적당히 타협하는 길보다는 좁고 험난하지만 색다른 사유의 경로를 개척하라는 스피노자의 일갈이 들리는 것만 같습니다. 야성성이 자율성이듯이, 야만적 별종이었던 스피노자의 길을 따라 미래를 선취하는 것이 '주류 아카데미의 사유로부터 벗어난 반철학의 철학'으로 가는 길이 아닐까 합니다. 그런 점에서도 스피노자는 연구자, 철학자, 사상가로서 시대를 선도했던 사람입니다.

은둔자가 노마드로 사는 법

들뢰즈와 가타리 중 누가 더 스피노자와 닮았는지 논쟁이 일었습니다. 들뢰즈는 30년 넘게 아카데미를 벗어나지 않고 같은 대학에서 강의했지요. 가타리는 그런 들뢰즈를 보고 "염소를 묶어두면, 한자리를 뱅뱅 돌며 풀을 뜯는다"라고 말했다지요. 반면 가타리는 젊은 시절부터 유럽을 여행했고, 중년 이후에도 강연을 위해 세계 각국을 부지런히 돌아다녔습니다. 그렇다면 둘 중 누가 더 스피노자에 가까울까요? 아마 스피노자가 작업장과 하숙집을 오가며 은둔생활을 했다는 점에서 들뢰즈의 손을 들어주는 사람이 많을 것 같습니다.

들뢰즈와 가타리가 함께 쓴 『천 개의 고원』에는 노마드(nomade), 즉 유목민이라는 개념이 등장합니다. 유목민은 지역과 경계를 넘나드는 사람입니다. 그러나 들뢰즈와 가타리의 노마드 개념은, 정주적이고 정체되어 있는 국가주의를 거부하고 자신을 사로잡은 경계와 구획, 고정관념에 전쟁을 선포한 전쟁기계와도 같은 개념입니다. 다시 말해 자신의 욕망을 분출했던 68혁명은 노마드의 혁명이었다고 평가될 수 있겠지요. 실제로 68혁명 동안 많은 사람들은 권위주의와 지배질서에 저항하고, 자유로운 삶, 권위와 위계가 없는 삶을 위해서 투쟁하는 전쟁기계 같았으니까요.

그런데 여기서 문제가 되는 것은 들뢰즈와 가타리가 노마드를 '제자리에서 여행하는 법'이라고 명시한 점입니다. 이른바 '국지적 절대성'

이라고 불리는 이 개념은 국지적인 영역, 즉 주변 사람들을 고정관념 없이 바라보고 그들의 깊이와 잠재성을 발견하는 것입니다. 이것을 노마드라고 부릅니다. 어쩌면 스피노자는 국지적 절대성을 구현한 삶을 살았다고 볼 수 있습니다. 즉 삶의 내재성이 갖고 있는 깊이와 잠재성에 주목하면서, 그 위를 흐르는 정동, 사랑, 욕망의 지도 그리기를 했으니까요.

저는 강의 때 "전 세계를 돌아다니면서 색다름을 찾아야 할까요? 가까이에 있는 사람들의 깊이와 잠재성을 발견하면서 색다름을 찾아야 할까요?"라는 이분법으로 질문한 적이 있습니다. 그러자 학생들은 일제히 "둘 다요!"라고 답했지요. 실제로 서로 대립하거나 배리되는 개념도 아닌 이상 두 가지 방법을 잘 배합하는 것이 가장 현명할 수 있습니다. 어쩌면 들뢰즈는 국지적 절대성으로서의 노마드를, 가타리는 전 세계를 유목하는 노마드를 삶으로써 보여주는 것 같습니다. 그리고 스피노자는 들뢰즈와 같이 제자리에서 여행하는 법, 즉 국지적 절대성에 능통한 사람처럼 느껴집니다. 사실 문제는 현실을 뻔하고 비루하게 바라보는 것에 있습니다. 고정된 틀로 세상을 바라보면 새로울 것이 없는 똑딱거리는 일상뿐입니다. 스피노자가 주목한 삶의 내재성이라는 개념은, 삶이 풍부하고 다양하며 그 깊이와 잠재성 속에 생명과 자연의 비밀이 내재해 있음을 밝혔다는 데 의미가 있습니다. 어쩌면 노마드 이론에 최적화된 사람이 바로 은둔자로 불렸던 스피노자일지도 모릅니다.

스피노자는 발견주의인가, 구성주의인가

들뢰즈와 가타리는 마치 두 명의 분신처럼 스피노자 사상의 두 가지 측면으로 분기되는 측면이 있습니다. 그중 하나가 발견주의와 구성주의로의 분기입니다. 발견주의가 삶의 재발견이라면, 구성주의는 삶의 재창안입니다. 이런 점에서 스피노자의 삶의 내재성 개념을 두 차원에서 규명한 것이라고 할 수 있습니다.

먼저 들뢰즈는 초월론적 경험론의 구상을 통해 외부로부터 사건이 다가오는 것, 즉 우발성과 외부성에 대한 발견이 앎이며 인식이라는 점에 주목했습니다. 이는 이미 스피노자를 '우발성의 유물론'으로 사유했던 알튀세르 같은 사상가들도 제기했던 측면입니다. 즉 정동, 사랑, 욕망이 발생론적으로 볼 때 외부로부터 다가온 사건에 의해 촉발되며 우리는 끊임없이 이를 발견하고 재발견한다는 입장이 그것입니다. 그런 점에서 외부와 접촉하는 신체는 그 잠재성과 깊이에 의해 하나의 특이한 사건으로 외부와의 마주침을 표현합니다. 그래서 들뢰즈는 "잠재성이 신체의 표면에서 흐른다"라고 표현했을지도 모릅니다. 신체의 표면이 바로 사건이 발생하는 곳이니까요. 그리고 이러한 사건성을 초월론적인 발견의 눈을 통해서 인식할 수 있다는 것입니다.

이러한 생각은 불교의 지관법을 연상시킵니다. 지관법은 마음을 응시하는 마음을 의미합니다. 예컨대 실수하는 나로서의 1인칭의 나와 이를 지켜보는 나라는 3인칭의 나가 동시에 존재한다는 생각이 그것입니다. 들뢰즈의 발견주의는 앞서 얘기했던 국지적 절대성과 같이 아주 국지적인 영역에 있는 사람들의 깊이와 잠재성 속에서 새로움을 발견하는 방법론일 수도 있습니다. 여기서 잠재성은 스피노자의 내재성 개념과 유사하며, 마음속 깊은 심연에 있는 것이 아니라 신체 표면 위로 흐르는 변용의 가능성을 의미합니다. 즉 우리는 어디에 접촉하느냐에 따라 꽃이 될 수도, 새가 될 수도, 강아지가 될 수도 있는 잠재성이 신체 표면 위로 흐르고 있는 존재들입니다. 그렇기 때문에 발견주의는 우리 신체 표면 위에 있는 '되기'의 능력, 즉 잠재성을 끊임없이 응시하는 마음을 의미합니다. 이는 들뢰즈가 스피노자의 내재성 논의를 앎과 사유의 측면에서 발전시킨 결과물입니다.

반면 가타리는 구성주의적 방법으로 스피노자의 사상을 전개했습니다. 물론 들뢰즈도 "한 사람의 죽음은 하나의 세계의 소멸과도 같다"라고 말하면서 구성주의의 단초를 제공한 바 있습니다. 구성주의는 생명의 유일무이성과 특이성에 따라 하나의 통합된 세계가 있는 것이 아니라, 각자가 구성한 세계가 따로따로 있다는 사상입니다. 이에 따르면, 100명이 모여 공동체를 만들면 하나의 공동체가 있는 것이 아니라, 100개 혹은 100개 이상의 공동체가 있다는 생각이 가능해집니다. 이는 스피노자의 특이성 개념을 더욱 급진적으로 전진 배치하여 인식론에 적용한 결과입니다.

가타리는 구성주의 중에서도 생명, 기계, 인간, 사물, 자연의 자기생산에 대해 탐색했습니다. 이는 스피노자의 자기보존 욕구로서의 코나투스 개념을 발전시킨 것입니다. 가타리는 생명활동의 목적과 과정, 결과물이 생명 자신임에 대해서 말하는 마투라나와 바렐라의 사상을 받아들였습니다. 이를테면 우리가 먹고 마시고 놀고 즐기는 것은 바로 우리 자신을 만들기 위한 과정입니다. 가타리는 이를 계승하여 기계론을 정립했습니다. 여기서 기계는 단순히 물리적인 도구로서의 기계가 아닙니다. 반복을 이루는 모든 것을 일컫는 말이지요. 우리 몸도 반복적인 움직임을 수행하여 맡은 일을 해나갑니다. 다리를 반복적으로 움직여 걸어가는 이동기계, 손으로 반복하여 글씨를 쓰는 필기기계, 위장이 반복적으로 움직여 음식물을 소화시키는 소화기계 등등 셀 수 없이 많지요. 그런가 하면 아침-점심-저녁, 밀물-썰물, 봄-여름-가을-겨울, 지구의 자전과 공전, 핼리혜성의 도래 등 지구생태계를 넘어서 우주로까지 반복을 이루는 모든 것이 다 기계입니다. 그 반복의 추동력이 바로 욕망이고요. 지구나 핼리혜성이 욕망을 가지고 있다는 것이 의아한가요? 욕망이라는 단어에 거부감을 느낀다면, 스스로의 존재를 유지하고자 하는 의지 혹은 삶의 자기원인, 범신론에서의 신적 속성이라고 이해하면 어떨까요?

가타리는 이 모든 기계들을 관통하는 이론으로서의 기계론을 제시했습니다. 그는 기계 역시 닫히고 폐쇄된 자동기계와 같은 기계(mechanics)가 있는가 하면, 열리고 자기생산하는 네트워크와 같은 기계(machine)가 있다고 말하면서 '기계(machine)의 자기생산'에 대해 언급했습니다. 이러한 기계의 자기생산에 대한 구상은 네트워크, 사이버네틱스, 인공지능 시대를 예감하는 것입니다.

들뢰즈의 발견주의와 가타리의 구성주의는 스피노자 철학을 현대화하는 과정에서 창안된 사상이라고 할 수 있습니다. 이는 주름이 펴지는 과정처럼 스피노자의 사상에 잠재되어 있던 작은 단서와 아이디어가 전개되고 표현되는 과정에서 만들어진 사상입니다. 스피노자의 삶의 내재성 개념은 삶의 재발견과 삶의 재창안에 따라 더욱 풍부하고 다양해질 수 있기 때문입니다.

들뢰즈, 니체와 스피노자를 통합하다

스피노자주의자로서 들뢰즈와 가타리의 분기점이 되는 지점이 있으니, 바로 니체에 대한 입장 차이입니다. 하나하나 내용을 살펴볼까요?

먼저 들뢰즈는 스피노자의 역능(force) 개념과 니체의 권력의지(will to power) 개념을 통합하여 사유합니다. 스피노자에게 역능은 내재적인 사랑과 욕망의 능력이며, 초월적인 권력(power)의 힘과는 다른 것입니다. 따라서 다중의 역능인지 군주의 권력인지를 정확히 구분합니다. 사랑에 따라 그 일을 해낼 힘을 갖고 있는지, 권력에 따라 그 일을 해낼 힘을 갖고 있는지를 명확히 구분하자는 말이지요. 우리 주변에도 "내가 그 일을 해냈다"라고 내세우는 사람이 간혹 있는데, 잘 살펴보면 그 공동체와 집단적 배치가 갖는 힘이 그 일을 할 수 있도록 만든 경우도 있습니다. 그런 점에서 어떤 일을 할 때 공동체의 배치와 관계망이 갖는 능력인지, 아니면 한 개인의 능력인지를 생각할 필요가 있습니다. 개인의 능력 쪽에 계속 힘을 싣게 되면, 이는 곧 그 개인의 권력을 강화하는 결과를 낳게 되겠지요.

그런데 들뢰즈는 왜 스피노자의 역능 개념과 니체의 권력의지를 통합적으로 사유했을까요? 사실 니체의 선악의 계보학은 초인 스스로가 선과 악의 기준을 결정할 수 있다는 점에서 가치 창조의 권력의 힘을 갖고 있습니다. 그러나 공동체에서 선악이나 도덕, 윤리 등은 그것의 배치와 관계망이 갖고 있는 '사랑과 욕망의 역능'에 따라 결정된 것이기 때문에, 어떤 개인의 가치 판단에 따라 쉽게 수정될 수 있는 것이 아닙니다. 반면 니체의 권력의지는 공동체적 관계망과 배치 속에서 유통되는 사랑과 욕망의 역능을 고려하지 않습니다. 그런 점에서 스피노자의 역능 개념이 적시하는 공동체적 배치와 니체의 권력의지가 적시하는 초인 개념은 다를 수밖에 없습니다. 그럼에도 불구하고 들뢰즈는 왜 스피노자의 역능과 니체의 권력의지를 무리하게 통합하려고 했을까요?

여기서 들뢰즈 자신의 사회적 배치에 대해 생각해볼 필요가 있습니다. 들뢰즈는 철학자로서 사유하면서 공동체적 관계망이 가질 수 있는 보수적인 윤리와 도덕으로부터 자유로운 사유를 전개하고자 했을지도 모릅니다. 그런 점에서 아카데미에서 지식인이 기본적으로 갖고 있는 심상은 바로 초인의 그것과 크게 다르지 않다는 생각도 듭니다. 즉 관계망으로부터 독립된 지식인이 가치 창조와 가치 판단을 스스로 해낼 수 있다는 것입니다.

물론 가타리는 니체의 사상에 대해 "약함을 넘어서는 강함을 생각하는 것"이라고 말하면서 부정적인 입장을 보였습니다. 그것은 역능이 아니라 권력의 영역이라고 본 것입니다. 이처럼 가타리는 배치와 관계망으로부터 벗어난 초인의 설정에 대해서는 결코 동의하지 않았습니다. 그런 점에서 가타리가 니체와 전혀 관계가 없는 스피노자로부터 사유와 실천을 전개했다면, 들뢰즈는 니체와 스피노자를 결연시키면서 사유와 실천을 전개했다고 볼 수 있습니다. 두 사람은 스피노자를 계승하려고 했다는 공통분모가 있지만, 스피노자를 수용하는 데 있어 묘한 긴장감과 편차를 보인 것도 사실입니다.

스피노자의 무의식 VS 프로이트의 무의식

스피노자의 무의식 개념은 가타리에 의해 더욱 혁신적으로 재창조됩니다. 가타리는 스피노자의 무의식 개념이 "정신이 장악하지 못한 또 하나의 생각"이라는 측면뿐만 아니라, "삶과 생명력과 욕망으로부터 유래된 강건하게 반복하는 것"이라는 점에 주목했습니다. 이는 프로이트와 라캉처럼 무의식 개념을 연약하고 흔들리고 병리적으로 보는 것과 차이를 보입니다. 후기 프로이트는 무의식의 영역을 동물적 충동이 작동하는 이드(id)라는 관점으로 비하했습니다. 초자아인 아버지에 의해 통제되어야 할 아이들의 동물적인 본능이나 충동으로 치부했지요. 프로이트의 오이디푸스 콤플렉스는 무의식을 비하하고 환원하는 데 동원하기 위해 그리스 신화에서 가져온 개념입니다. 프로이트는 자신이 감추고 싶었던 병리적인 무의식이 정확히 해석되고 의식화되는 순간에 해방감과 카타르시스를 느끼고, 치료된다는 가설에 따라 정신분석을 수행했습니다. 즉 동물적인 무의식이 의식에 의해 통제되어야 한다는 것, 이는 곧 억압이 있어야 문명이 성립된다는 생각으로 발전하게 됩니다. 이런 치유가설은 결국 스피노자가 발견한 무의식 현상과, 무의식 속에서 살아가는 민중적인 삶을 천한 것으로 여기며 아버지, 국가, 신 등 지배질서의 억압을 정당화하는 것이나 마찬가지입니다.

반면 가타리는 무의식을 오히려 사회-역사적 무의식, 집단적 무의식으로 보았습니다. 즉 무의식 속에는 개인의 병리적인 심상이 자리 잡고 있는 것이 아니라, 역사적이고 사회적인 무의식이 있다는 것입니다. 한국 사회를 살아가는 우리의 무의식 속에는 일제강점기, 새마을운동, 광주민주화운동, 1987년 민주화항쟁, 촛불집회 등이 자리 잡고 있는 것이지요. 또한 가타리는 프로이트주의자들이 주장하는 오이디푸스 콤플렉스라는 만능열쇠에 대해서도 따끔하게 일침을 놓았습니다. 가족주의 전망이 없는 젊은이들이 있을 수 있고, 가족의 형태가 단 하나일 수 없다는 생각을 보여준 68혁명 세대를 예시로 들었습니다. 또한 가타리는 기계적 무의식 개념을 제안했습니다. 무의식은 부부의 침실에도, 텔레비전에도, 축구장에도 서식할 수 있으며, 무의식 자체가 사물, 기계, 생명에 깃들어 있는 세상의 작동원리라고 간주했던 것이지요.

가타리의 무의식에 대한 사유는 스피노자의 무의식 개념이 민중적 삶의 내재성과 생명 에너지와 활력, 욕망을 규명할 수 있는 긍정적이고 생성적인 힘을 가진 것으로 보았기 때문입니다. 가타리는 스피노자의 무의식 개념을 혁신하고 그 원래의 의미와 가치를 복원했다고 평가됩니다. 이를 통해 자연과 생명의 힘이 우리의 무의식과 욕망에 내재해 있다는 스피노자의 생각으로 더 가까이 접근할 수 있는 통로를 마련한 셈입니다.

03

되기의 철학과 이기의 철학

되기, 사랑할수록 달라지는 것

어느 봄날 한 도서관에서 특강할 때 "되기는 사랑인데, 합일의 사랑은 아닙니다. 이유가 뭘까요?"라고 청중에게 물었습니다. 그러자 한 분이 소와 호랑이의 사랑을 비유로 들더군요. 소는 호랑이에게 자신이 가장 좋아하는 여물을 가져다주고, 호랑이는 소에게 고기를 주는 이루어질 수 없는 사랑이 현실이라는 것이었습니다. 이루어질 수 없는 비극적인 사랑이 떠올랐지만, 많은 힌트와 영감을 주는 답이었습니다.

들뢰즈와 가타리는 오르키데와 말벌의 비유를 들어 사랑을 설명했습니다. 즉 난초과 식물인 오르키데는 암컷 말벌 모양의 꽃을 피워 수컷 말벌을 유혹하고, 말벌은 모의성교를 통해 꽃가루를 옮김으로써 난초의 일부가 됩니다. 분명 오르키데는 말벌 되기를 합니다. 말벌 역시

오르키데 되기를 합니다. 그러나 난초는 말벌일 수 없고, 말벌도 난초일 수 없습니다.

둘이 서로 사랑하면 공유 지점이 커진다고 생각하기 쉽습니다. 그러나 두 사람은 각기 다른 진동 폭과 리듬, 박자를 가진 진동자와 같습니다. 두 진동자가 울리면 울림은 떨림이 되어 미세한 음들이 화음을 이룹니다. 그 과정에서 더 미세한 음들이 발생하고 신시사이저 같은 다양한 음들의 하모니가 울려 퍼집니다. 결국 사랑은 공감이 아니라 화음이 아닐까 하는 생각이 듭니다. 신시사이저가 되는 것이 사랑할수록 달라지는 것의 비밀이 아닐까 생각합니다. 내 안의 내재성의 지평이 더 넓어지고 아주 복잡한 존재가 되는 것이랄까요?

헤겔과 같은 철학자는 동일성의 철학을 기반으로 사랑할수록 같아진다는 논리를 폈습니다. 이에 따라 사랑도 보편적인 사랑으로 선을 그었습니다. 영원한 사랑, 어머니의 사랑, 신에 대한 사랑 등이 그 예이지요. 서로가 쉽게 합일하고 일치하기 때문에, 상대방이 무슨 생각을 하건 결국 나와 생각이 같을 것이라는 점이 보편주의에 따른 논리입니다. 그것이 가능한 것은 지극히 정신적이고 영성적인 영역이기 때문이라고 말했습니다. 물론 이러한 정신적인 사랑의 가능성에 대해서는 쉽게 단정하거나 평가할 수 없지만, 합일과 일치가 그렇게 단숨에 가능한지는 의문이 듭니다.

그런데 문제는 이러한 정신적 합일에 입각한 보편적인 사랑을 추구한 것은, 종교뿐만 아니라 사회질서와 시스템을 작동시키는 이념들도 마찬가지라는 점입니다. 결국 여기에 기반하여 국가주의 사상이 등장하게 됩니다. 국가 혹은 지도자에 대한 종교적인 추앙, 그 극단이 파시즘으로 나타나는 것은 모두가 아는 사실이지요. 이러한 보편주의에 따르는 사랑은 결국 특이성을 억압하고, 몰개성화하고, 차이와 다양성을 억압하는 지배질서 이념의 기초가 됩니다.

반면 스피노자의 공통관념은 사랑할수록 닮아가는 공동체나 공통성(common)이라는 논리의 기초를 제공합니다. 공통성은 동일성과 달리, 사랑할수록 닮아가지만 분명 차이를 내포하고 있습니다. 그래서 차이를 억압하거나 단조롭고 편편하게 만들려고 하지 않습니다. 또한 보편적인 사랑처럼 '사랑하면 같아진다'는 논리가 모든 영역에서 적용된다는 식의 방법론이 공통성에서는 작동하지 않습니다. 공통성은 지극히 국지적인 영역에서 발생할 수 있기 때문입니다. 즉 공동체는 둘 사이에서도 가능한 것입니다. 그렇기 때문에 동일성의 철학과 같은 국가주의의 철학이 구사하는 '사랑하면 같아진다'는 논리와, 공동체의 철학에서 구사하는 '사랑하면 닮아간다'는 논리는 유사해 보일 수 있지만, 심원한 차이가 있습니다. 너와 나 사이에 공통성의 영역은 공통의 아이디어, 생태적 지혜, 집단지성, 공유자산과 같은 것들입니다. 그래서 공동체의 사랑은 국가주의나 종교에서 말하는 사랑의 논리와 현격한 차이를 보이게 됩니다.

또한 스피노자의 특이성이라는 개념은 '사랑할수록 달라지는 것'이 어떻게 구현되는지를 보여줍니다. 세상을 바꾸는 모델 가운데는 의견 차이를 최소화하고 단일전선에 집중시키는 모델이 있는가 하면, 공동체의 차이와 다양성을 풍부하게 만드는 모델이 있을 수 있습니다. 사랑과 욕망은 공동체의 차이와 다양성을 더 많이 만드는 원천입니다. 여기서 스피노자의 사랑을 욕망이라고 할 때, 고정된 정답이 아닌 욕망이 던지는 문제 제기이자 질문이기 때문에 비스듬하게 편차를 가지면서 반복이 나타날 가능성이 높아집니다. 늘 차이 나는 반복이나 비스듬한 경로의 행동양식, 사랑의 편위운동을 만들어냅니다. 이에 따라 사랑할수록 달라진다는 말은 결국 사랑과 욕망이 미세한 차이와 결과 무늬의 변화, 신체변용, 사랑의 카오스를 일으키는 것을 가리킨다고 할 수 있습니다.

스피노자의 철학은 '사랑할수록 닮아간다'와 '사랑할수록 달라진다'의 두 영역 사이에 있습니다. 즉 특이성을 사랑하는 공통성이라는 구도, 차이와 다양성에 따라 더 풍부하고 다양해지는 공동체가 바로 스피노자 사상의 핵심입니다. 들뢰즈와 가타리 역시 이러한 스피노자의 '특이성을 사랑하는 공통성'으로부터 벗어나지 않으면서도 이를 더 혁신하려는 노력을 기울였습니다. 특히 가타리는 연대할수록 달라지는 구도를 통해서 '차이를 낳는 차이'라는 색다른 차이의 구도를 보여줍니다. 즉 공동체가 차이와 다양성의 생태계를 조성하는 데 그치는 것이 아니라, 2차적 차이인 색다른 주체성을 생산하고, 색다른 아이디어나 발상, 공통의 것을 생산하는 쪽으로 나아가야 한다는 것입니다. 이런 점에서 가타리는 '특이성을 사랑하는 공통성으로서의 공동체'라는 스피노자의 구도를 더 전진 배치하여 '차이를 낳은 차이로서의 공동체'로 나아갑니다. 이를 '특이성 생산'이라고 요약하지요.

'되기'와 '이기'의 차이

근대사회는 나와 그것(it) 사이의 구분을 통해 자아와 대상, 주체와 객체를 분리했습니다. 이것이 '이기(being)'입니다. 그 반대편에 있는 '되기(becoming)'는 그 접촉면의 경계가 모호해지고 희뿌연 구름과 같은 영역이 만들어지는 상태입니다. 그래서 되기는 사랑이자 흐름입니다. 되기는 존재를 이동시켜 나와 너의 구분마저 사라지는 신체변용의 양상을 의미합니다. 그런데 이것이 자존감, 자긍심, 자립 등 자아의 정립과 관련한 담론을 말하는 사람들에게는 다소 생소할지도 모르겠습니다. 자아와 관련된 무경계 상태를 의미하는 것과 같으니까요. 그렇다면 그것은 강건한 자아가 뭉개진 채 무심결에 살아가고, 미디어에 조종되고, 무비판적으로 스펀지처럼 빨아들이는 수용자적 태도를 의미할까요? 그런 무경계 상황을 흐름의 상태로 보는 것은 무리입니다. 즉 나와 너의 구분은 기본 전제가 되지만, 나와 너 사이에 강렬한 사랑의 흐름이 생겼을 때 그 수평적인 상태 속에서 너도 아니고 나도 아닌 주체성(subjectivity)이나 공통성(common)이 생기기 때문입니다.

그런 점에서 '되기'는 직분, 역할, 책임, 기능, 믿음을 바탕으로 한 나, 너, 그의 책임주체와는 다른 궤도를 그립니다. 나와 너 사이에서 발생하는 사랑과 욕망의 흐름은 스피노자가 말했듯이 신체를 변용시키는 능동적인 신적 속성입니다. 신적 속성이라고 해서 형이상학적이거나 영성적이거나 종교적인 것이 결코 아닙니다. 오히려 본질의 가장자리에 있는, 신체 표면에 잠재되어 있는 흐름이 활성화되어 활력과 생명에너지가 발생하고, 둘 사이에서 전혀 다른 '우리 중 어느 누군가'가 등장하는 것을 의미합니다. 이에 따라 되기는 결국 사랑할수록 달라지는 것을 구현하는 과정에서 등장한 개념입니다. 사실상 나와 너 사이의 차이를 좁히는 것이 아니라, 수많은 차이가 생겨나는 색다른 영역인 2차적 차이를 만들어내는 것입니다. 나와 너의 차이는 더 미세해져서 식별 불가능하고 지각 불가능한 변화, 즉 보이지 않는 영역에서의 심원한 변화를 이끌어냅니다.

우리는 간혹 되기의 질문을 명절이나 가족 모임에서 만난 아이들에게 던지곤 합니다. "너는 커서 뭐가 될래?" 상투적인 질문에 아이는 얼굴을 찌푸립니다. 잠시 생각하던 아이는 연예인, 공무원, 의사, 변호사 등 어른들이 알려준 직업을 말합니다. 그런데 진정한 되기의 질문은 "너는 뭐가 좋으니? 어떤 것을 좋아하고 사랑하니?"라고 묻는 것입니다. 그러면 아이는 약간 상기되어 "동물이 참 좋아요", "게임이 좋아요", "글 쓰는 게 정말 좋아요"라고 말할 것입니다. 그 아이들이 커서 수의사나 게이머나 작가가 될 수도, 혹은 되지 않을 수도 있습니다. 지금 그 아이들의 가슴을 뛰게 하는 게 무엇인지가 중요합니다.

결국 되기의 질문은 사랑의 질문입니다. 우리가 되기를 물으면서도 사실은 이기로서의 직분, 직업, 직능에 대해서 물어왔던 것은 아닌지를 돌아볼 필요가 있습니다. 결국 되기는 사랑이자, 흐름이자, 욕망의 질문입니다. "네가 원하는 게 뭐니?"라는 질문은 "내가 누군지?", "여기는 어딘지?"라는 질문보다 더 근본적입니다. 바로 삶의 내재성을 구성하는 사랑과 욕망의 일관된 흐름, 마그마와 같은 무의식의 흐름을 의미하기 때문입니다.

철학의 전통에서 되기(=사랑=흐름)의 전통과 이기(존재)의 전통은 구분됩니다. 되기는 사랑할수록 달라지는 것, 즉 '특이성'에 대한 질문을 던집니다. 되기는 사랑하는 사람 앞에서 이야기꾼도 되고, 가수도 되고, 춤꾼도 되는 것입니다. 그런데 이기는 정체성으로서의 직업, 직분, 역할을 의미합니다. 그래서 그는 직업상 연예인이어서 이야기 전문가 역할을 하고, 직업상 가수였고, 전문 댄서였던 것입니다. 되기는 사랑과 욕망의 흐름이 창조하는 특이한 행동양식, 너와 나 사이의 주체성 양식입니다. 아마추어 같지만 만나면 웃음이 자꾸 나오고, 괜히 진지해져서 실수만 하게 되는 것이 특이성이 서식하는 관계망의 양식입니다. 그러나 정체성 영역에서는 이런 건 상상도 할 수 없지요. 한 번의 실수는 치명적이고, 전문가로서의 기능과 역할을 잘 해내야 합니다. 공동체에서 사랑과 욕망의 흐름은 되기이며, 공동체를 작동시키는 것도 되기입니다. 반면 자본주의 사회를 작동시키는 것은 직업적인 전문가들이 만든 이기입니다.

되기의 전통은 고대 철학자 헤라클레이토스로부터 시작합니다. 그는 "같은 강물에 두 번 들어갈 수 없다"라고 하면서 불가역적인 변화와 흐름의 행렬에 대해 말했습니다. 그것은 역사와 시간의 무의식적인 흐름의 행렬과도 같은 사상입니다. 그는 불의 흐름과 순환이 세상을 구성한다는 생각을 피력했지요.

이러한 흐름과 되기의 사상은 스피노자로 계승되었습니다. 스피노자에게는 신체변용의 능동적인 신적 속성으로 묘사되었지요. 스피노자의 되기 사상은 빠름과 느림에 따라 변이를 겪는 이상한 신체의 양상을 얘기합니다. 그것은 그저 속도에 대한 이야기가 아니라, 변용의 양태에 대한 이야기입니다. 변용의 가속과 감속에 따라 변이되는 신체는 어쩌면 유기체와 거리가 있을 수 있다는 점에서 들뢰즈와 가타리는 '기관들 없는 신체'라는 개념을 고안했습니다. 소화기관, 감각기관, 운동기관 등이 각자 자기 역할을 수행함으로써 하나의 통합된 유기체가 아니라, 어느 한 부분도 정해진 기능을 맡지 않은 상태로 언제든 손가락이나 코가 될 수 있는 잠재력을 가진 신체가 바로 기관들 없는 신체입니다. 이처럼 되기를 일으키는 신체는 실험적인 신체와 같다는 것이 들뢰즈와 가타리의 생각입니다. 즉 어떤 특이성으로 변모할지 모르는 다양체이자 비유기체적인 신체의 양상이 그것입니다.

'이기'의 전통은 존재의 전통으로 불려왔고, 플라톤에 의해 창시되었습니다. 늘 변화하고 거짓된 이 세상의 이면에, 고정되고 영원한 질서가 있다는 생각이 그것입니다. 플라톤은 어떤 변화도 없고, 원형이며 원본인 질서를 '이데아'라고 불렀습니다. 이러한 이데아 사상은 고정불변의 것을 추구하는 현존 문명을 만들어낸 고정관념이 됩니다. 변화하거나 변용되지 않는 신체를 이상적이라고 보는 것은 바로 무엇다움, 무엇임에 대해 절대적인 가치를 부여하는 것입니다. 현대 사회에서는 기능이나 역할, 직분을 가진 전문 직업인의 모습으로 나타나는 정체성이 바로 이기입니다.

플라톤은 기능과 역할이 유기적으로 작동하는 국가의 상, 즉 이데아를 꿈꾸었습니다. 그리고 국가를 떠받치는 고정관념, 즉 존재와 정체성 사상을 계속 생산해내는 곳이 바로 아카데미이지요. 모든 것에 답이 있다고 믿고 그 답을 아는 전문가를 양성하는 아카데미는, 자본과 국가로 이루어진 현존 문명을 떠받치는 시녀입니다. 이기 사상은 사랑과 욕망의 흐름이 만들어낼 창조와 생성의 가능성을 믿지 않습니다. 다시 말해 공동체의 힘을 믿지 않는 것이지요. 굉장히 보수적이고 반동적이라고요? 맞습니다. 갑자기 가슴이 답답해져서 시원한 물 한잔 먹고 와야 할 것 같네요.

남성의 여성 되기와 여성의 여성 되기

공동체에서의 사랑과 욕망의 흐름은 늘 낮은 곳으로 향합니다. 즉 소수자에게 향하는 것입니다. 그래야만 생태계는 다양성으로 만발할 수 있습니다. 만약 반대편인 다수자의 방향성으로 나아가고자 한다면 그것은 성공주의일 수밖에 없고, 다들 알다시피 성공의 피라미드는 위쪽으로 갈수록 좁아집니다. 결국 '의자 뺏기 놀이'와 같은 생존경쟁이 벌어지고 생태계는 점점 획일화될 수밖에 없습니다. 즉 되기는 소수자 되기여야만 우리 모두의 삶을 풍부하게 만들 수 있습니다. 되기가 성공주의와 승리주의를 향한 맹목적인 충동이 되어선 안 된다는 것입니다.

그동안 우리 사회에서는 잘 포장된 성공신화가 민중을 현혹해왔습니다. 사람들은 앞만 보고 달려갔지만, 문득 정신 차리고 보니 관계로부터 분리되어 '외롭고 고달프고 고독한 개인'으로 와해되고 해체된 자신을 발견하게 됩니다. 이렇듯 공동체를 와해시키는 성공주의, 승리주의가 아니라, 소수자에 대한 사랑과 욕망의 흐름을 통해 천천히 발효되고 성숙되는 것이 공동체에서의 되기입니다. 그런 점에서 되기라는 스피노자의 신체변용은 공동체를 어떻게 만들 것인가라는 과제에 대한 하나의 답이 될 수 있습니다. 스피노자는 "우리는 아직 우리의 몸으로 무엇을 할 수 있을지 잘 모른다"라고 말했습니다. 그것은 우리가 공동체에서의 되기를 통해 가수도 되고, 춤꾼도 되고, 이야기꾼도 되는 특이성에 대한 질문입니다. 공동체의 사랑은 되기의 흐름을 감속시키거나 가속시킴으로써 특이성을 만개시켜 풍부하고 다양한 몸을 갖게 할 것입니다.

우리 시대뿐만 아니라 스피노자의 시대에도 사랑이 참 어려웠나 봅니다. 스피노자의 사랑은 신체변용으로 표현되지만, 정작 스피노자 자신은 독신이었습니다. 그러나 사랑에 대한 갈망과 욕망이 그렇게 큰 사람도 없었을 것입니다. 아마도 스피노자는 작은 사랑, 눈에 보이지 않는 사랑, 생명과 자연의 미세한 변화가 주는 사랑에도 신체변용을 느꼈을 테니까요.

들뢰즈와 가타리는 연애로서의 사랑이 성립하려면 남성의 여성 되기와 여성의 여성 되기가 만나야 한다고 말했습니다. 여성조차도 여성 되기를 해야 한다는 말이지요. 여성 되기는 사랑과 n개의 성의 관문입니다. 즉 남성도 여성도 아닌 그 사이 어딘가에 여성성/남성성이라는 성성향(sexuality)이 위치해 있으며, 세상에는 정체성으로서의 남성/여성이 아닌 소수자로서의 n개의 성이 존재한다는 것이 여성 되기의 내용입니다. 누구도 다수자 되기를 통해서는 사랑을 성립시킬 수 없다는 점에서 남성 되기는 사랑의 영역이 아니라고 들뢰즈와 가타리는 말했습니다. 소수자 되기라는 낮은 곳을 향한 사랑만이 진정한 사랑과 욕망의 흐름, 즉 되기의 진실인 셈입니다.

우리는 아직 스피노자의 아포리즘에 대해 대답하지 못하고 있습니다. "우리의 몸으로 무엇을 할 수 있는지 아는가?"라는 질문에 대해서 말이지요. 공동체의 판과 구도는 우리를 특이성으로써 재창안할 수 있는 몸으로 만들어준다는 점에서 다양체이며, 기관들 없는 신체가 뛰어노는 삶의 내재성의 평면입니다. 들뢰즈와 가타리는 스피노자의 질문에 대해 답을 제시하려고 했던 사람이라는 생각도 듭니다. 우리는 어떤 대답을 내놓을 수 있을까요?

04

차별과 배제, 경계를 넘어선 사랑

증오에 직면한 스피노자

스피노자가 살던 시대는 저물어가는 중세였지만 아직은 종교가 세상을 지배하던 시대였습니다. 유럽은 마녀사냥으로 들끓고 있었습니다. 갈릴레이가 목숨을 보전하기 위해 '그래도 지구는 돈다'라고 중얼거렸던 것이 스피노자가 태어나기 불과 7년 전의 일이었으니, 당시 상황을 짐작할 수 있겠지요?

스피노자 일가는 종교적으로나 문화적으로나 비교적 자유로운 네덜란드로 이주했지만, 여전히 위험은 상존했습니다. 그런 시대에 스피노자가 범신론을 펼쳤으니, 당연히 신앙인들의 분노와 증오를 불러일으킬 법합니다. 그래서 호시탐탐 스피노자를 노리는 이들이 있었겠지요. 사건의 전말은 이렇습니다.

평소 스피노자를 증오하던 한 광신도가 그의 배를 칼로 찔렀습니다. 다행히 스피노자는 두꺼운 외투를 입고 있었기에 죽음을 피할 수 있었습니다. 웬만한 사람이었다면 그 사건으로 인한 트라우마 때문에 아무 일도 하지 못했겠지만, 스피노자는 예외였습니다. 오히려 그는 칼에 찢긴 외투를 잘 보이는 벽에 걸어두고서 이런 질문을 던집니다. "왜 인간은 예속을 영예로 여기고 거기에 헌신하는가?" 자신을 해치려던 광신도에게서 예속된 자의 모습을 보았던 것이지요. 이는 억압을 욕망하는 마조히즘에 대한 최초의 철학적인 질문입니다.

스피노자의 이러한 질문을 훗날 빌헬름 라이히가 이어받아 『파시즘의 대중심리』(그린비, 2006)에서 파시즘의 작동 방식에 대한 통찰을 역사적으로 선도한 바 있습니다. 1차 세계대전 후 독일의 파쇼에 대해서 자발적으로 충성을 맹세하던 대중의 등장은 스피노자 시대의 예속을 영예로 여기던 마조히즘과 매우 유사합니다. 사실 스피노자가 살던 17세기는 근대국가가 막 시작된 시기였기 때문에 아직 국가주의, 마초제국주의, 파시즘 등이 만연한 상태는 아니었습니다. 그러나 스피노자는 당시 공화정을 버리고 군주제로 회귀하자고 외치는 무리들과 신 중심의 세계관에서 벗어나지 못한 광신도들의 모습에서 억압에 저항하는 것이 아니라 억압을 욕망하는 기괴한 심상의 일면을 보았습니다. 이 사건들은 이후 정동의 기하학에 큰 영향을 미치게 됩니다. 스피노자는 사랑을 통해 증오가 변화하면 더 큰 사랑이 될 것이라는 전망, 즉 자유와 해방의 도래를 끝까지 포기하지 않았습니다.

오늘날에도 마녀사냥과 종교재판이 횡행하고 있습니다. 학교에서 벌어지는 왕따, 이주민 차별, 성소수자 혐오, 여성 차별, 약자에 대한 갑질 등등 이 사회 도처에 서식하는 미시파시즘을 만약 스피노자가 본다면 어떤 반응을 보일까요? 그는 사랑에는 사랑으로, 증오에는 증오로밖에 조절될 수 없다는 말을 했습니다. 어쩌면 총에는 총으로, 칼에는 칼로 보복해야 한다는 말로 들릴 수 있습니다. 그러나 스피노자는 이를 그저 하나의 논증으로 사용할 뿐 결코 여기에 머무르지 않았습니다. 증오는 그 자체로 독립된 것이 아니라 사랑의 능력이 부재한 백지 상태와 같은 것이기 때문에, 사랑이 부드럽게 감싸 안아서 사랑의 흐름을 관통해야 비로소 해독되고 변용될 수 있습니다.

훗날 스피노자의 사상을 계승한 들뢰즈와 가타리는 미시파시즘의 해독제로서 '사랑과 욕망의 미시정치'라는 대안을 제시했습니다. 즉 증오와 차별, 배제가 발생했던 집단과 조직, 시스템이 있다면, 그 예속과 무능력의 배치에 사랑과 욕망을 유통시켜 사랑의 힘으로 재배치하는 미시정치를 수행해야 한다는 것이지요.

차이가 차별이 되지 않으려면

2018년 제주도에 500여 명의 예멘 난민들이 들어오자, 온라인은 물론 오프라인에서도 연일 분리와 배제의 목소리가 높았습니다. 이는 매우 우려스러운 상황입니다. 난민들이 정치문제와 종교문제, 그리고 국제정치 상황이 복잡하게 얽혀 고향으로부터 무려 8000킬로미터나 떨어진 머나먼 한국까지 밀려온 것은 그만큼 도움이 절실했기 때문입니다. 그럼에도 불구하고 한국 사회는 난민 문제에 소극적으로 대응하거나, 민족 혹은 자국민이라는 낡은 프레임을 통해 난민을 배제하려는 국가주의를 발호하고 있습니다. 난민혐오를 부추기는 가짜뉴스들이 그 실상을 고스란히 보여줍니다.

마찬가지로 유럽 사회에서도 이미 수년 전부터 난민들에 대해 위험천만한 미시파시즘적인 상황을 연출하고 있습니다. 고립주의, 분리주의, 폐쇄경제의 파시즘의 논리가 현대 사회에서 버젓이 벌어지고 있습니다. 단지 아우슈비츠 가스실이 없다는 것이 파시즘이 아니라는 증거가 될 수는 없습니다. 난민이라는 소수자를 증오하고 분리하려는 이기적인 발상은, 결국 이 사회의 모든 소수자를 철저히 배제하는 행동의 시작점입니다. 난민 다음은 누구일까요? 성소수자? 장애인? 노인? 여성…?

들뢰즈와 가타리는 차이의 논리와 차별의 논리를 구분합니다. 차이는 '그리고, 그리고, 그리고'의 수평적인 연결접속에 따라 배열됩니다. 반면 차별의 논리는 '~ 또는 ~', '~이냐 아니면 ~이냐'로 전개됩니다. 즉 흑인, 백인, 소수인종이 어우러진 다문화사회에서는 '그리고, 그리고, 그리고'의 논리에 따라 서로 관계를 맺습니다. 그러나 '흑인이냐, 백인이냐'라는 식별의 눈이 자리 잡는 순간, 분리와 차별의 논리가 등장합니다. 국가주의, 민족주의, 인종주의 등은 다문화사회, 즉 코스모폴리탄 시대를 거스르는 반동적인 미시파시즘이나 다름없습니다. 성별, 연령, 학력, 인종, 장애 여부, 사상 등과 무관하게 다양한 사람들이 어우러지는 과정이 바로 민주주의 사회의 토대입니다. 차별의 논리는 배제, 분리, 증오, 폭력, 혐오발언 등으로 금세 증식합니다. 이러한 차별의 논리를 압도하는 차이와 다양성의 논리를 만들려면 어떻게 해야 할까요?

스피노자 이론에 근거해 미시파시즘의 작동 방식을 해석해보면, 예속과 무능력이라는 슬픔에 기반한 초월적 권력에 대한 열망, 즉 예속과 억압에 대한 욕망으로 요약할 수 있습니다. 반면 민주사회는 다양한 욕망이 긍정되고 상승하는 기쁨의 정동에 기반한다고 할 수 있겠지요. 결국 스피노자의 진단은 사랑할 수 있는 능력, 즉 역능을 상실한 사람들의 절규와 아우성이 바로 슬픔에 기반한 초월적 권력이라는 괴물을 만들게 된다는 것입니다. 스피노자는 증오의 해독제는 사랑과 욕망이라고 말했습니다. 기쁨과 사랑의 용기 있는 행동이 슬픔의 무능함을 극복하는 길이며, 사랑과 욕망의 힘으로 공동체와 사회를 바꾸는 행동에 나서야 한다는 것입니다.

제주도에 들어온 예멘 난민 아이들과 함께 한 미술치료사가 있습니다. 그는 난민 아이들에게 하얀색 도화지에 자신의 마음을 그려보라고 했습니다. 아이들은 폭압적 권력에 쫓겨나 도망쳐온 자신의 슬픔의 정동을 감옥에 갇힌 모습으로 묘사했습니다. 그 아이들의 마음의 지도를 그리면서, 그 도주한 자의 표현양식이 현재 한국 사회에 살고 있는 사람들로 하여금 감동과 변용으로 나아가도록 이끕니다. 뿐만 아니라 난민들을 자신의 집에서 쉴 수 있도록 받아준 제주 시민들의 용기 있는 행동들이 곳곳에서 나타났습니다. 난민과 함께 한솥밥을 먹으며, 그들이 어떤 음식을 좋아할지, 어떤 음악이 그들을 기쁘게 할지, 고민하고 배려하는 제주 시민들의 행동은, 한국 사회의 배치를 재배치하는 욕망의 미시정치라고 할 수 있습니다. 이 욕망의 미시정치야말로 스피노자가 구상했던 자유인의 해방전략 중 하나일 것입니다.

파시즘의 해독제, 소수자 되기

어느 도서관에서 '소수자 되기'에 대해 강연할 때였습니다. 청중 한 사람이 이렇게 물었습니다. "앞날이 창창한 어린 학생들도 많은데, 이왕이면 성공 쪽으로 향해야지 왜 약자에 대한 사랑을 말하는 거죠?" 저는 그분에게 소수자를 사랑한다는 것이 단지 일방적으로 약자를 돌본다는 의미에 한정되지 않는다고 말했습니다. 소수자는 약자라기보다는 이 사회를 풍부하게 해주는 특이점이기 때문입니다. 그날 집에 돌아와 곰곰이 그 질문을 복기하면서, 아직도 이 사회를 이끌어가는 것은 공리주의라는 생각이 들었습니다.

공리주의는 '최대다수의 최대행복'을 말하지만, 소수자의 배제와 희생을 정당화하는 사상입니다. 되도록 많은 사람이 잘 사는 방향을 선택하되, 유사시에는 소수의 희생을 감수해야 한다는 내용이지요. 기성세대들은 결국 공리주의 덕분에 모든 사람이 잘 살게 되지 않았냐고 생각할지도 모릅니다. 문제는 소수자 한 사람을 배제하는 순간, 소수에 의한 다수 지배를 용인하는 것으로 전도된다는 점입니다. 마하트마 간디는 "한 나라의 위대함과 도덕적 진보는 그 나라에서 동물이 받는 대우를 보면 가늠할 수 있다"라고 말했습니다. 동물이 행복한 나라라면, 당연히 인간도 그만큼 행복할 거라는 말입니다. 결국 소수자는 하나의 특이점으로서 전체 사회에 큰 영향을 미친다고 할 수 있습니다.

차별은 도미노처럼 전염되는 특성이 있습니다. 사랑도 도미노처럼 전염될 수 있습니다. 그것이 바로 소수자 되기입니다. 소수자 되기는 국지적 영역에서의 한 사람에 대한 사랑이 세상 모든 것에 대한 사랑인 것처럼 하나의 특이점에 대한 사랑을 포기하지 않습니다. 작은 사랑이 만들어내는 돌이킬 수 없는 변화에 주목하는 것이지요. 내 앞에 있는 생명, 소수자, 장애인, 여성 등에 대한 눈에 보이지 않는 사랑이 세상을 바꾸는 힘이라는 믿음이 소수자 되기에 담겨 있는 의미입니다.

한 명의 소수자를 사랑한다는 것은 미세한 변화에도 민감해진다는 것입니다. 그가 불편하지 않고 더 행복하게 살아갈 수 있도록 세심하게 신경 쓰고 항상 눈과 귀를 열어둘 때 나 자신도 더 풍부하고 다양해집니다. 이를테면 아이가 울고 있을 때, 아이의 표정이나 몸짓, 말, 행동 등을 세심하게 살펴서 아이가 우는 이유를 파악하고 그 해결 방법을 찾을 것입니다. 그렇듯 소수자 되기는 세상을 감지하는 미세한 주름이 점점 더 촘촘해져서 아주 섬세한 다양성의 세계로 우리를 인도합니다.

반면 미시파시즘은 대의명분, 피, 남성, 활력, 인종 등을 통해서 마초 제국주의가 만든 증오와 혐오발언, 공리주의적 원리에 따라 작동합니다. 우는 아이에게 밖으로 내쫓겠다는 아버지의 엄포는 미시파시즘의 방향성일 겁니다. 하지만 소수자 되기의 부드러운 사랑의 힘은 남성성 속에 숨어 있는 여성성을 되살려내서 여성 되기 쪽으로 우리의 등을 살포시 밀어줍니다. 여성 되기가 모든 소수자 되기의 첫 번째 관문인 이유가 여기에 있습니다. 소수자 되기는 인종, 민족, 국가를 통해 세상을 바꾼다는 망상에서 벗어나 소수자에 대한 사랑을 통해서 세상을 바꾸는 작은 변화를 추구하도록 만듭니다.

분명 미시파시즘에는 스피노자가 말했던 마조히즘의 논리, 슬픔의 초월적 권력의 논리, 증오의 논리가 도사리고 있습니다. 그러나 사랑과 욕망의 부드러운 흐름은 이처럼 겉으로 강고해 보이는 미시파시즘의 질서를 눈 녹듯 녹아내리게 만들어, 슬픔의 무능력을 사랑과 욕망의 능력으로 점차 바꾸어냅니다. 어떤 사람은, 스피노자가 사랑과 욕망의 능력을 마치 동화와 같이 낙관했다고도 말합니다. 그러나 소수자 되기는 사랑이 만들어낼 작은 변화의 전염효과를 말합니다. 즉 세상을 바꾸는 것은 거대한 물리적 힘들 간의 충돌이나 갈등이 아니라, 사랑과 욕망이 만든 작은 변화가 돌이킬 수 없는 심대한 변화를 이끌어낸다는 의미입니다. 그런 점에서 스피노자가 말한 사랑의 영구적인 승리는 바로 소수자 되기가 수많은 곳에서 격발되는 그런 시대를 예감한 것일지도 모릅니다.

되기는 차별과 배제의 질서를 넘어선다

선진국이라고 하는 제1세계에서는 "잘 살되, 이 체제와 시스템을 벗어나지 마라"라는 메시지로 가득합니다. 제3세계 난민들이 제1세계로 유입되어 난민수용소는 물론 길거리며 공원을 가득 메우고 있음에도 불구하고, 그들이 보이지 않는 곳에서 평화롭고 안전한 삶, 미디어가 내보내는 달콤한 메시지가 가득합니다. 10년의 긴 가뭄으로 인해 농사를 지을 수 없는 나라가 되어버린 시리아에서는 결국 증오와 폭력의 물결과 주권체제의 붕괴로 인해 수백만 명의 난민들이 제1세계로 향했습니다. 최근 가뭄과 기후변화로 고통 받는 멕시코의 상황은, 트럼프 미국 행정부의 분리주의를 정당화하는 배경이 됩니다.

제1세계에서는 풍요와 안전이 미디어를 가득 채우지만, 전 세계에서 13억 명이 굶주리고 매년 600만 명이 기아로 사망하는 것이 엄혹한 현실입니다. 이 정도라면 너무 심하게 기울어진 운동장입니다. 기후변화로 인한 가뭄과 기근, 빈곤, 기아 등이 바로 이웃나라에서 벌어지고 있는 상황에서, 우리도 예외가 될 수 없습니다. 언제 우리 차례가 올지 모르는 것이지요. 그런데도 생존하기 위해 도망쳐 나온 난민들을 마치 외계인이나 좀비, 폭도, 범죄집단처럼 매도하는 것이 미시파시즘의 논리입니다. 그들도 어제까지만 해도 고단한 몸을 누일 집이 있었고, 작은 돈이지만 저축을 했고, 가족과 외식하는 등의 일상을 살았던 사람이라는 점은 철저히 가려집니다. 길거리에서 잠든 난민들을 눈엣가시처럼 느끼는 것이 미시파시즘입니다.

이탈리아 철학자 조르조 아감벤(Giorgio Agamben, 1942~)은 난민의 존재를 배제된 자, 추방된 자, 생명만 유지하는 자, 즉 '호모 사케르(Homo Saçer)'라고 규정합니다. 호모 사케르는 권리가 전혀 없고, 삶의 내재성이 사라진 상태에 직면한 사람들입니다.

몇 년 전 독일에서 난민들의 아우토반 점거시위가 있었습니다. 그들의 모토는 "식후 푸딩을 맛있는 걸로 달라!"는 것이었다고 합니다. 웬 복에 겨운 소리냐며 혐오발언을 할 수도 있습니다. 사실 무권리 상태인 난민에게는 점심식사 메뉴가 유일하게 누릴 수 있는 권리일지도 모릅니다. 난민들의 상황을 더 절박하게 만드는 것이 바로 파시즘의 배제, 분리, 차별, 증오의 논리입니다. 전 세계는 갈수록 난민들을 박대하는 상황입니다. 파시스트들의 생각 속에는 이미 가스실이 작동하고 있는 중입니다.

이러한 배제와 차별이 전 세계적으로 확산되고 있으며, 이미 우리의 생각과 행동을 좌우하는 배치가 되고 있습니다. 일선 교사들은 학교에서 왕따가 끊이지 않는 근본적인 이유를 찾고 싶어합니다. 또한 많은 여성들이 자신들을 향한 혐오발언의 근원이 무엇인지를 탐색합니다. 이러한 미시파시즘의 심상과 언어의 배후에는 전 세계적 차원에서 이루어지는 분리차별이 숨어 있습니다. 제3세계와 난민을 철저히 배제하는 배치는 암암리에 우리의 삶 속을 파고듭니다. 스피노자가 말한 슬픔과 증오의 정동을 가진 미시파시스트, 마초, 국가주의자들이 억압과 차별을 욕망하며, 증오와 혐오발언을 쏟아내는 이유도 거기에 있습니다. 그리고 스피노자가 겪었던 상황, 다시 말해 광신도에게 테러를 당했던 사건은 오래전 이야기가 아니라, 지금 이 순간에도 세계 곳곳에서 벌어지고 있는 일입니다. 스피노자의 자유와 해방의 사상이 우리 시대에 더욱 절실한 이유입니다.

05

사랑은 진행형

목표가 아니라 과정에서 활력이 생긴다

한 대안학교 선생님으로부터 들은 일화입니다. 그 대안학교 학생들에게 미션이 주어졌습니다. “우리가 직접 학교 강령을 만들어보자”는 학생들의 제안을 실행하게 된 것이지요. 누군가의 기준에 의해 만들어진 교칙을 수동적으로 지키는 것은, 그것이 강제적이든 아니든 학생들의 자율성을 해친다고 판단했기 때문이지요. 곧 전교생이 모여 회의를 열었습니다. 선생님이 개입하면 항의하기도 하고, 자유롭게 아이디어를 모으기도 하고, 회의 과정에서의 갈등을 스스로 조정하면서 일련의 사건들이 벌어집니다. “우리는 무엇을 원하는가”라는 질문이 나왔고, 학생들 사이에 활력과 생명 에너지가 넘쳐흘렀습니다. 수선스럽고 복잡한 절차와 과정을 거쳐 1년 후 드디어 강령이 만들어졌습니다.

그런데 문제가 발생했습니다. 지금까지 강령을 만들었던 활력과 에너지는 사라지고, 강령을 지켜야 한다는 당위가 등장하는가 하면, 신입생들에게 역사적 의미를 들먹이며 규제하는 방식도 등장한 것입니다. 활력과 에너지는 뚝 떨어지고 아이들은 힘이 빠졌습니다. 이 이야기를 들려준 선생님은, 그 학교에서는 그 값진 경험을 통해 어떤 완성된 강령을 목표로 하기보다는 늘 강령을 만드는 과정이 되어야 한다는 점을 발견했다고 합니다.

세상일은 대부분 과정적이고 진행형적인 흐름 속에서 에너지와 활력이 생깁니다. 그것이 되기의 비밀이기도 하지만, 질문이 나오면 그 질문을 풀기 위해 끙끙대고 답을 찾는 과정에 의미가 있는 법이지요. 하나의 질문에 하나의 답이 있다는 생각은 매우 위험할 수 있습니다. 이것은 선물을 주고받는 과정에서 시간차가 발생하는 것과도 유사합니다. 상품을 살 때는 물건을 받는 순간과 돈을 주는 순간이 일치합니다. 그래서 과정이나 진행형은 무시되지요. 세상에는 뚝딱 온라인으로 구매하고 택배로 받는 방식이 일반화될 수 있었습니다.

그러나 선물은 참 다릅니다. 물건을 주고받는 과정에 시간의 간극이 발생합니다. 그 간극에서 에피소드와 상상력, 활력이 발생합니다. 또 선물을 받자마자 곧바로 답례를 하면 마치 거래하는 것처럼 정 없이 느껴집니다. 답례품의 적당한 가격과 시기를 포착하는 등 고도의 배려와 계산이 필요한 법이지요. 이처럼 되기의 과정은 어떤 목적에 종속되어 효율적으로 이루어지는 상품이 아니라, 사랑과 욕망을 주고받기 위해서 서로 탐색하는 과정 자체가 의미 있는 선물이라고 할 수 있습니다.

카프카, 사랑과 욕망의 능력이 탁월한 사람

연구실에서 세미나를 하다 보면, 한 해 두 해 시간이 흐를수록 세미나 구성원들 사이에서 마치 누룩이나 된장이 발효되듯 천천히 관계가 성숙되어가는 것을 느낄 수 있습니다. 데면데면했던 사람들이 이제는 눈빛만 봐도, 표정만 봐도 서로의 생각을 읽곤 합니다. 이런 경지에 이르면 타인의 상상력과 생각의 경로를 따라가면서 웃고 기뻐하고 즐길 수 있는 여유가 생깁니다. 사람들 사이에 자유롭게 헤엄칠 수 있는 연못이나 풀장 하나가 생긴 것처럼 느껴질 때도 있습니다. 마치 누운 채 둥둥 떠다니면서 음료수를 마시고 책을 볼 수 있는 소금연못처럼 성숙된 관계 속에서 사람들은 여유롭게 관계의 미학에 따라 자신의 위치를 정하고 그 과정에서 기쁨을 느낍니다. 이렇듯 관계의 성숙과 발효는 어떤 목표를 향해 효율적으로 달려가는 집단이 아니라, 미지의 곳을 향해 유영하고 여행하는 듯한 공동체에 더 어울리는 개념인 것 같습니다. 그리고 되기는 이러한 관계의 성숙을 만들어가는 과정적이고 진행형적인 흐름이라는 생각도 듭니다.

관계가 성숙해 너와 내가 서로에게 되기를 할 때 무엇이 생성될까요? 그것은 아마도 배치가 만든 색다른 특이성일 겁니다. 그것은 '우리 중 누군가'로 불쑥 나타납니다. 되기에 따라 관계가 성숙하면, 어느 날은 라디오도 되고, 바닷가재도 되고, 고양이도 되고, 술꾼도 되는 것이 가능합니다. 특이성이 관계 사이에서 되기의 강렬도에 따라 갑자기 출현했다가 금방 사라지기도 하고, 집단 내부의 사랑과 욕망의 강렬도에 따라 마치 강력한 자기장 속에서 춤추는 자석처럼 무언의 춤사위를 추는 안무가처럼 말을 하고 노래하고 춤추고 뛰어놉니다. 그 과정에서 되기의 흐름은 많은 창조물들을 남깁니다.

되기의 역능, 즉 사랑과 욕망의 능력을 잘 보여준 사람이 프란츠 카프카(Franz Kafka, 1883~1924)입니다. 카프카는 체코 사회에서 주변적인 인물이었고, 친구들에게 보여주기 위해서만 글을 썼습니다. 『변신』도 친구들을 웃기기 위한 소설이었죠. 그 글에서 카프카는 어느 날 커다란 벌레가 된 자신의 삶을 보여주었지요. 친구들은 낄낄거리며 자신들의 공동체가 만들어낸 엄청난 강렬도와 신체변용, 즉 되기의 독서를 즐거워했습니다.

되기는, 책임주체로서의 딱딱한 지위, 직분, 역할, 기능, 직업 등에 따라 움직이지 않습니다. 사실 카프카는 죽기 전에 친구들에게 모든 원고를 불태워달라고 부탁했지만, 친구 중 한 사람이 그의 유언을 어겼지요. 결과적으로 카프카는 소설가라는 정체성을 갖고 글을 쓴 것이 아닙니다. 그 덕분에 되기의 능력, 변신의 능력, 변용의 능력을 자유롭게 발휘할 수 있었지요. 그저 우리 사이의 어느 누군가, 즉 사이주체성으로서만 발언합니다. 사이주체성을 다른 말로 하면 특이성입니다. 마치 공동체의 판이 깔리면 이야기꾼도 되고, 가수도 되고, 춤꾼도 되고, 바보도 되는 것처럼 사람들은 되기, 즉 신체변용 능력을 통해 특이성을 발휘합니다.

카프카는 소설 『변신』에서 주인공 그레고르 잠자가 실직한 후 가족에게 쓸모없는 존재가 된 자신을 혐오스런 벌레로 표현했습니다. 당대는 직분, 역할, 정체성만이 합리적이라고 간주되던 관료주의의 시대였고, 파시즘이 도래하기 직전이었습니다. 그런 시대적 배경에서 '실직자'란 정체성으로 식별되지 않는 특이성의 존재인 셈이지요. 카프카의 상상력을 자극한 것은 직업이나 정체성이 아닌 바로 이러한 특이성의 영역이었습니다. 그는 자신이 속한 공동체 속에서 이야기꾼이라는 특이성을 통해 아주 특이한 상상력을 꽃피울 수 있었습니다.

가타리는 특이성 생산, 즉 '공동체 속에서 특이성을 생산할 수 있는 판을 까는 것'의 중요성을 역설했습니다. 그것이 바로 목표 지점이 아닌 되기의 과정, 재특이화 과정, 특이해지는 과정을 통해서 만들어낼 수 있다는 점도 분명합니다.

만약 어떤 사람이 애인과 헤어진 후 시를 쓴다고 해봅시다. 그는 애인과 헤어졌던 입구를 까맣게 잊고 시를 쓰는 재미에 푹 빠질 수 있습니다. 그런 다음 갑자기 시를 노래가사로 만들자는 제안이 들어오면 그는 음악에 가사를 입히는 일에 열중하게 될 것입니다. 이렇듯 되기의 과정은, 애인과 헤어졌다는 입구와 시인 되기 또는 작사가 되기라는 출구가 딱 맞아떨어지지 않고, 지도를 그리듯 전개됩니다. 특히 공동체 속에서는 되기와 되기 사이를 횡단하면서 다양하게 변신과 신체변용에 능한 사람들을 만들어냅니다. 되기를 통한 특이성을 생산하는 과정 자체가 공동체를 다양하고 풍부하게 만드는 것입니다.

사랑은 늘 과도기, 늘 이행기

사랑은 존재로서 완성되는 것이 아니라, 늘 진행되고 성숙해가는 이행의 과정에 있습니다. 사랑의 완성을 상상하고 있다면 그건 불가능을 꿈꾸는 것입니다. 사랑은 늘 과정이며, 과도기이며, 이행기이기 때문입니다. "사랑은 움직이는 거야"라는 TV 광고도 있었습니다. 그러나 사랑은 사람을 고정시키고 다른 사람으로 슬쩍 이동하는 것이 아니라, 한 사람 안에 수많은 사람이 내재하고 있고 함께 신체가 변용되어 미지의 곳으로 앙상블을 이루어 얼굴을 마주 보며 향하는 인생의 항로와 같습니다.

변화하지 않고 딱딱하게 고정되어 있는 것이 무질서(카오스)라면, 변화하고 변용되는 것은 조화이며 균형이며 질서(코스모스)입니다.

되기의 이행기와 과도기 단계에서 섬광처럼 나타나는 자기 안의 타자를 발견하게 되는 경우도 있습니다. 녹음된 자신의 목소리를 들어보면 알 수 있습니다. 전혀 다른 사람이 말하고 노래하는 모습을 발견하게 되지요. 우리가 듣는 목소리는 성대의 울림이 머리 쪽으로 향하는 울림뿐입니다. 외부로 진동하는 그 목소리가 바로 진정한 자신의 목소리입니다. 내 것이라고 생각했던 목소리가 오히려 내 안에 있는 타자의 목소리였던 것이지요. 자기 안에 타자가 있다는 것을 알게 되는 경험은, 결국 어떻게 되기의 과정을 창조하고 생산할 것인가의 문제에 주목하게 합니다. 다시 말해 "우리는 우리 자신의 몸이 무엇을 할 수 있는지 잘 모른다"라고 했던 스피노자의 말처럼, 우리 자신의 신체 표면에 잠재되어 있는 가능성과 되기의 능력을 재발견하고 재창안하게 되는 것이겠지요. 그렇게 되면 사랑하는 사람 앞에서 아이도 되고, 동물도 되고, 식물도 되고, 바닷가재도 되는 신체변용 능력을 자유자재로 발휘할 수 있습니다. 그러나 그것은 늘 이행하고 횡단하는 것이기 때문에, "나는 아이다"라고 정체성을 특정할 수는 없습니다.

혹자는 "사랑에 목적이 있는가? 과정일 뿐인가?"라고 묻습니다. 물론 스피노자의 신체변용이 던지는 메시지는 사랑은 과정이고, 흐름이며, 되기라는 것입니다. 스피노자에게 사랑은 늘 진행형이었고, 인생의 숙제였을지 모릅니다. 어쩌면 결혼으로 완성되는 것이 아니기에 그의 사랑은 과정이자 진행형이 되었을지 모릅니다. 스피노자는 강렬한 사랑과 욕망의 흐름 속에서 인생의 시간의 윤곽선을, 무의식의 행렬을, 일관된 지향성을 가졌을 것입니다. 그는 어떤 완성태가 없는 과정태로서 또는 진행태로서 살아가고자 했던 생활인이었기에, 중세인도 근대인도 아닌 탈근대인이었다고 할 수 있습니다. 아니, 미래인이라 부르는 게 맞겠네요.

앞에서도 얘기했듯이 보조국사 지눌은 돈오점수라는 개념을 제시했습니다. 깨달음의 문제입니다. 여기서 "돈오, 즉 단번에 깨달음의 지속이 먼저인가? 점수, 즉 끊임없는 수행이 먼저인가?"라는 질문이 제기됩니다. 아마 되기는 점수에 가까울 것입니다. 왜냐하면 특이성이 끊임없이 생산되는 과정이 마치 찰나의 수행 과정과도 같기 때문입니다.

그런데 스피노자는 돈오와 같이 '유일무이한 존재로서의 특이성'과 점수와 같이 찰나 자체의 '유일무이한 사건의 순간으로서의 특이성' 모두를 얘기합니다. 즉 특이성은 존재로서도 사건으로서도 동시에 얘기될 수 있기 때문입니다. 특히 사건으로서의 특이성은 되기의 비밀을 알려주는 개념의 구도입니다. 매 순간마다 변신과 도주를 거듭하는 신체, 변용의 양태가 결정되어 있지 않고 표면의 접촉면에서 끊임없이 변이가 이루어지는 신체, 그것은 되기의 신체로서 유기체적인 신체와는 다를 것입니다. 그래서 들뢰즈와 가타리가 기관 없는 신체를 말한 것이 아닐까 합니다.

내 안에 존재하는 타인들

들뢰즈와 가타리는 누구나 자기 안에 타자가 내재해 있다고 말했습니다. "내 안에 내가 너무도 많다"는 노래가사도 있지만, 우리는 가끔 내가 아닌 다른 사람처럼 행동할 때가 있지요. 소극적이던 사람이 야수로 돌변하고, 별로 착하게 살지 않았던 사람이 어느 날 갑자기 선행을 베

풀기도 하고요. 삶의 내재성에 존재하는 외부성과 타자성이 갑자기 신체 표면 위로 나타난 것이겠지요. 결국 되기는 우리 안에 내재한 타자를 재발견하고 사랑하게 되는 진행형적 과정입니다. 우리 안에는 아이가 될 능력이 있기 때문에 아이를 사랑하고, 우리 안에 부랑아가 될 능력이 있기 때문에 노숙인을 사랑하고, 우리 안에 장애인이 될 능력이 있기 때문에 장애인을 사랑하고, 우리 안에 여성이 될 능력이 있기 때문에 여성을 사랑하는 흐름의 과정이 펼쳐집니다. 물론 정신질환자의 경우에도 타자가 그의 신체를 장악한 것처럼 보입니다. 이 경우는 변용의 능력이 극도로 위축되고 협착되고 폐색된 상황을 의미합니다. 그런 점에서 오히려 사랑과 욕망의 흐름, 되기의 능력을 자유자재로 발휘하는 것이 정신병에 대한 치유가설로 제기될 수 있는 대목입니다. 우리는 한 가지에 협착되어 미치는 것이 아니라, 여러 가지에 미칠 수 있는 능력을 가지고 있습니다. 그래서 수많은 타자성을 횡단하고 이행하는 것이 되기의 치유가설일 수 있는 셈이지요.

그런데 이러한 외부성, 타자성의 철학이 곧 '내재성의 철학'과 다르지 않다는 점이 철학의 아이러니가 아닐까요? 우리는 내부와 외부를 구분할 때, 내부에 없는 것이 외부에 있다는 식으로 사유하곤 합니다. 그런데 삶의 내재성 속에는 많은 외부성과 타자성이 개입되어 있습니다. 이를테면 제가 주말 아침에 밥을 먹고 다시 침대로 가서 누워 있을 때, 아내는 저에게서 굼벵이와 거북이, 달팽이를 발견했다고 합니다. 또한 텔레비전을 보고 있는 나의 모습에서 신기한 체험을 하고 나온 아이, 졸음에 겨워 꾸벅꾸벅하는 노인, 손가락조차도 움직일 수 없는 장애인을 발견했다고 합니다. 우리 삶의 내재성 속에는 생명과 자연이 살아 움직이고 있고, 외부성과 타자성이 들어와서 현존하고 있습니다. 그렇기 때문에 삶의 내재성은 마치 외부의 사물, 생명, 기계, 자연 등이 춤추고 노래하고 이야기하는 성좌와 같은 장입니다.

"그럼 우리 삶의 내재성을 풍부하고 다양하게 해주는 외부성은 주어지는 걸까요? 아니면 만들어야 하는 걸까요?" 이런 질문은 무척 생소합니다. 그런데 텔레비전을 보다 보면 사람들은 비슷비슷한 문화와 습성, 생활방식을 갖게 됩니다. 세계 곳곳이 비슷하고 유사한 삶의 방식으로 통합되고 있는 것도 사실입니다. 물론 외부에 생명과 자연이 있는 것도 사실이지만, 첨단기술과 과학에 의해 발가벗겨진 채 문명 내부로 포섭되는 것이 현실입니다. 세상이 문명화될수록 외부가 사라지고 있습니다. 외부가 없다면 우리의 삶도 비루해질 수밖에 없습니다. 신기한 것, 무서운 것, 특이한 것이 없는 삶은 늘 똑같고 뻔합니다. 그런데 들뢰즈와 가타리는 생명과 자연이라는 그 신기한 외부가 우리 내부에 잠재되어 있다고 말합니다. 삶의 내재성은 곧 외부성이라는 점에서 엄청난 잠재성을 갖고 있다고 말이지요. 그리고 우리는 그 잠재성을 더 풍부하고 다양한 특이성으로 만들 필요가 있습니다.

5장
우주의 먼지와도 같은 사랑

01

소수자라는 특이점은 사랑의 촉매제

내 안의 소수성 발견하기

제가 사는 아파트에서 이웃들이 쑥덕거리는 소리에 귀 기울인 것은 처음이었습니다. 자세히는 못 들었지만, 계단 청소를 하시는 여성에 대한 이야기였습니다. 그 청소부는 몽골 분이었는데, 한국말을 거의 못 하고 간단한 인사말만 겨우 주고받고 있었지요. 그런데 언제부턴가 그 몽골 여성에 대한 뜬소문이 나돌았습니다. 대부분 추정의 말들이었지요. 결국 몽골 여성이 해직되는 것으로 상황은 끝이 났습니다. 타국에서 이런 대우를 받는다는 것이 참 안타까웠습니다. 그리고 이질적인 사람에 대한 차별과 배제가 우리 주변에도 존재하고 있음을 피부로 느끼고 고민하고 성찰하는 계기가 되었습니다.

소수자 하면 사회적 약자나 양적 소수, 피해자를 연상하는 사람이 많습니다. 그런데 소수자는 알고 보면 우리 자신을 풍부하게 만드는 사람들입니다. 동시에 공동체의 차이와 다양성을 증폭시키는 존재이면서, 사랑과 욕망, 정동, 돌봄의 흐름을 강렬하고 반복적이게 만들어주는 특이점이기도 하지요.

여기서 특이점이라는 어려운 개념이 다시 등장하는군요. 예를 들어 어떤 공동체나 집단에 아이, 장애인, 노인, 성소수자 같은 소수자가 등장하면, 일종의 문제 제기가 던져진 것과 같습니다. 그 공동체에서는 소수자에 대한 태도를 결정하게 될 것입니다. 소수자를 어떻게 대할 것인지에 대한 암묵적인 태도가 형성되고 나면 이에 따라 공동체 사람들은 관계망의 좌표를 수정합니다. 결국 공동체가 소수자를 어떻게 대하느냐에 따라 그들만의 리그라고 할 수 있는 '문턱이 있는 유토피아'가 될지, 아니면 열린 공동체가 될지 결정되는 것입니다. 그런 점에서 소수자는 공동체에 심원한 변화를 주는 특이점입니다.

소수자에 대한 우리 사회의 태도는 분노를 유발하는 수준입니다. 그저 복지 수혜와 돌봄을 받아야 할 대상으로 치부되거나, '최대다수의 최대행복'을 위해 희생되어야 할 주변부 사람이거나, 효율성에 도움이 안 되기 때문에 풍경 정도로 지나쳐야 할 사람이거나, 더 심하면 차별과 배제의 대상이 되기 때문입니다. 한국 사회에서 소수자는, 그들의 존재 자체가 주류사회를 향해 던지는 문제 제기만큼이나 체제와 시스템에 불가역적인 변화를 가하는 사람들이기도 합니다. 이에 따라 소수자 되기는 소수자를 그저 연민과 돌봄의 대상으로 보는 태도가 아니라, 소수자가 갖고 있는 소수성 자체를 삶의 내재성의 일부로 받아들여 주류사회와 제도, 시스템에 돌이킬 수 없는 변화를 가하는 것이 됩니다.

우리 모두가 부랑아다

에피소드의 시작은, 학위논문을 마치고 한량처럼 놀고 있던 제가 노숙인 시설에 전화를 걸어 인문학 강의를 제안하면서입니다. 그런 제안을 했던 이유는, 그즈음 어떤 집회에서 자유발언을 하려는 노숙인을 행사 요원들이 몰아내는 모습을 보고 적잖이 화가 났기 때문입니다. 물론 집회의 절차와 과정이 있었겠지만, 꼭 할 얘기가 있다고 어눌하게 말하는 그 노숙인을 그렇게까지 몰아내야 할 이유도 없다고 생각했습니다. 저들이 외치는 민중해방에는 분명 노숙인도 있을 텐데, 운동세력까지 그들을 싸늘한 시선으로 바라본다는 사실이 개탄스러웠습니다.

사실 붓다가 출가하게 된 계기도 노숙인과의 만남이었습니다. 붓다는 화려하고 풍요로운 왕궁 안에서 유년시절을 보냈습니다. 그가 사는 곳엔 가난한 사람도 아픈 사람도 없었지요. 어느 날 우연히 한 부랑아가 왕궁으로 들어옵니다. 그를 본 순간 청년 붓다는 섬광 같은 깨달음을 얻습니다. 생로병사의 고통과 고뇌를 느끼는 '부랑아가 바로 나다'라고 깨달은 붓다는 그 길로 속세를 떠나 수행자가 되었다고 합니다. 사실 빈 몸으로 왔다 빈 몸으로 가는 인생에서 부랑아는 우리 안에 내재한 또 다른 나의 모습입니다.

붓다의 출가에 비유하기에는 너무나 하찮은 일이긴 하지만, 저는 그렇게 노숙인 센터에서 매주 철학 강의를 하기 시작했습니다. 어느 날 그곳에서 모자를 푹 눌러쓴 노숙인을 만났습니다. 놀랍게도 그는 이런 말을 했습니다. "철학이란 네모가 세모가 되고, 원이 되고, 별표가 되는 것"이라고 말이지요. 그의 발언은 스피노자의 통찰을 담고 있었습니다. 고정관념으로서의 '이기(being)'가 아니라 사랑과 욕망의 흐름으로서의 '되기(becoming)'를 그렇게 잘 압축한 말을, 저는 그전에도 그 후에도 만나지 못했습니다.

고대 그리스에도 노숙인 철학자 디오게네스가 있었습니다. 세계의 정복자 알렉산드로스 대왕이 이 현자의 지혜를 듣기 위해 그를 찾아갔습니다. 대왕이 그의 환심을 사기 위해 "당신이 원하는 건 뭐든지 다 들어주겠소"라고 하자, 디오게네스는 "황제여, 햇볕이나 가리지 말아주시오"라고 말했다지요. 권력이라는 고정관념에 얽매이지 않고 세상에 대해 냉소하는 것이 바로 자유라는 시니시즘(cynicism)의 태도였던 것입니다. '시니컬하다'라는 말도 시니시즘에서 나왔다고 합니다.

물론 당시 제가 노숙인들에게 스피노자의 사상을 강의한 것은 아니었습니다. 그러나 노숙인 되기를 했던 저의 신체변용은 노숙인들과의 철학 공부를 통해 스피노자의 사상을 이해하는 단서를 발견하게 되었습니다. 스피노자의 계승자 펠릭스 가타리는 "우리 모두가 부랑아다!"라고 주저 없이 말했습니다. 그런 그의 태도에서 스피노자라면 노숙인 되기를 어떻게 했을지 희미한 단서를 발견하게 됩니다.

미쳤다면, 하나에 미치지 말고 여러 가지에 미칠 것

장애가 있다는 것은 타자의 모습이 아니라, 나 자신의 모습이라는 것을 나이가 들면서 더욱 실감하게 됩니다. 친구들을 만나 얘기하다 보니, 다들 서너 개씩 질병을 가지고 있었습니다. 저 역시도 평소 약이나 생활요법으로 조절해야 하는 질환을 몇 개 갖고 있습니다. 70세가 넘으면 90퍼센트 정도는 장애를 갖게 된다고 합니다. 그런 점에서 장애인 되기는 나이에 따라 더 밀접하게 이루어질 수 있다는 생각도 듭니다.

어릴 적 저는 사고로 손가락 하나를 잃은 아이와 친했습니다. 그 친구는 신기한 방법으로 젓가락질을 했습니다. 저는 비상한 그의 재주에 매료되었지요. 친구는 손가락을 감추기 위해 말할 때 손짓을 많이 해서 주의를 분산시켰는데, 그게 상당히 명연설인 경우가 많았습니다. 내심 그 친구의 말솜씨가 부러웠고, 그 친구의 말과 행동이 참 멋있었습니다.

30대가 된 후에는 후천적으로 장애인이 된 친구들이 생겼는데, 그들이 겪는 불편함은 거의 차별 때문이었습니다. 우리 사회는 장애인을 배려하지 않기 때문입니다. 열악한 환경은 장애인을 집 밖으로 나오지 못하도록 배제하는 결과를 가져옵니다. 내 피부에 와 닿았던 일화가 있습니다. 휠체어를 타는 친구도 참석하는 모임이었는데 하필 약속 장소가 엘리베이터가 없는 건물이었습니다. 그 건물 앞에 도착한 친구는 얼마나 황망했을까요? 아마 모임 주최자들은 미처 신경 쓰지 못했던 것이겠지만, 사실상 그 친구를 차별하고 배제한 사건이었지요.

특히 정신장애인에 대한 차별은 더욱 심각합니다. 우리 사회는 다른 목소리와 태도를 용납하지 않는 경향이 강하기 때문입니다. 합리적인 준거가 너무나 명확한 이 사회에서 정신장애인들과 같이 답을 여러 개 갖고 다른 생각을 한다는 것은 결코 용인될 수 없는 것이지요. 그런 점에서 정신장애인들에게 스피노자의 정동의 기하학은 어찌 보면 자신이 협착된 지점과 달리 자기원인을 갖는 정동과 사랑과 욕망의 흐름에 따라 자율적 행동을 하라는 말과도 같습니다. 즉 하나에 미치지 말고 여러 가지를 넘나들며 미치라는 얘기지요.

이를테면 가타리는, 정신장애인들이 협착된 부분에 대해서 직접 대면하기보다는 손을 씻는달지, 가게에 간달지, 빨래를 하는 등 삶의 자연스러운 흐름을 따라 움직이면서 자신을 협착시켰던 부분으로부터 점차 벗어나 사고나 행동이 자율성을 갖게 된다고 말했습니다.

가타리는 "모두가 미쳤다"라고 일갈합니다. 그는 『분열분석적 지도 제작(Cartographies schizoanalytique)』에서, 광인이 어느 하나에 미친 사람이라면, '정상'이라 불리는 사람은 여러 가지에 미친 사람이라고 했습니다. 어차피 다 미쳤는데, 미친 사람이 미친 사람을 치료한다고 나설 수는 없는 노릇입니다. 하나의 미침이 기준이 되고 표준이 된다고 말할 수 없는 법이지요. 이러한 가타리의 발언은, 스피노자라면 광인 되기를 어떻게 했을까를 상상하게 합니다.

노르웨이의 철학자 닐스 크리스티(Nils Christie, 1928~2015)는 『외로움과 시설을 넘어서』(울력, 2017)라는 책에서 정상과 비정상의 구분이 없는 캠프힐 마을을 소개합니다. 그는 특이한 사람들이 모여 만든 공동체의 실험을 좌충우돌하는 삶의 스토리로 잔잔히 엮어냈습니다. 이 책은 시설에서 탈주해 그룹홈 실험에 참여하고 있는 많은 장애인들에게 의미 있는 참조점이 될 것입니다. 스피노자의 구도가 보여주듯이 '특이성을 사랑하는 공통성'으로서의 마을이자 공동체이며 그룹홈이기 때문에 다른 생각, 다른 신체조건을 가진 특이한 사람들을 사랑하는 공동체는 미래진행형적인 시간 속에 있습니다.

마치 미래에서 편지를 보내듯 스피노자가 『에티카』 후반부 작업을 했던 것처럼, 국내의 그룹홈 실험에 참여했던 한 친구가 어느 늦은 밤에 저에게 연락을 했습니다. 말도 많고 탈도 많고 재미도 있고 의미도 있고 온갖 자랑을 늘어놓는 친구의 말 속에서, 특이성을 사랑하는 공동체가 우리 사회에서도 불가능하지 않다는 생각에 가슴이 뛰었습니다.

공동체에 소수자가 필요한 이유

스피노자주의자인 가타리는 "소수자를 발명해야 한다"라고 말했습니다. 왜 공동체에 소수자가 필요할까요? 마치 누룩, 효모, 촉매제처럼 공동체의 관계망을 성숙시킬 수 있기 때문입니다. 소수자는 공동체의 관계망을 더욱 성숙시킬 수 있는 다양한 표현 소재의 원천이 됩니다. 어떤 무리 중에 아이가 있다고 한다면 냄새, 색깔, 음향, 몸짓, 표정, 맛 등으로 다양하게 자신을 표현하려는 아이의 행동 속에서 공동체의 관계망은 발효되고 성숙됩니다. 공동체는 소수자의 다양한 기호에 의해 더없이 자유로우면서도 고도로 조직되고 성숙한 모습으로 무르익게 됩니다. 왜냐하면 아이, 장애인, 동물, 광인 등은 언어로 자신을 표현하지 않고 더 다양하고 풍부한 표현 소재를 이용하기 때문이지요. 아이가 지나간 자리에는 낙서와 흔적과 냄새와 시끌벅적함이 있습니다. 그래서 아이들이 떠드는 생활협동조합 행사나 프리마켓, 골목장터 같은 곳에 가면 사람 냄새가 나고, 공동체가 훨씬 더 성숙할 수 있는 가능성과 잠재성이 느껴집니다.

또한 소수자는 특이점이 되어 공동체를 풍부하고 다양하게 만들 수 있습니다. 소수자는 평면적이고 일차원적이고 단조로운 삶이 아니라, 입체적이고 요철과 굴곡이 있으며 복잡한 삶의 내재성을 구성하기 때문입니다. 대부분 어른들만 참여하는 집회에 아이 한 명이 끼어 있으면 집회가 입체적으로 느껴지는 이유도 그것입니다. 장터에 동물이 등장할 때도 그렇습니다. 어떤가요? 생명평화 세상이 바로 여기구나 하는 생각이 들지 않나요?

이러한 특이점 하나하나가 복잡계로서의 삶의 내재성을 구성합니다. 그런 점에서 스피노자가 말한 공동체의 내재성은, 어쩌면 탄력성, 유연성, 복잡성, 다양성, 신축성을 가진 21세기 네트워크 사회를 미리 전망한 개념이 아닐까 하는 생각도 듭니다.

또한 소수자는 사랑, 욕망, 정동의 강렬함과 반복을 만들어줍니다. 일단 공동체에 소수자가 등장하면 정동과 사랑의 강렬한 흐름이 발생합니다. 아이 한 명, 동물 한 마리를 돌보고 쓰다듬고 아끼는 사람들이 나타나는 것입니다. 사랑과 욕망, 정동의 강렬한 흐름은 공동체에서 특이성이 생산되는 이유이기도 합니다. 처음에는 소수자라는 특이점을 관통하는 사랑과 정동의 흐름이었지만, 그 강렬함에 따라 색다른 특이한 주체성이 등장하여 춤추고 노래하고 이야기꽃을 피웁니다. 그런 의미에서 공동체에서는 어쩌면 소수자를 발명해야 하는 것일지도 모르겠습니다.

소수자 되기는 변화의 원천

여기서 소수자 되기는 무엇일까요? 어떤 인생의 과정을, 어떤 무의식의 행렬을, 어떤 정동과 욕망, 사랑의 흐름을 지도로 그리면 어떤 모양이 나올까요? 먼저 평화를 통해, 비폭력을 통해, 사랑을 통해 세상을 바꾸려고 할 때 가장 먼저 떠오른 것이 소수자 되기입니다. 폭력으로 증오로 슬픔으로 원한으로 세상을 바꾸는 것이 아니라 스피노자의 길을 따라 삶의 내재성이 갖고 있는 무한한 생성과 긍정의 힘으로 세상을 바꾸려는 것이죠. 저는 여전히 사랑으로 세상을 변화시킬 수 있다는 믿음을 갖고 있습니다. 이런 얘기를 하면 주변 사람들은 저를 유별난 몽상가나 공상적 이상주의자로 취급합니다. 그러나 나의 삶과 욕망과 생명에 대한 무한한 긍정으로부터 출발할 때 다른 사람들의 가치와 의미,

생명력을 존중할 수 있겠지요. 그래서 감싸 안고 부둥켜안고 포용하고 되기의 안간힘을 발휘하면서 우리는 서로를 동시에 긍정하는 실험에 나설 필요가 있습니다.

또한 소수자 되기는 단순히 다른 사람에 대한 배려와 관용이 아니라, 나 자신의 끊임없는 신체변용의 과정입니다. 그것은 색다른 삶을 창조하고 발견하는 것입니다. 우리는 신체변용이 가진 능동적인 힘을 아직 모르고 있습니다. 어떻게 변신과 도주에 능한 신체로 변용될지, 어떤 특이성을 발휘할지, 어떤 웃음과 정동의 변화를 촉매할지 미리 결정되어 있지 않습니다. 우리는 신체변용의 역능이 우리의 삶을 재발견하고 재창안할 원동력이라는 것을 믿기 때문에, 문명의 발달이나 기술진보의 무한한 능력이 아니라, 유한한 신체의 무한한 변용 능력에 기반해서 삶을 재창조할 수 있습니다. 그것을 가능하게 하는 판과 구도가 바로 공동체이지요. 그런 점에서 스피노자주의자들이 뛰어놀 수 있는 배치와 판, 구도는 바로 공동체입니다.

또한 뜻과 지혜와 아이디어를 가진 우리 중 어느 누군가를 만들 수 있는 방법도 바로 소수자 되기입니다. 소수자를 사랑할 때 우리는 그 일을 해낼 사람을 사랑과 욕망의 능력을 통해 동시에 만들어냅니다. 어떤 목표 지점과 화려한 기술이 있는 것이 아니라 그 과정과 목표 자체가 그 일을 해낼 사람이라는 점에서, 소수자 되기는 시작이자 끝입니다.

가타리는 오늘날 스피노자 사상의 가장 큰 과제가 바로 주체성 생산, 특이성 생산이라고 간단하게 요약했습니다. 그런데 그것이 어떻게 가능한지에 대해서는 후대 사람들이 풀어야 할 숙제로 남겨놓았습니다. 공동체의 사랑과 욕망, 정동의 강렬도가 높아질 때 홀연히 등장하는 주체성 생산의 현상에 대해서 신비주의적, 영성주의적으로 설명하는 경우도 간혹 있습니다. 물론 스피노자는 삶의 내재성의 자기원인에 따라 기하학적 구도를 들고 나올지도 모릅니다. 어찌 됐건 그 일을 해내는 사람을 만드는 주체성 생산은 소수자에 대한 사랑과 욕망이 활성화되는 소수자 되기의 과정에서 출현하는 색다른 현상임에 분명합니다.

스피노자의 사상은 결국 소수자 되기를 통해서 "사랑이 곧 혁명이다"라고 일갈하는 것으로 요약할 수 있습니다. 우리는 사랑이 자동적으로 찾아오지 않는 시대에 살고 있습니다. 인간은 당연히 사랑을 해야 한다는 말처럼 공허한 말도 없을 겁니다. 오히려 사랑을 한다는 것은 혁명적 순간입니다. 어떤 사랑의 특이점, 소수자 되기의 특이점이라는 작은 변화는 수많은 사회화학적인 변화를 촉매하고 돌이킬 수 없는 변화의 원천이 될 것입니다. 사랑을 주어진 것이 아니라 만들어야 할 실천의 과제로 본다는 점에서 우리는 늘 혁명 속에 있습니다. "그것은 혁명가도 혁명운동도 없지만 늘 진행 중인 혁명이고, 그래서 혁명을 하자는 것이다"라고 가타리는 일갈했습니다.

02

아이 되기, 신체에 내재한 야성적인 능력에 접속하는 것

아이와 스피노자의 공통점

몇 년 전 조카가 한 질문에 탄복한 적이 있습니다. "삼촌, 하늘의 비행기는 왜 아이구름을 낳을까?" "밤에는 왜 무지개가 없을까?" "바람은 왜 태양을 흔들지 못하지?" 이런 질문에 저는 늘 당황했지요. "그건 말이지"라고 운을 떼면서도, 조카의 상상력을 지켜줘야겠기에 조금 엉뚱한 답을 하려고 노력했습니다. 하지만 고정관념에 찌든 어른의 답은 여실히 한계를 드러냈습니다. 생명은 물음표, 호기심, 문제 제기를 하는 존재라고 했던가요? 그래서 뻔한 답이 아닌 색다른 문제 제기를 하는 생명이 더 소중한지도 모르겠습니다. 지금 그 조카들은 고등학생이 되었고, 그런 신기한 문제 제기의 능력도 돌연 사라졌습니다. 대신 스마트폰만 열심히 들여다보죠. 그러나 저는 아이 때 보여주었던 그런 상상력이 조카들에게 깊숙이 잠재되어 있다고 생각합니다.

대학에서 한 학기 동안 스피노자 강의를 한 적이 있습니다. 학생들과 토론을 많이 했습니다. 뜨거운 열정을 담은 참신한 문제 제기가 많이 나왔습니다. 그러나 그 당시 저는 학생들에게 충분한 답을 하지 못했습니다. 그런 날은 밤늦게까지 『에티카』를 읽었지만, 스피노자는 "~은 ~이다"라고 정확히 의미를 적시해주지는 않았습니다. 그런 상황은 저를 더욱 강박시켰고, 저는 학생들의 문제 제기에 대해 그것이 갖고 있는 의미와 가치를 헤아리기보다 각각의 문제 제기에 명확한 대답을 제시해야 한다는 압박감을 느꼈지요.

하지만 오랜 고민 끝에 제가 깨달은 것은 그게 불가능하다는 사실이었습니다. 아마도 그것은 스피노자가 대답하는 사람이 아니라 문제 제기를 하는 사람이기 때문이겠지요. 저의 대답들은 스피노자를 "그건 이거다"라고 확실히 의미화할 수 있는 게 아니었기에, 의구심과 모호함, 미적지근한 대답으로 인한 혼란만 야기했지요. 그렇게 그 학기의 스피노자 강의는 대실패로 끝나고 말았습니다.

저는 스피노자가 현학적이고 화려한 논증구조를 갖추어 대답하는 지식인이라고 생각하지 않습니다. 정리, 공리, 증명 등의 기하학적 구도는 마치 그럴 것 같다는 착각을 불러일으킵니다. 인류가 밟아온 지식의 패러다임은 '은유와 비유의 시대'에서 '대답의 시대'로 이행했고, 다시 대답의 시대에서 '문제 제기의 시대'로 이행했다고, 가타리는 평가합니다. 은유와 비유의 시대는, 의미의 본질에 접근하지 못했던 생태적 지혜의 시대였고, 이에 따라 의미의 본질을 적시하는 대답, 즉 탈주술화와 합리화가 근대 담론의 주류를 이루었습니다. 그러나 스피노자는 답을 내놓는 철학이 아닌, 아이처럼 호기심, 상상력, 질문을 던지는 탈근대의 상황으로 지평을 가로질러 주파합니다. 무의식, 욕망, 신체변용의 주체성이 아이이기 때문이겠지요. 이에 따라 스피노자의 철학 속에서 질문하는 아이들의 상상력이나 호기심을 발견하는 것도 어렵지 않습니다. 스피노자를 '탈근대의 예수'라 부르는 이유가 여기에 있지 않을까요?

이성과 욕망의 평행선

고등학교 3학년 때였습니다. 저는 하루 종일 책만 파고드는 요령 없는 공부벌레였지만, 늘 인생의 항로를 탐색하던 학생이었습니다. 한 번은 수업 시간에 윤리 선생님이 책을 덮으라고 말씀하시더군요. 그러고는 느닷없이 스피노자에 대해서 얘기해주셨습니다. 한 시간의 짧은 수업이었지만, 제 인생의 항로를 결정하는 중요한 시간이었습니다. 그때 스피노자를 공부해보고 싶다는 생각이 들었고, 철학과에 진학하겠다는 동기를 찾을 수 있었습니다. 윤리 선생님의 수업은 학생들의 관심을 불러일으키기에 충분했습니다. 범신론에 대한 개괄이었지요. "내가 보기에 스피노자는 이렇게 생각했던 것 같다"는 식의 얘기였는데, 새로운 공부의 방법론이라는 인상도 받았습니다. 범신론은 몇 년 동안 나의 화두가 되었고, 철학과에 진학한 후에도 스피노자의 『에티카』를 끼고 다녔지요.

후배 중에 놀이 연구자 J가 있습니다. 그는 놀이수업 때 아이들과 만나면 일부러 놀이를 시작하지 않고 책상에 앉아서 행정 일을 보는 척한다고 합니다. 아이들이 심심하고 지루하다고 느낄 때까지 말이지요. 그러면 얼마 지나지 않아 아이들의 엉덩이가 조금씩 들썩거리고, 왔다 갔다 하다가 주변에 있는 물건들을 가지고 스스로 놀이를 시작한다고 합니다. 일찍이 들뢰즈가 재료가 살아 움직인다고 표현했던가요? 공, 종잇조각, 줄 같은 것이 모두 놀이 도구로 변신합니다. 보조 선생님은 아이들을 말리는 척합니다. 그럴수록 아이들은 신나게 놉니다. 뛰는 아이, 구르는 아이, 뒹구는 아이… 난리가 벌어집니다. 여기서 중요한 것은, 지루함과 심심함이 놀이의 전제조건이라는 점입니다. 그리고 그 모든 것이 놀이 프로그램의 일부입니다. 아이들은 '놀이하는 주체성'이라고도 불립니다.

증명, 공리, 정리 등으로 구성된 『에티카』에서 스피노자의 논증은 의미와 일 모델, 즉 하나의 의미에 집중하고 수렴되는 모델과 같은 형태를 띤다고 판단될 수도 있습니다. 명확하게 합리적인 답을 제시하는 근대적 모델에서 벗어나지 않는다고 생각할 수도 있습니다. 그러나 『에티카』 후반부에서 보여주는 정동의 기하학이라는 논증 방식에서, 아이들에게서 볼 수 있는 재미와 놀이 모델, 즉 여러 의미를 횡단하고 이행하는 모델을 발견하기란 어렵지 않습니다. 스피노자는 놀이를 자꾸 바꾸고 이리저리 횡단하고 방황하는 아이처럼 『에티카』 후반부의 논증을 이끕니다. 그래서인지 답을 해주는 스피노자보다, 질문을 던지는 스피노자가 먼저 떠오르는지도 모르겠습니다.

더 나아가 스피노자는 이성과 욕망이 평행선을 달린다고 말합니다. 이것은 의미 모델과 재미 모델의 평행선이라고 해석될 수 있겠지요. 차가운 이성의 의미와 함께 뜨거운 열정을 가진 욕망의 재미가 함께 움직인다고 얘기하는 것만 같습니다. 어쩌면 제가 스피노자를 오독했다고 말하는 사람도 있을지 모르겠습니다. 그러나 스피노자의 사랑, 신체변용, 욕망, 무의식 등의 개념에서 바로 아이들의 재미와 놀이 모델을 재발견하기란 어렵지 않습니다.

구성주의 세대인 아이들에게

최근 교육 현장에서 구성주의가 전면화되는 과정을 보면서 제 마음속에는 적잖은 감격이 밀려들었습니다. 비록 초창기 구성주의 학습법이 자기주도학습이라는 이상한 개념으로 오독되어 소개되기는 했지만 말이지요. 그 이름에서도 금세 알 수 있듯이 기존의 교육 방식과는 정말 다른 방법론인 것만은 사실입니다. 객관적 진리론에 입각한 기존의 교육은, 교육자가 일방적으로 주입하고 피교육자인 학생이 수용하는 것입니다. 학생 개개인의 특성을 배제한 교육 방법론인 셈입니다. 반면 구성주의적 교육 방법론은, 한 사람이 하나의 세계에 필적하는 위치를 갖는다는 생각에서 출발합니다. 스피노자의 특이성 개념을 접해본 사람이라면, 신만이 유일무이한 존재가 아니라 피조물도 유일무이한 존재이며, 우리가 일상에서 겪는 사건 하나하나가 유일무이하다는 것을 알게 될 것입니다. 이에 따라 하나의 질문에 하나의 답만 있는 것이 아니라, 답이 여러 개일 수 있고 혹은 답이 없을 수도 있다는 생각에 도달합니다. 그래서 스피노자의 특이성 개념을 받아들이고 나면 누구나 구성주의의 지평으로 튕겨나가는 체험을 하게 됩니다.

저는 학교 다닐 때 사지선다형 문제에는 반드시 답이 하나여야 한다고 배워왔습니다. 그래서 모르는 문제가 나오면 찍기나 연필 굴리기를 해서 답을 정하기도 했지요. 뉴턴의 세계관인 인과론을 당연히 진리라고 여기며 객관적 진리론을 바탕으로 그 외부는 없다고 반복적인 주입식 교육을 받아왔던 것 같습니다. 스피노자의 자기원인 개념도 인과론의 일종이라고 여기는 사람들은 당연히 스피노자 역시 뉴턴적 세계관에서 벗어나지 못했다고 생각할 수도 있습니다. 그러나 스피노자는 아주 순식간에 그 지평을 주파해버렸고, 대신 정동의 기하학 장에서는 스스로 문제를 구성하는 색다른 방법론을 구사했습니다. 이에 따라 『에티카』는 스피노자라는 유일무이한 존재가 그려낸 구성주의적 세계였다고 볼 수 있습니다.

특히 스피노자의 변용 개념은 구성주의를 가장 잘 보여주는 개념입니다. 즉 진리가 객관적인 표상으로 주어지는 것이 아니라, 신체변용을 거쳐야만 알 수 있다는 점에서 그렇습니다. 그래서 신체변용과 평행을 달리는 공통관념의 개념을 접한 사람이라면 스피노자가 이미 근대를 넘어서 탈근대의 지평, 구성주의의 지평으로 향해 있음을 온몸으로 느낄 수 있습니다. 이 역시 신체변용인 셈이지요. 스피노자의 신체변용에 따른 앎의 구도는 바렐라의 '앎=함=삶'이라는 구도를 선취한 측면이 있습니다. 이미 몇 세기 전에 구성주의는 스피노자에 의해 제시되었던 것입니다. 그런 점에서 구성주의 교육을 받은 20대의 등장은 이전 세대와는 확연히 구분되는 인식에 대한 사유를 하는 세대라고 할 수 있습니다. 기성세대는 이러한 구성주의 세대를 이해하지 못하고 있습니다. 어쩌면 당연한 일일지도 모르겠습니다. 왜냐하면 신체변용을 거쳐야 앎이 성립하기 때문입니다.

아이 되기의 진실

들뢰즈와 가타리가 바라본 아이 되기는 스피노자의 노선을 발전시킨 개념입니다. 아이 되기는 고정관념 없이 흐름의 사유, 신체변용의 사유가 활성화되었을 때 가능한 모습입니다. 이를테면 스피노자의 자유인이라는 개념을 들뢰즈·가타리 식으로 해석하자면 '아이 되기가 이루어진 사람'입니다. 다시 말해 아이 되기는 자유정신을 향한 신체변용이라고 할 수 있습니다.

먼저 아이 되기는 공동체가 스스로 갈등을 해결할 수 있는 역능을 갖는 데 기여하는 개념입니다. 현대 사회는 이를 변호사, 판사, 경찰 등에게 해결하도록 맡기지요. 그러나 이는 홉스의 리바이어던으로 표상되는 초월적 권력에 문제를 맡기는 것에 불과합니다. 공동체의 내재적 민주주의의 능력, 다중과 삶의 내재적인 능력은 사랑과 욕망의 힘에 달려 있습니다. 그리고 그것은 고정관념 없이 유연하게 사태를 해결할 수 있는 아이 되기의 능력에 달려 있습니다. 헬레나 노르베리-호지의 『오래된 미래』(중앙북스, 2007)에 등장하는, 공동체의 중재자 역할을 하는 아이의 사례가 그것입니다. 삶의 내재성에 근거해 문제를 해결하고자 할 때 등장하는 주체성이 바로 아이 되기를 한 주체성임을 확인할 수 있습니다.

저도 갈등 상황에 직면하면 분노하고 목소리가 높아질 때가 있습니다. 그러나 한참을 언쟁하면서 찬찬히 '1인칭의 나' 안의 '3인칭의 나'를 통해 바라보면, 얼굴이 빨개진 상대방의 얼굴 뒤로 인정받고 싶어하는 작은 아이를 발견합니다. 그러면 상대를 이해하게 되고 사태는 곧 진정됩니다. 서로 쑥스럽고 부끄러운 마음이 들어 금방 자리를 피하게 되지요. 합리적이고 세련된 개념을 말하는 전문가를 만나는 경우에도 마찬가지입니다. 저는 그런 전문가에게서 자신을 내세우는 방식으로 떼를 쓰는 아이를 종종 발견합니다. 사실 그가 정의를 내리게 된 근거라는 것도, 생활연관, 즉 삶의 내재성에 접속한 사람이라면 누구나 발견할 수 있는 것들입니다. 그런 점에서 전문가만이 답을 알고 있다고 주장하는 것은 우스운 일이 아닐 수 없습니다. 이렇듯 아이 되기는 스피노자가 말한 삶의 내재성의 의미를 살짝 엿볼 수 있도록 들뢰즈와 가타리가 창안한 개념이라는 생각도 듭니다.

모든 사람에게 삶의 내재성이 전제되어 있기 때문에 모두가 진리를 알고 있다면, 아이들은 어떨까요? 아이들은 내재성 개념을 잘 보여주는 주체성입니다. 진리란 논증과 추론을 통해서만 발견할 수 있는 것이 아닙니다. 삶의 경험을 통해 슬며시 마음을 두드리는 것도 진리입니다. 그것을 하게끔 만들고 생각을 만들고 삶의 의지를 만들어내는 것도 진리입니다. 네, 그렇습니다. 이것은 정치에 대한 은유일 수도 있고 삶의 이야기일 수도 있습니다. 바로 민주주의에 대한 이야기이거든요.

스피노자의 내재성의 구도에 따르면, 민주주의는 모든 사람이 아이라는 주체성처럼 삶의 진실을 알고 있다는 전제에서 작동할 것입니다. 그러나 민주주의가 어른들과 전문가들의 제도로 고정될 때, 선거라는 위임절차에서 아이와 같은 주체성을 동원한 후 당선되자마자 초월적 권력을 작동시키는 방식으로 전락하고 말 것입니다. 그런 점에서 아이처럼 모든 사람에게 진리가 전제되어 있다는 신념은 '절대적인 민주주의'를 작동시킬 수 있습니다. 이 절대적 민주주의는 공동체 내에서 작동하는 삶의 내재성의 평면을 펼쳐 보이는 과정입니다. 그런 점에서 공동체에서 작동하는 민주주의는 모두가 스피노자주의자로 만들어버리는 힘을 갖고 있는 셈입니다.

그러나 진리는 삶을 전제해야 하고, 신체변용을 전제해야 합니다. 진리는 삶을 통해서만 알 수 있지, 보편적 진리나 객관적 진리를 달달 외운다고 알 수 있는 것이 아닙니다. 어쩌면 우리는 아이 되기를 위해서, 즉 아이의 마음으로 돌아가기 위해서 공부를 하는 것일지도 모릅니다. 아이야말로 삶의 진실, 신체변용의 진실에 가장 능통한 능력자이기 때문입니다. 그러한 아이의 능력을 잘 보여준 사람이 바로 스피노자입니다.

스피노자의 신체변용이라는 개념에서 아이 되기의 능력을 발견한다면 어떨까요? 우리의 신체가 갖고 있는 놀라운 능력을 잘 표현하는 것이 아닐까요? 그렇다고 정말 아이처럼 유치한 행동을 하자는 말이 아닙니다. 아이 되기는 우리 신체에 내재된 놀라운 야성적 능력에 접속하는 것입니다. 그리고 그것을 처음으로 응시했던 사람이, 바로 스피노자입니다.

03
우리의 외부 야성적인 존재에 대한 사랑

동물 되기를 통한 야성성=자율성 회복

스피노자는 생명과 자연과 연결되어 있는 신체를 탐색했습니다. 이에 따라 신체 속에 생명, 사물, 자연, 기계 등이 내재하고 있다는 사실을 발견했습니다. 그리고 욕망이라는 자기원인이 바로 생명과 자연의 원리에 따른다는 점에 주목하면서, 욕망, 사랑, 신체변용, 정동이 바로 생명과 자연으로부터 유래했다는 사실로 나아갑니다. 생명과 자연은 외부성의 존재이면서도 삶의 내재성에 잠재되어 있다는 것입니다. 우리 내부에 외부적 존재인 자연과 생명이 내재한다는 것은 역설입니다. 하지만 우리는 그들과 연결된 신체 없이는 느끼고 감응하고 변용하고 사랑할 수 없습니다. 그런 점에서 우리는 꽃 되기, 책상 되기, 로봇 되기, 호랑이 되기 등의 능력을 우리의 신체 안에 갖고 있는 셈입니다.

그런데 현대 문명은 자연과 생명을 외부에 두지 않고 도구화함으로써, 과학기술 앞에서 자연과 생명을 뻔하게 규정하는 수식과 통계, 도표로 벌거벗게 만들었습니다. 그 결과 생명과 자연의 유일무이성과 특이성은 무시되고 말았습니다. 그리고 과학과 생명공학, 천문학 등의 수치와 통계, 역학조사 등이 연일 발표되고 있지요. 동시에 야생동물 보호구역이나 자연보호구역을 정해 야성성을 보존해야 하는 문명의 역설에 직면해 있습니다. 생명의 시중꾼이자 자연의 대리인으로서의 인간 문명의 역할이 등장한 것입니다. 즉 외부성은 그저 주어지는 것이 아니라, 양육하고 보호하고 보존해야 하는 것입니다.

이대로 가면 거대한 기후변화로 인해 대부분의 동식물이 멸종위기에 내몰릴 수밖에 없습니다. 이제 외부성에 간섭하지 말아야 한다는 생각은 그리 합리적이지도 타당하지도 않아 보입니다. 문명 외부로서의 생명과 자연을 설정하는 것은 낡은 도식이 되었습니다. 외부였던 생명과 자연이 이미 문명의 내부 구성원이 되어버린 상황이지요. 이제 그들에게 권리를 부여해야 하는 상황입니다. 동식물을 보호하고 보존하는 생명권과 생태권이 그 어느 때보다 중요해졌습니다.

들뢰즈와 가타리는 '문명의 외부=야성성=자율성=동물 되기'라는 공식을 통해서 스피노자의 외부성의 사유를 복원하고자 했습니다. 우리 신체 안에 있는 생명과 자연의 능력인 사랑과 변용의 능력을 촉진하고 촉매해야 한다는 점도 강조했습니다. 다시 말해 거대한 위기의 시대를 헤쳐나가려면 자율적인 행동 능력과 야성성을 갖추어야 합니다. 그리고 그 어떤 능력보다도 동물 되기의 능력이 필요합니다.

이를 위해서도 우리 안의 자연과 생명의 능력인 욕망에 더 귀 기울여야 할 것입니다. 우리는 지금 스피노자의 외부성에 대한 질문에 직면해 있습니다. "문명으로부터 벗어난 야생 상태, 즉 외부가 있을까?"라는 질문이 그것입니다.

도구적 이성에서 생명권으로

스피노자의 이성에 대한 사유를 이해하기 위해서 데카르트를 소환해보겠습니다. 데카르트는 생명과 자연을 '도구적 이성'이라는 구도에서 쓸모 있는 것, 용도가 있는 것, 필요한 것으로 만들어내는 문명의 기초를 정립했습니다. 반면 스피노자의 욕망과 이성이 평행을 그리는 구도는 '내재적 이성'이라는 개념이 더 어울릴 것 같습니다. 여기서 무엇을 내재했는가 하면 외부의 생명과 자연의 능력인 욕망을 내재하고 있다는 얘기지요. 스피노자의 내재적 이성의 구도에서 보면, 생명과 자연을 도구로 삼는 도구적 이성은 합리적인 방향성이 아니고 자신 안에 있는 자연과 생명의 힘, 욕망과 변용의 역능을 억압하는 것이라 할 수 있습니다. 특히 도구적 이성은 동물을 도구로 삼아 공장식 축산업, 동물실험, 동물원, 오락, 사냥 등으로 사용하는 것을 정당화하는 논변일 뿐입니다. 근대 합리주의를 대표하는 데카르트의 도구적 이성이 역설적으로 비합리주의의 화신으로 평가절하되는 순간입니다.

문제는 동물을 도구화하면 그것으로 끝나는 것이 아니라, 우리 안의 생명과 자연을 억압하게 된다는 점입니다. 동물에 대한 도구화는 곧이어 제3세계 민중을 약탈하고, 노동자를 착취하고, 소수자를 차별하고, 이주민을 혐오하는 방향으로 나아가게 됩니다. 작은 생명을 짓밟는 최초의 행위가 사회 전체에 파급되는 것입니다.

공리주의가 내세우는 '최대다수 최대행복'은 소수자의 희생과 배제를 정당화한다는 점에서 파시즘의 토양이 될 수 있습니다. 마찬가지로 도구적 이성도 생명과 자연의 억압을 정당화함으로써 결국 민중, 소수자, 노동자를 억압하는 파시즘의 토양이 됩니다. 파시즘은 억압에 대한 기괴한 욕망을 발생시킴으로써 우리 안의 생명과 자연의 힘을 굴절시킵니다. 이는 도구적 이성의 최종 산물임에 분명합니다. 그런 점에서 지구상의 가장 약자인 동물에 대한 사랑은 곧 인간에 대한 사랑의 필요조건입니다. 즉 현재 우리는 생명권 없이 인권을 성립시킬 수조차 없는 상황에 직면해 있습니다.

스피노자는 우리 신체 안의 생명과 자연의 능력인 욕망과 변용에 대해 얘기했고, 거기엔 동물에 대한 사랑도 함의되어 있지만, 동물 자체에 대해 발언한 것은 아닙니다. 약간의 에피소드와, 동물에겐 죄의식이나 부정의 사유가 없다는 발견을 전개했을 뿐입니다. 그러나 그의 외부성의 사유로 생각해볼 때, 외부가 소멸하고 있는 현재의 국면을 본다면 틀림없이 생명과 자연에 대한 보호와 보존을 주장할 것입니다. 혹자는 스피노자의 외부성에 대한 논의는, 기술 발전이나 문명의 포획의 힘이 적을 때 외부를 생각했던 것이 아니냐고 반문합니다. 즉 스피노자가 살던 당시에는 주어진 외부가 있었지만, 이제는 생명과 자연이 파괴되고 포섭되어 외부가 더 이상 남아 있지 않다는 것이지요.

그러나 스피노자의 내재적 이성, 즉 욕망과 이성의 평행론은 외부가 사라지고 있는 현대의 우리를 대안적인 사유로 이끈다는 점에서, 우리는 그의 사상에 귀 기울일 필요가 있습니다. 즉 이성이 욕망을 억압하거나 도구화하는 것이 아니라, 평행을 달리는 것은 결국 생명과 자연과 인간의 공존과 평화, 즉 생명평화 세상에 대한 스피노자의 구상이라는 생각도 듭니다. 결국 외부성의 사유는 오히려 우리가 보존해야 할 야성적 사유임이 분명합니다. 그런 점에서 스피노자의 사유는 생명과 자연을 사랑하는 공동체에서 환대받을 만한 사상이겠지요.

음악이 언어가 되고

아침마다 새들이 지저귀는 소리에 잠을 깹니다. 기도나 주문 같기도 하고, 노래 같기도 한데, 한 마리가 울면 다른 새들도 함께 웁니다. 새들의 언어는 음악인 것 같습니다. 제가 쓰레기 분리수거를 하러 가면 '꺄르르' 하다가도 '떼르르' 하기도 하고, '빠뚜뚜' 하기도 합니다. 아마도 침입자가 나타났으니 주의하라는 신호인 것 같습니다.

이러한 새들의 언어를 듣고 있노라면, 멕시코 원주민의 휘파람 언어인 사보텍어가 떠오릅니다. 스페인이 멕시코를 점령했을 때 원주민들은 휘파람을 불어 자기들끼리 소통했다고 합니다. 휘파람 언어는 정확한 의미나 고정된 형식이 없었지만 동족들에게 위험하다는 신호를 전달하는 데는 문제가 없었습니다.

이 얘기를 꺼낸 이유는, 새소리나 원주민들의 휘파람 언어에서도 스피노자의 범신론을 엿볼 수 있기 때문입니다. 스피노자의 '신, 즉 자연'의 구도는 매우 간단해 보입니다. 신이 곧 자연이라는 의미로 생각되기 때문이겠지요. 그런데 신은 자연의 다양한 모습에 내재해 있고, 이를 통해서 표현됩니다. 따라서 우리는 자연으로 표현되는 것을 통해서만 신을 느낄 뿐이지요. 다시 말해서 새소리나 휘파람은 고정된 의미가 없기에 단지 표현을 통해서만 소통되듯이, '신, 즉 자연'의 구도 역시 표현을 통해서만 드러나는 것입니다.

범신론의 신은 까르르 웃는 아이에게도, 무지갯빛 호수 위에도, 시끄

렵게 우는 원숭이에게도, 새들의 날갯짓과 울음소리에도 내재하고 있으며, 이를 통해서만 표현됩니다. 따로 신이 있는 것이 아니지요. 스페인 침략자들이 원주민들에게 '삐리리', '뽀삐삐', '쁘쁘삐' 같은 휘파람 소리의 뜻을 물어도, 그들은 모른다고 말합니다. 그저 상수가 없는 변수의 무한한 변주를 통한 표현만이 있을 뿐 고정된 의미가 없기 때문입니다.

여기서 스피노자의 범신론은 동물에 대해 또 다른 생각을 하게 만듭니다. 동물들은 무한한 변주 속에서 일관된 흐름을 갖고 살아갑니다. 동물에게는 언어나 고정관념이 없고 삶과 욕망, 신체변용의 자기원인만이 있습니다. 그런 점에서 동물은 스피노자의 '신, 즉 자연'을 가장 잘 표현하고 있다는 생각도 듭니다.

공동체는 동물 되기의 능력이 발휘된 것

동물의 특성 중 하나가 무리를 짓는 것입니다. 들뢰즈와 가타리는 동물들이 무리를 짓는 특성을 통해 다양체로서의 공동체를 구상했습니다. 이는 스피노자의 '특이성을 사랑하는 공통성'에 대한 구상과 통하는 면이 있습니다. 즉 개성과 의견 차이, 색다른 측면, 소수자를 사랑하는 공동체를 구상한 것이 바로 스피노자의 '특이성을 사랑하는 공통성'의 구도입니다.

들뢰즈와 가타리는 이러한 스피노자의 개념을 계승하여 새로운 해석을 내놓았습니다. 두 사람은 계급이익, 이해관계로 모인 군중과, 욕망과 신체변용에 따라 모인 무리를 구분했습니다. 즉 '몰(mole)적 군중'과 '분자적 무리'입니다. 몰적인 것은 하나의 모델에 집중하고 수렴되는 것이고, 분자적인 것은 여러 모델을 횡단하고 이행하는 것입니다. 즉 이익과 이해가 수렴모델이라면, 욕망과 변용은 횡단모델인 셈이지요. 이러한 구분은 학교, 감옥, 군대, 병원, 시설, 정신병원에서 일사불란하게 움직이는 '군중'과, 팬덤 무리, 오토바이 폭주족, 축구 관중 등 욕망에 따라 움직이는 '무리'는 사뭇 다르다는 점으로도 이해됩니다. 즉 강요나 의무에 의해 모였느냐, 아니면 자발적으로 모였느냐에 따라 같은 100명이어도 질적 차이가 있다는 것입니다.

우리는 공동체가 자연과 생명의 자기원인, 즉 욕망에 따라 움직일 때 가장 자율적이고 자유롭다는 것을 상상해볼 수 있습니다. 욕망이 이끄는 대로 모인 사람들은 더 유쾌하고 상상력을 발휘할 것이며 관계가 더욱 성숙할 것이기 때문입니다.

들뢰즈와 가타리는 이러한 공동체를 동물 되기의 능력이 발휘된 것이라고 보면서, 사랑과 욕망의 흐름에 따르는 분자적인 무리가 되는 것을 동물 되기라고 말했습니다. 그것을 가장 잘 보여준 것이 68혁명이고요. 68혁명은 계급이익이나 이해관계가 아니라, 비루하고 단조로운 체제에 대한 저항이었습니다. 이념, 가치, 의미에 따라 조직된 기존 공동체나 집단은 새로운 시대에 맞지 않은 고루한 것이었습니다. 대신 자발성, 상상력, 쾌락 같은 욕망의 슬로건들이 등장했지요. "금지를 금지하라!", "더 많이 사랑할수록 더 많이 혁명을 하고 싶어진다", "노동하지 마라!", "지루해서 못살겠다!" 같은 구호들이 68혁명의 성격을 잘 보여줍니다.

결국 들뢰즈와 가타리의 동물 되기, 즉 분자적 무리 되기의 개념은, 공동체가 자신의 내재성에 기입된 자연과 생명의 능력인 사랑, 욕망, 정동을 배반해서는 안 되며, 자연스러운 생명 에너지와 활력에 따라 조직되어야 한다는 것입니다. 이는 소수자 집단이나 대안 집단, 생태주의 집단에 대해 색다른 조직화를 욕망하라는 주문이기도 합니다. 다시 말해 "올바른 것이 있으니, 나를 따르라"고 말했던 기성세대의 이념형 공동체가 아니라, "우리 안의 활력과 생명 에너지가 이끄는 대로 움직이자"라는 새로운 세대의 공동체가 조성되었다는 의미입니다. 우리 자신의 생명과 자연의 능력이 바로 공동체를 구성할 수 있는 역능임을 잊어서는 됩니다. 우리 안의 자연스러운 욕망이 발현되는 공동체를 상상할수록 어쩐지 기분이 좋아집니다.

욕망, 동물 되기의 지평

스피노자의 코나투스(자기보존 욕구)는 자기원인에 따르는 욕망, 즉 정동의 개념입니다. 우리는 들뢰즈와 가타리의 동물 되기를 통해서 우리 안의 동물성인 욕망의 야성성을 긍정함으로써 자율적인 행동과 무리 짓기, 영토 만들기 등의 능력을 갖고 있음을 깨닫게 됩니다. 이를 통해 아무리 열악하고 절박한 상황에서도 우리의 삶과 욕망, 정동이 갖고 있는 잠재적인 능력에 따라 행동할 때 색다른 영토를 개척할 수 있다는 것도 알게 됩니다. 우리 안의 야성성은 곧 자율성입니다. 우리가 색다른 삶과 색다른 욕망을 가질 수 있는 우리 안의 생명과 자연의 능력인 셈이지요. 그리고 그러한 자연의 능력, 생명의 능력을 사랑한다는 것은 우리 신체의 무한한 잠재력을 긍정한다는 의미입니다.

우리는 들뢰즈와 가타리의 동물 되기를 통해 스피노자 사상의 야성적인 면모를 되살릴 수 있다고 생각합니다. 들뢰즈와 가타리는 스피노자의 다소 모범생 같은 개념들에 색다른 의미를 부여해서 더 야성적이고 더 혁신적인 개념으로 바꿔냅니다. 그렇다고 해서 스피노자의 사유의 지평을 크게 벗어나지는 않지요. 우리가 느끼는 스피노자는 어떤 사람일까요? 들뢰즈와 가타리의 동물 되기는 스피노자를 이해하는 데 참고할 만한 하나의 창을 제공해줍니다. 물론 우리가 느끼고 형상화하는 스피노자는 제각각 다를 수 있습니다. 그러나 수많은 위험이 도사리는 황야를 개척하여 삶의 내재적인 영토를 만들어내는 동물 되기라는 욕망의 능력을 응시한 스피노자를 상상하기란 어렵지 않을 것입니다.

04

우주의 먼지와도 같은 사랑

삶의 진실을 알고 있는 사람들

스피노자는 『에티카』를 완성하고 정치론과 민주주의에 대해 정리하던 중 폐병을 앓게 됩니다. 그리고 2년 후인 1677년 2월 21일 오후 3시에 숨을 거두지요. 그에게는 아무런 소유물도 없었고, 병마에 시달려 가냘픈 몸만이 남아 있었습니다. 스피노자는 임종을 지켜준 의사 로데빅 마이어와 친구들을, 평생 투명한 렌즈를 응시했을 그 눈으로 바라보며 숨을 거두었습니다. 하루 전만 해도 하숙집 주인과 함께 닭고기수프를 먹으며 농담도 할 정도였지만, 급속히 건강이 나빠져서 달려온 친구들의 안타까움과 탄식, 슬픔 속에서 눈을 감았습니다.

친구들은 그가 남긴 원고를 모아 『유고』를 발간했고, 서한들을 모아 『서한집』을 발간했습니다. 그 서한에는 친구들과 이웃, 지인들과 나눈 사랑, 우애, 정동이 담긴 편지와, 라이프니츠와 교류했던 편지도 있었습니다. 그럼에도 그는 거의 자취를 남기지 않은 삶, 렌즈보다 투명한 삶의 진실을 남겼습니다.

우리 시대에 우주의 먼지처럼 투명인간이기를 자처하는 사람은 누구일까요? 주변에 잘난 사람이 수없이 많고, SNS를 통해 뽐내는 것을 전혀 부끄러워하지 않는 우리 시대에 말이지요. 어쩌면 시대와 거꾸로 가고 있는 그 사람들은, 스피노자처럼 투명한 삶의 진실을 이미 알고 있는 사람들입니다. 우리 사회의 주변부와 가장자리를 서성거리는 사람들, 그들은 비정규직 노동자, 실업자, 소수자, 청소부, 경비원의 모습으로 투명한 삶의 진실이 무엇인지를 보여주고 있습니다. 또한 공동체, 마을, 협동조합 등에서 경청하고 반응하며 강렬도를 전달하는 사람일 수도 있고, 길냥이에게 몰래 밥을 주는 사람일 수도 있고, 자신의 이름을 숨기고 쌀을 기부하는 사람일 수도 있습니다. 그러나 더 자세히 들여다보면, 볼펜이 없어 쩔쩔매는 사람에게 볼펜을 건네는 사람일 수도 있고, 만원 지하철에서 옆 사람에게 손잡이 잡을 공간을 슬며시 마련해 주는 사람일 수도 있습니다.

궁극의 사랑

들뢰즈와 가타리는 되기의 궁극, 즉 사랑의 궁극에 대해 '지각 불가능하게 되기'라는 개념으로 설명했습니다. 이는 우주의 먼지가 되는 사랑의 심연에 대한 서술입니다. 그게 어떻게 가능하냐고 묻는 사람도 있을 것입니다. 그러나 사랑은 다른 이들을 향한 보이지 않는 감정, 애정, 정서, 변용과 같은 것들이며, 지극히 비물질적인 정동이라는 점에서 약간은 수긍할 수 있는 여지가 생깁니다. 스피노자의 삶과 죽음은 바로 이러한 지각 불가능하게 되기를 보여주는 사례가 될 수 있겠지요.

그런데 곰곰이 생각해보면 우리 주변 사람들의 삶과 사랑, 욕망도 이러한 지각 불가능하게 되기를 잘 보여주고 있습니다. 저 역시도 그렇게 싫어했던 예전 직장 상사를 우연히 만났는데, "미안해, 정말 미안해"라는 그의 말에 그만 눈물과 감격이 밀려드는 것을 느꼈지요. 평생을 사랑했던 사람에게 "사랑해" 한 마디를 담은 편지를 보내는 것은 또 어떨까요? 그리고 이 사랑조차도 사라지고 우주, 생명, 자연의 일부가 될 것이라는 점을 알면서도 "사랑해" 그 한 마디를 전하는 임종의 순간은 또 어떨까요?

자연과 생명은 대가, 보상, 이름, 명분도 없이 주고 또 줍니다. 그래서 아낌없이 주는 나무라고도 하고, 아미타불이라고도 하고, 순수증여라고도 합니다. 우리 안에도 자연과 생명을 닮은 사랑과 욕망, 정동이 내재해 있습니다. 그래서 지극히 비현실적이라고 느껴지는 선물을 사회, 공동체, 마을에 건네는 것일지도 모릅니다. 마르셀 모스가 쓴 『증여론』(한길사, 2002)에는 사랑, 정성, 인격 등을 담아 선물을 주고받는 원주민 공동체 이야기가 나옵니다. 그들은 정말 이상하기만 합니다. 못 줘서 안달하는 공동체니까요. 그러나 그 책을 읽다 보면 우리 안의 자연과 생명의 능력인 사랑과 욕망, 정동이 갖는 무한한 상상력의 일부를 느끼게 됩니다. 자연과 생명이 대가를 바라지 않고 선물을 주듯이 소수자, 생명, 자연, 공동체에게 선물을 건네주는 증여의 잠재성의 지평이 열립니다. 이에 따라 스피노자의 사랑, 욕망, 변용, 정동의 능력 중 일부가 바로 증여와 순수증여가 아닐까 하는 상상도 가능합니다. 그리고 이것이 바로 들뢰즈와 가타리가 왜 사랑의 궁극을 지각 불가능하게 되기라고 했는가에 대한 설명이 될 수도 있다는 생각도 듭니다.

우리 주변에는 따뜻한 말, 심리적 지지나 박수를 보내는 사람들이 많습니다. 그저 스쳐 지나가거나, 혹은 내 고민에 빠져 미처 그들을 보지 못했을 수도 있지요. 소중하지만 잘 보이지 않는 존재도 참 많지요. 어머니 혹은 아내처럼 말이지요. 지금까지 그런 이들을 그저 자신의 성공을 위해 이용하거나 지나쳐야 할 풍경으로 간주해왔던 것이 도구적 이성이 지배하던 문명의 모습입니다. 그러나 그 이름 없는 사람들이 보여준 투명한 삶의 진실에 눈떠야 할 것 같습니다. 왜 그 사람들을 친구가 아니라, 고객으로, 환자로, 청중으로만 간주했던가요? 자신의 모든 것을 주는 자연과 생명, 나무, 흙, 공기를 그저 이용 대상으로만 보았던 문명의 논리가 거기에도 도사리고 있었던 것이지요. 그런 점에서 데카르트의 도구적 이성을 넘어서 스피노자의 내재적 이성으로 이행하면, 자연, 생명, 공기, 나무, 흙, 그리고 우리 주변의 친구들에게 사랑과 욕망을 전달해주면서 영원성에 도달하는 그런 삶의 지평이 열립니다.

우리는 그동안 받기만 해왔습니다. 우리는 너무 염치가 없었습니다. 우리는 사랑을 통해서 세상을 바꾸는 일에 너무 소홀했습니다. 이런 우리의 모습을 당장 바꾸자고 제안하는 사람이 바로 스피노자입니다.

보이지 않는 사랑의 미학

최근 연구실에 아픈 아기고양이가 또 한 마리 들어왔습니다. 연구실 부근에 살던 길냥이가 낳은 고양이인데, 너무 아파서 버린 모양입니다. 먼저 떠난 제 형제 곁에서 까무룩 죽어가고 있던 어린 고양이를 구조해서 병원에 데려갔습니다. 안압이 너무 높아져 검게 튀어나온 한쪽 눈을 적출하고 어린것은 애꾸가 되었지요. 우리는 이 아깽이에게 또봄이라는 이름을 지어주었습니다. 눈이 하나뿐이니 보고 또 보면서 살라고 말이지요. 작년 이맘때는 모모가 아픈 몸으로 들어왔지만 건강하게 잘 자라주었지요.

지금 아내는 옆방에서 또봄이를 돌보고 있습니다. 아내가 고양이를 만지고 비비고 쓰다듬고 보살피는 일은 보이지 않는 정동입니다. 가끔 문을 열어 들여다보면 아깽이는 아무 걱정 없이 곤하게 자고 있더군요. 아내는 녀석에게 대가를 바라지 않는 교감과 사랑을 주고 있습니다. 그것은 느낄 수도 없고, 보이지도, 지각되지도 않습니다. 어쩌면 또 다른 사랑의 준비동작 같다는 느낌도 들고, 아깽이의 행동과 정서에 보이지 않게 아로새겨져 튼튼하고 건강하게 자라날 밑거름이라는 생각도 들고, 더 크게는 생명평화를 위한 작은 실천이라는 생각도 듭니다. 그러나 그것은 보이지 않는 곳에서 이루어지기 때문에, "이것은 무엇이다"라고 단정할 수조차 없습니다. 보이지 않게 이루어지는 생명과 자연에 대한 선행과 작은 실천은 공동체를 풍부하게 만드는 밑거름이라는 생각도 듭니다. 그런데 이것을 의미화할 수도, 규정할 수도 없기에 난감합니다. 그저 삶 자체가 보여주는 투명한 진실이라고 할 수밖에 없겠지요.

인간은 재산, 얼굴, 이름, 명예 등을 남기는 것이 아니라, 보이지 않는 사랑을 전달하고 홀연히 자연으로 돌아가는 존재가 아닐까 합니다. 스피노자가 신체와 삶, 사랑에 대해서 얘기하는 것은 궁극적으로 지각 불가능한 영역에서의 논의로 수렴됩니다. 그렇기 때문에 보이지 않는 영역에서의 윤리와 미학이 매우 중요합니다. 이를테면 생명에 대한 태도와 윤리적 소비, 삶의 방식, 심지어 공기에 대한 태도마저도 중요해진 상황입니다.

중년이 된 저에게는 이미 세상을 떠난 친구들과 선배들, 은사님들이 있습니다. 장례식장에서 친구들과 얘기하다 보면 "그 친구가 전에 이런 얘기를 했지"라고 운을 떼서 돌아가면서 한 마디씩 하게 됩니다. 그렇게 해서 하나의 스토리가 완성되면, 사람들은 고개를 끄덕이며 빙그레 웃음을 짓습니다. 마치 죽음과 삶의 경계를 횡단하는 보이지 않는 끈이 있는 것처럼 사랑, 욕망, 정동의 기억과 추억의 이야기들이 오갑니다. 그리고 그 자리에서 보이지 않는 사랑과 정동이 친구들 사이에서 형성되면 죽은 친구가 우리 사이에 보이지 않게 살아 있음을 확인하고 각자 집으로 돌아갑니다. 마치 소풍 같은 삶이라는 생각도 듭니다.

우리 사회에는 이름이 없고, 얼굴이 없고, 언어가 없는 소수자들이 많습니다. 이들에 대한 보이지 않는 사랑이 어쩌면 우리 자신의 실존과 삶의 의미를 찾게 해주는 경로일지도 모릅니다. 아이를 돌보느라 집안에 고립되어 있던 엄마들, 여성의 권리를 찾기 위해 나선 사람들, 생명에 대한 사랑을 위해 발 벗고 나선 사람들, 자연을 지키기 위해 거리에 나선 사람들, 성소수자와 함께 퍼레이드를 하는 사람들, 장애인의 권리를 위해 싸우는 사람들, 난민에게 잠자리와 음식을 제공하는 사람들이 있습니다. 이 같은 소수자와 생명, 자연에 대한 사랑은 영원성의 지평을 엽니다. 다시 말해 생명과 자연의 자기원인과 우리 안의 사랑과 욕망의 자기원인이 일치하도록 만드는 것이지요. 그리고 그 일치의 경험을 통해서 우리는 그 자체가 영원성임을 깨닫습니다. 이러한 영원성의 개념은 사랑의 순간과 지속이 영구혁명 과정임을 의미합니다. 결국 소수자에 대한 사랑은 우리의 삶을 강건하고 영원하도록 만드는 비밀이 아닐까 하는 생각도 듭니다. 스피노자의 영원성 개념은 이런 점에서 많은 생각을 하게 하는 어려운 개념의 구도를 갖고 있지요.

특이성 생산 = 실존주의를 넘어선 실존

스피노자의 특이성 개념은 굉장히 심오합니다. 특이성은 바로 세상에서 유일무이하다는 것을 의미합니다. 아주 특이하기 때문에 딱 하나밖에 없다는 것이지요. 그것은 실존적인 유한성을 담고 있다는 말이며, 삶의 좌표에서 정동의 기하학을 만드는 사건성으로 나타난다는 말이기도 하지요. 어떤 사람은 '특이성=유한성=사건성=실존'이라고 간단하게 요약해버리기도 하지만, 그 자체가 갖고 있는 삶의 진실은 난해하게만 느껴집니다. 결국 우리의 삶은 유일무이하고 유한하며 특이한 사건의 연속이라는 점에서 실존적인 의미를 갖는다는 것이겠지요.

그런 점에서 특이성을 고집스럽게 탐색했던 들뢰즈의 철학에 담긴 의미조차도 이미 스피노자가 선취하고 있었다고 할 것입니다. 모두가 유한하고 특이한 삶을 살아가는 사람이라는 통찰은, 삶의 소중한 가치와 생명의 유일무이성에 대한 경외로 나타날 수 있겠지요.

그런데 가타리는 여기서 더 나아가서 특이성 생산을 말했습니다. 특이성은 그냥 주어지는 존재가 아니라, 우리가 생산하고 만들어야 할 사건인 것입니다. 앞서 얘기했듯이 특이성 개념은 유일무이한 존재로서의 의미뿐만 아니라, 유일무이한 순간으로서의 사건의 의미를 함께 담고 있습니다. 이러한 구도는 바로 스피노자가 그려낸 특이성 개념의 전모입니다. 들뢰즈가 존재로서의 특이성에 치중했다면, 가타리는 사건으로서의 특이성에 치중했습니다. 들뢰즈가 생명사상에 가깝다면 가타리는 생태사상에 가깝습니다.

가타리의 특이성 생산은 섬광과 같은 메시지를 줍니다. 즉 자신의 유한성을 깨달은 사람이 공동체의 판을 깔아야 한다는 메시지입니다. 특이성과 유한성을 깨달은 사람이 나서서 미래세대가 춤추고 노래할 수 있도록 판과 구도를 깔아주어야 한다는 점에서 '특이성 생산'인 셈입니다.

스피노자의 특이성 개념을 더욱 혁신적으로 전진 배치한 사람이 가타리입니다. 스피노자의 특이하고 유한한 삶에 대한 무한한 긍정과 생성의 철학은 개인의 삶을 조명하는 심미적인 철학이 아니라, 관계망과 배치를 밝히는 철학, 더 나아가 공동체의 구성과 재건의 원동력을 밝히는 의미좌표, 관계성좌가 됩니다. 여기서 스피노자의 특이성 개념이 어떻게 확장될 수 있는지가 살짝 드러납니다.

스피노자의 특이성 개념은 자취와 흔적을 많이 남기는 삶의 방식이 아니라, 자취를 적게 남기면서도 삶에 대한 안간힘과 정동의 흐름을 그려내는 예술작품과 같은 삶을 의미합니다. 그래서 특이성은 자랑이나 뽐내기, 내세우기와는 거리가 멉니다. 그런 점에서 자본주의적 욕망과 생명 에너지로서의 욕망이 구분됩니다. 단지 자신의 특이한 면을 즐기기 위해서 소비하고 소모하는 것은 지구에 더 많은 탄소발자국, 생태발자국, 물발자국 등을 남길 뿐, 스피노자의 특이성과는 아무런 관련이 없습니다.

스피노자는 삶의 투명한 진실로서의 사랑, 욕망, 정동이 춤추고 노래하고 살아 움직이게 만드는 것은, 소비·미디어·첨단기술로 귀결되는 통속적인 욕망이 아니라 지각 불가능한 영역, 보이지 않는 영역으로 향하는 생명 에너지로서의 욕망이라고 말했습니다. 이러한 생명 에너지로서의 욕망 개념을 통해서 스피노자가 제시한 특이성 개념의 일관된 방향성을 흐릿하게나마 볼 수 있습니다. 스피노자의 특이성은 아마도 자취를 적게, 또는 아예 남기지 않는 작은 실천이 아닐까 합니다.

지각 불가능하게 되기

스피노자는 『에티카』에서 "신, 즉 자연이 지닌 질서를 이해하는 사람은, 신을 사랑할 수 있을 뿐 결코 복종할 수 없다"라고 말했습니다. 결국 신은 우리 안의 보이지 않는 사랑, 욕망, 정동입니다. 그것은 신체가 갖고 있는 잠재적인 능력이며, 우리 안의 자연과 생명의 능력이기도 합니다. 그런 점에서 스피노자의 범신론은 지극히 신체적인 측면에서 사랑을 말하면서도, 지고한 사랑에 도달하는 방법에 대해서도 말하고 있습니다. 그래서 범신론의 매력에 빠져들수록 우리는 신체와 욕망을 억압하지 않고도 사랑의 지고지순한 지평으로 나아가는 법에 눈뜨게 됩니다. 그것은 "우리의 신체로 무엇을 할 수 있는지 우리 자신은 아직 모른다"라고 했던 스피노자의 아포리즘의 비밀을 한 번 더 들여다보게 하는 대목이기도 합니다.

홀연히 사랑을 남기고 떠난 사람들이 우리 주변에는 참 많습니다. 그들은 이미 사랑과 욕망의 궁극이 '지각 불가능하게 되기'라는 신체변용 중 하나라고 말하는 셈입니다. 지금까지 우리는 그것을 형이상학이나 신학, 신비주의, 영성주의로만 치부했는지도 모릅니다. 사랑은 신체, 사물, 생명, 자연, 우주에 깃들어 있습니다. 그래서 우리가 작은 생명 하나에 깊은 애정과 관심을 갖는 것만으로도 우주 되기와 같은 지평으로 나아갈 여지가 생깁니다. 그리고 우리의 신체가 갖고 있는 사랑과 변용을 지각 불가능한 지평, 즉 우주의 먼지의 지평으로 나아가게 할 수도 있습니다.

지금까지 우리는 스피노자와 함께 작은 여행을 떠났습니다. 스피노자는 자신의 개념을 친절하게 설명해주는 여행 가이드가 필요했는지도 모릅니다. 그러나 스피노자의 뜨거운 정동, 사랑, 욕망이 그리는 지도를 따라가다 보면 우리는 미로와 같은 정리, 공리, 증명 등에서 사랑의 새로운 면을 발견하게 됩니다. 우리는 작은 스피노자의 개념상자 속에서 우리 신체와 사랑, 욕망이 갖고 있는 잠재성을 하나씩 발견하고 기뻐하는 아이가 되었습니다. 그러나 그것 역시도 정답은 아닙니다. 스피노자가 던진 질문은 여전히 풀리지 않는 인류의 숙제, 사랑의 숙제와도 같습니다.

우리는 스피노자와 함께 아이도 되고, 동물도 되고, 우주의 먼지도 되어보았습니다. 미지의 세계가 열리는 것만 같습니다. 우리는 더듬더듬 미래로 향합니다. 생각이라는 단어와 묘하게 닮은 '달팽이의 촉수'는 문지를수록 지혜로워진다고 했던가요? 우리의 신체는 접촉하고 변용될수록 지혜로워집니다. 저는 "사랑할수록 지혜로워진다"라는 스피노자의 평행론이 가진 비밀의 아주 일부만을 이 책에서 드러내 보였습니다. 그러나 이것이 스피노자를 바라보는 유일한 창은 아닙니다. 누구나 스피노자의 깊고 넓은 소금강 위에서 유영하듯 세상을 재창조할 수 있기 때문입니다.

"사랑할수록 지혜로워진다"라는 스피노자의 아포리즘을 풀기 위해 긴 시간 동안 사색했던 결과를 이 책에서 말할 수 있어서 행복했습니다. 그 아포리즘은 우리를 미래진행형으로서의 삶의 여정으로 이끕니다. 그리고 스피노자처럼 미래가 다가와 말을 거는 것을, 어느덧 느끼게 됩니다.

참고문헌

그레고리 베이트슨, 박대식 옮김, 『마음의 생태학』, 책세상, 2006.
김기명, 『스피노자의 '다중' 개념의 민중신학적 함의』, 성공회대학교 석사논문, 2009.
김수현, 『스피노자 역량개념의 윤리적 합의: 윤리학을 중심으로』, 경성대학교 석사논문, 2009.
김현구, 『홉스와 스피노자 인간학에서 코나투스 개념』, 한국외국어대학교 석사논문, 2011.
김현우, 『스피노자의 자연철학: 코나투스와 동역학 기계론』, 고려대학교 석사논문, 2010.
닐스 크리스티, 윤수종 옮김, 『외로움과 시설을 넘어서』, 울력, 2017.
마르셀 모스, 류정아 해제, 『증여론』, 한길사, 2002.
막스 호르크하이머, 박구용 옮김, 『도구적 이성비판』, 문예출판사, 2006.
바뤼흐 스피노자, 최형익 옮김, 『신학정치론 정치학논고』, 비르투, 2011.
____,김호경 옮김, 『신학정치론』, 책세상, 2002
____, 강영계 옮김, 『에티카』, 서광사, 1990.
박삼열, 『스피노자와 라이프니쯔의 실체개념에 관한 연구』, 숭실대학교 석사논문, 1990.
빅터 프랭클, 이시형 옮김, 『죽음의 수용소에서』, 청아출판사, 2005.
빌헬름 라이히, 황선길 옮김, 『파시즘의 대중심리』, 그린비, 2006.
스티븐 내들러, 김호경 옮김, 『스피노자: 철학을 도발한 철학자』, 텍스트출판사, 2011.
신승철, 『눈물 닦고 스피노자』, 동녘, 2012.
실비아 페데리치, 황성원 옮김, 『캘리번과 마녀』, 갈무리, 2011.
안또니오 네그리 · 펠릭스 가따리, 조정환 편역, 『자유의 새로운 공간』, 갈무리, 2007.
안토니오 네그리, 윤수종 옮김, 『야만적 별종』, 푸른숲, 1997.
안토니오 다마지오, 임지원 옮김, 『스피노자의 뇌』, 사이언스북스, 2007.
____, 이기웅 옮김, 『전복적 스피노자』, 그린비, 2005.
알렉상드르 마트롱, 김은주 옮김, 『스피노자 철학에서 개인과 공동체』, 그린비, 2008.
움베르또 마투라나 · 프란시스코 바렐라, 최호영 옮김, 『앎의 나무』, 갈무리, 2013.
이용훈, 『스피노자의 세 가지 신 규정에 대한 비판적 고찰』, 계명대학교 석사논문, 2010.
이정, 『「Ethica」에 나타난 스피노자의 신에 대한 고찰: 데카르트와의 비교를 중심으로』, 인천가톨릭대학교 석사논문, 2010.
이지영, 『스피노자에서 개체의 실존 역량과 공동체』, 이화여자대학교 논문, 2012.
장일순, 『나락 한 알 속의 우주』, 녹색평론, 2016.
전경갑, 『욕망의 통제와 탈주: 스피노자에서 들뢰즈까지』, 한길사, 1999.
조현경, 『스피노자의 실체, 속성, 양태 개념 이해』, 서강대학교 석사논문, 2012.
조현진, 『스피노자의 코나투스 이론에 관한 연구』, 서강대학교 석사논문, 2010.
주은영, 『스피노자의 힘과 구성의 윤리학』, 이화여자대학교 석사논문, 1997.
질 들뢰즈, 김상환 옮김, 『차이와 반복』, 민음사, 2004.

____, 박기순 옮김, 『스피노자의 철학』, 민음사, 1999.
____, 이진경 옮김, 『스피노자와 표현의 문제』, 인간사랑, 2003.
____, 하태환 옮김, 『감각의 논리』, 민음사, 2008.
질 들뢰즈 · 펠릭스 가타리, 이정임 · 윤정임 옮김,『철학이란 무엇인가』, 현대미학사, 1995.
____, 이진경 옮김, 『카프카』, 동문선, 2001.
____, 김재인 옮김, 『천 개의 고원: 자본주의와 정신분열증2』, 새물결, 2001.
____, 조한경 옮김, 『소수집단의 문학을 위하여: 카프카론』, 문학과지성사, 1997.
____, 최명관 옮김, 『앙띠 오이디푸스: 자본주의와 정신분열증』, 민음사, 1994.
카를 마르크스, 강유원 옮김, 『경제학철학수고』, 이론과실천, 2006.
카를 마르크스 · 프리드리히 엥겔스, 김대웅 옮김, 『독일 이데올로기』, 두레, 2015.
____, 이진우 · 김현 옮김, 『공산당 선언』, 책세상, 2018.
펠릭스 가타리, 윤수종 옮김, 『분자혁명』, 푸른숲, 1998.
____, 윤수종 옮김, 『세 가지 생태학』, 동문선, 2003.
____, 윤수종 옮김, 『기계적 무의식』, 푸른숲, 2003.
____, 윤수종 옮김, 『정신분석과 횡단성』, 울력, 2004.
____, 윤수종 옮김, 『카오스모제』, 동문선, 2003.
____, 윤수종 편역, 『욕망과 혁명』, 문화과학사, 2004.
____, 윤수종 옮김, Cartographies schizoanalytique (Editions Galilée, 1989)
펠릭스 가타리, 수에리 롤닉크, 윤수종 옮김, 『미시정치』, 도서출판b, 2010.
프란츠 카프카, 이제황 옮김, 『변신』, 문학동네, 2015.
프리드리히 엥겔스, 강유원 옮김, 『루트비히 포이어바흐와 독일 고전철학의 종말』, 이론과실천, 2008.
플라톤, 박종현 옮김, 『 국가 · 정체(政體)』, 서광사, 2005
피에르 마슈레, 진태원 옮김, 『헤겔 또는 스피노자』, 그린비, 2004.
____, 한형식, 『스피노자 정치철학의 반근대성』, 연세대학교 석사논문, 2001.
헬레나 노르베리-호지, 양희승 옮김, 『오래된 미래』, 중앙북스, 2007.

사랑할수록 지혜로워진다

초판 1쇄 인쇄 2019년 1월 21일
초판 1쇄 발행 2019년 1월 30일

지은이 신승철
펴낸이 문채원
편집 오효순
디자인 데시그

펴낸곳 도서출판 사우
출판등록 2014-000017호
주소 서울시 양천구 목동동로 50, 1223-508
전화 02-2642-6420
팩스 0504-156-6085
이메일 sawoopub@gmail.com

ISBN 979-11-87332-33-6 (03100)

이 도서의 국립중앙도서관 출판시도서목록(CIP)은 서지정보유통지원시스템 홈페이지(http://seoji.nl.go.kr)와 국가자료공동목록시스템(http://www.nl.go.kr/kolisnet)에서 이용하실 수 있습니다.
(CIP제어번호 : 2019000549)

"이 도서는 한국출판문화산업진흥원의 출판콘텐츠 창작 자금 지원 사업의 일환으로 국민체육진흥기금을 지원받아 제작되었습니다."